지금 봐야할 우리 고대사

삼국유사전

지금 봐야 할 우리 고대사

삼국유사전

신화를 어떻게
볼 것인가?

三國遺事

하도겸 지음

시간여행

머리말

『삼국유사』를 지금은 어떻게 보아야 할 것인가?

일연스님의 『삼국유사』는 신화에서 시작해서 설화로 끝난다. 신화도 설화의 한 장르이니 그냥 설화집이라고 쓰고 역사서라고 읽어야 할 듯싶다. 국민 대다수가 이름을 들어봤을 법한 이 책에는 1977년부터 장장 12년 동안 최장수 프로그램으로 기록된 드라마 "전설의 고향"에 나올 법한 이야기로 꽉 차 있다.

누구는 우리 고대사의 수수께끼를 풀어주는 훌륭한 역사서라고 하지만 그것은 식민사학에 대항해야 했을 때에나 필요했던 평가에 불과할 수 있다. 이미 일제 강점기를 지나고 분단시대를 극복하며 '촛불혁명시대'를 이룩한 우리 겨레의 자존감은 더 이상 그런 과대평가를 애써 할 이유가 사라졌다.

『삼국유사』를 제대로 해석을 못한 것인지 아닌지 대충 알지만 함부로 말할 수는 없다. 다만, 이 중요한 역사서라고 하는 『삼국유사』를 통해서 밝혀진 고대사는 의외로 그다지 많지 않다.

혹자의 주장처럼 『삼국유사』가 역사서가 아니라면 어떤 책일까? 남북분단시대를 넘어 통일 미래를 내다보는 21세기의 역사적 인식을 기반 위에서 말해야 한다. 사료가 절대적으로 부족한 현실을 감안하면, 역사서로 편찬된 것은 아니지만 결과적으로 사료적인 가치가 큰 책이라고 할 수 있다.

보다 구체적으로 말하자면 지금 우리에게 있어 『삼국유사』는 불교와 토속종교 색채가 강한 전설집이라고 하면 크게 틀리지 않을 것이다. 그냥 일연스님과 그 제자들이 불교의 전법 즉 포교를 위해서 만든 책이라고 해도 지나친 표현은 아닐 듯싶다.

그런 내용이 강한 하권에 비해 상권의 기이권제일과 기이제이는 좀 다르지 않냐는 의문도 있다. 하지만 일연스님이 주요 저자인 것을 고려하면 합권이 되어 있지만 기이편은 부록과 같은 책이 아닐까 싶다.

주지하다시피 소설에 가깝게 보이는 기이 두 편에 나오는 황당무계한 이야기는 이 책의 사료적 가치를 현저하게 떨어뜨린다. 물론, 전설에도 당시의 사회 현상과 풍속 등이 묻어 있다. 적어도 당시 사람들의 생각이나 대화방식을 비롯한 가치관 체계가 포함된다. 아무리 그렇다고 해도 설화가 사실이 되는 일은 어렵다.

특히 『삼국유사』에 실린 대부분의 설화는 현대인의 합리적인 관점에서는 이해하기 어려운 부분이 적지 않다. 전근대 사회의 사람들은 지배적인 종교나 신앙, 그리고 민속 등의 영향을 많이 받기 때문에 생각하고 이해하는 구조가 전혀 다를 수밖에 없다. 까닭에 책을 읽는 것 자체가 소통은 물론 요즘 흔히 말하는 '다문화'를 넘어 '이문화(異文化)' 교류라고 할 수 있을 정도이다.

다른 관점에서 보면, 아무리 시대가 다르다고 해도 지역이 같은, 동일한 민족의 이야기라는 점에서 결국 사람 사는 곳은 크게 다르지 않다고 보아야 한다. 서로의 입장을 바꿔서 당시에 살았던 사람들의 눈으로 보고 말하다 보면 이해 못할 것도 없다. 그런 맥락에서 봤을 때, 비로서 역사학을 비롯하여 인문학이 시간 속으로 비집고 들어갈 수 있는 빈틈이 생긴다.

이 점에 착안해서 전설에 빠져 역사 밖으로 헤어 나오지 못하고 있는 『삼국유사』를 재해석했다. 우물 어쩌면 진흙탕에 빠진 『삼국유사』를 오늘 건져내 진흙을 닦아내고 말리는 작업이라고도 할 수 있다. 그렇게 전설에 빠져 묻혀있던 우리 역사를 건져내는 작업을 시도한 것이 이 책이 나온 이유이기도 하다.

입시에 내몰린 청소년들은 이 책을 통해서 논술 등 글쓰기를 비롯하여 이해력 향상을 위한 무한한 상상력과 함께 현실을 배울 수 있다. 굳이 설명하지 않아도 역사와 인간관계에 대한 이해를 얻어서 논술이나 글짓기에도 커다란 도움이 될 것이다. 나아가 나라나 민족을 초월한 전 인류적인 사고방식을 가지게 될 수도 있다. 그 무엇보다도 가장 중요한 것은 이문화교류 즉 '상호 이해'의 첫 단추를 끼는 법을 배우는 것이라고 할 수 있다.

아울러, 지식을 넘어 '지혜'의 영역으로 들어가 역사를 바라보는 커다란 안목을 가질 수 있다. 그런 안목으로 주위에 흩어진 정보들을 모아 지혜로운 삶을 영위할 수 있을 수 있기를 바란다. 어쩌면 이 모든 바람이 필자의 희망사항에 불과할지도 모른다. 하지만, 정확히 이것이 필자가 이 책을 쓴 이유임에는 틀림이 없다.

목차는 프롤로그, Ⅰ부. Ⅱ부, Ⅲ부로 구성하였다. 프롤로그에서는 『삼국유사』의 서문에 대한 재해석을 통해서 『삼국유사』독법 즉 읽는 방법을 차근차근 설명한다. 이를 통해서 청소년들은 사료비판 능력을 가진 역사가로서 오늘날의 사회를 직시할 수 있는 무기를 가지게 될 것이다. 본문에서는 우리 고대사를 3개의 시대로 나눠서 편집했다. Ⅰ부 고조선과 삼한, Ⅱ부 상고기의 신라, Ⅲ부 중고기의 신라가 그것이다.

여기서 상고기란 『삼국유사』 왕력에 의한 시기구분으로 신라 초대 혁거세(赫居世)가 즉위한 기원전 57년에서 제22대 지증마립간(智證麻立干)의 치세인 514년까지의 시기를 말한다. 덧붙여 중고기는 제23대 법흥왕(法興王)이 즉위하는 514년부터 제28대 진덕여왕(眞德女王) 654년까지를 말하며 나머지는 하고(下古)라고 부른다.

아무튼, 이 책을 읽은 모두가 같이 느끼며 호흡하여 공감하는 동시대의 행복한 친구들이 되기를 바라며 머리말을 대신한다.

지금 우리는 『삼국유사』를 사료적 가치가 깊은 불교 포교집의 성격이 강한 책으로 봐야 한다. 까닭에 이 책을 통해서 역사적인 교훈을 배우며 즐겁게 현실과 비교하면서 인간관계를 배우고 인생군

상을 익히며 앞으로 나가야 한다. 결국, 지적 호기심 등 다양한 이유로 이 책을 읽는 우리 모두 지혜로워져서 행복해야 한다. 『삼국유사』는 우리가 행복해 지기 위해 특히 청소년과 대학생 등이 읽어야 할 자기개발서야 되지 아닐까 싶다.

2019년 기해 2월 5일
설날에 지유명차 성북동점내 나마스떼코리아 차실에서
하도겸 和南

프롤로그

역사를 새롭게 보면서
활력있는 삶을 위한 실마리를 찾을 수 있기를…

새롭게 『삼국유사』를 다시 보고자 하는 것은 우리 청소년들이 선조들의 삶을 돌아보며 좀 더 넓고 깊은 역사관을 갖게 하기 위함이다. 어떻게 하면 새천년을 준비하는 이 시대의 청소년에게 올바른 우리 고대사를 전할 수 있느냐는 문제의식이 작동한 것이다. 전설에 빠진 우리 고대사를 구해 볼 수 있다는 꿈과 희망을 품으면서 이 책을 읽는 이들이 우리 고대사로부터 오늘날의 삶에서 활력있는 생활을 영위하는 실마리를 찾을 수 있기를 기대한다.

이런 꿈은 필자만이 아니라 고려 후기나 조선 초기일 수도 있는 당시 『삼국유사』를 만든 분도 함께 꾼 것 같다. 동상이몽일지는 몰라도 둘의 꿈은 모두 달콤했었을 것 같다.

일연이 쓴 책에 처음부터 『삼국유사』라는 이름이 붙인 것 같지는 않다. 나중에 『삼국사기』와 비교될 것 같아 이름을 『삼국유사』로 붙였다고 해도 크게 틀린 추정은 아닐 것 같다. 그렇게 설화집을 역사서로 포장하는 흔적을 이 책에서 읽어냈다면 당신은 앞으로 대성할 역사가라고 할 것이다. 이런 포교용 설화집을 『삼국사기』와 같은 어엿한 역사서로 둔갑시키기 위해 사람들은 부득이하게 몇 가지 덧칠을 가한다.

처음부터 불교 설화를 맨 앞에 두면 역사서라고 하기에 무리가 있어 불교와 관련된 내용은 체면상 2권으로 돌렸나보다. 아무래도 조선 초기 숭유억불이 시작되어서 제자들이나 편집자들이 이렇게 구성했는지도 모르겠다. 그래도 어렵게 책을 내는데 그냥 내기가 좀 어색해서 불교 설화에 담긴 역사적인 사실을 담보하기 위해 연표에 해당하는 왕력을 앞에 두었다. 그러고 나서 이 왕력 뒤에, 단군조선부터 통일신라에 이르는 야사를 전부 1권에 모았다고 해도 틀리지 않을 것이다.

그래서 우리에게 남은 조선 초기 이후 발행된 『삼국유사』에는 왕력을 뒤가 아닌, 앞에 먼저 넣었다. 아마도 시대 관념이나 우리나라 고대에 등장한 나라나, 임금의 이름이 생소했기에 앞에 두고 이해를 도운 것 같다. 이어 머리말에 해당하는 서, 그리고 세상의 기묘한 이야기를 모아 통일신라 전후를 모아서 기이 1, 기이 2로 나누어 편집했다.

다시 말해서, 『삼국유사』 맨 처음에는 연표라고 할 수 있는 왕력이 나온다. 특별한 내용도 아예 없는 것은 아니지만, 굳이 먼저 볼 필요는 없다. 예전에는 연표를 찾아보는 것이 중요해서 앞에 실었을 것이다. 하지만, 요즘 부록은 뒤에 싣는다. 그래서 굳이 앞에 둘 필요가 없어진 오늘날, 부록인 왕력은 뒷부분 가운데서도 마지막에 싣고자 한다.

『삼국유사』 왕력 다음에 본문인 '기이편'이 드디어 시작된다. '기이'편의 맨 처음에는 무엇이 나올까? 바로 서론 또는 서언이라고 하는 머리말이 나온다. 언제나 그러하듯, 필자를 포함해서 거의 모든 저자 즉 지은이는 늘 뭔가 자신의 이야기를 하고 싶어 한다. 그렇지 않았다면 책을 쓸 욕구도 없었을 것이다.

그럼 머리말은 무슨 말이 적힐까? 책을 쓴 이유, 즉 목적을 설명하는 곳이다. 저자가 꿈꾸는 세상에 관한 이야기이다. 바로 일연스님의 '꿈' 이야기이다. 일연스님은 어떤 꿈을 꾸었을까?

"제일 먼저 처음으로 말하고 싶은 것이 있다. 옛날의 성인들은 예와 악으로 나라를 일으키고 인과 의로 가르침을 베풀었다. 그러나 괴력난신에 대해서는 말하지 않았다. 그러나 제왕이 일어나는 데는 부명에 응하거나 도록을 받아 반드시 남보다 신기하고 기이함이 있었다. 그런 연후에야 능히 큰 변화를 타고 대기를 잡고 대업을 이루었다. 그러므로 황하에서 '도'를 내고 낙수에서 '서'를 내어 성인이 일어났다. 무지개가 신모를 휘감아 복희를 낳았다. 용이 여등과 감응하여 염제를 낳았으며 황아가 궁상의 들에서 놀다가 자칭 백제의 아들이라는 신동과 교통하여 소호를 낳았다. 간적이 알을 삼켜서 설을 낳았으며 강원이 발자국을 밟아 기를 낳았다. 잉태된 지 14개월 만에 요를 낳았으며 용이 대택에서 교합하여 패공을 낳았다. 이후의 일들을 어찌 다 기록할 수 있겠는가? 그렇다면 삼국의 시조가 모두 신이에서 나타난 것이 어찌 괴이하다 할 수 있겠는가! 이렇게 기이가 제편의 앞에 나오게 한 것은 그 뜻이 바로 여기에 있다."라고 하였다."

위의 내용은 『삼국유사』의 서문에 대한 대부분의 번역과 크게 다르지 않다. 일연스님의 꿈 이야기라기보다는 일연스님의 꿈에 관한 더 어려운 해몽 같은 느낌이 든다. 꿈보다 해몽이라고 하는데 역사를 전공한 사람들조차도 한자를 넣지 않고는 잘 모르겠다는 말이 나올 정도다. 한자를 넣으면 더 잘 안다는 것이 아니라 더 모르는 것이 많을 것인데도 말이다.

여기서 일연의 꿈에 공감하며 '그'의 꿈이 아닌 '나'의 꿈으로 바꿀 필요가 생긴다. 요즘 말로 고쳐서 초등학교는 아니더라도 중고등학교 청소년들도 이해하기 쉽게 고치는 번역이 필요하다. 새로 쓴다는 느낌으로 새로운 번역을 넘은 해석이 없으면 『삼국유사』는 도무지 이해하기 어려운 설화집에 불과하다. 그런 난해한 신화나 전설 등 설화에 빠진 『삼국유사』를 구출해서 이 시대의 사람들과 함께 우리 고대사를 재현하는 것이 '나'의 꿈 가운데 하나이다.

어려운 한학을 배운 사람들에게 괴력난신은 낯선 말이 아니다. 왜냐하면, 누구나 배우는 사서삼경 가운데 『논어』에서 공자께서는

'괴력난신(怪力亂神)을 말하지 않는다.'고 했기 때문이다. 일연스님도 『논어』를 배웠다는 말인가? 당연한 말이다. 한자는 유교 문화의 일부로서 유학과 교집합이 많다. 불교를 공부하더라도 청소년 교과서라고 할 수 있는 『효경』이나 『소학』 등의 유교 경전을 읽지 않고 곧바로 불경을 배우기는 어렵다.

이런 면에서 괴력난신이란 말은 당시 스님들의 유교 공부의 일부분을 알 수 있다. 이런 식으로 『삼국유사』 속에 단어 하나, 문장 하나에 숨겨져 있는 암호나 코드를 찾아서 해석하는 것을 사료비판이라 한다. 진정한 역사가란 사료비판을 제대로 하는 사람을 일컫는다. 이제 여러분이 역사가가 되어 전설에 빠진 『삼국유사』에서 우리 고대사를 건져 올리면 될 것이다.

괴력난신. 괴상하고 이상한 괴이, 상상을 초월하는 신통력, 정의에 맞지 않고 정도를 어지럽히는 패란, 그리고 귀신 씨나락 까먹는 그런 불가사의한 이야기에 대해서 성인이신 공자께서는 정말 말씀하시지 않았는가?

중국의 상고사에 나오는 3환 5제를 비롯한 하나라·은나라·주나라의 시조들과 진시황, 한 고조 등이 모두 '괴력난신'과 무관하지 않다. 아니 모두 '괴력난신'의 결정판을 보여주고 있다. 까닭에 '공자'까지 굳이 '괴력난신'에 대해서 말할 필요가 없었다. 합리적인 사고를 강조했던 유교의 성인 '공자'가 아니어도 춘추전국시대에는 이미 '괴력난신'은 유포되고 만연되어 있었다. 그러므로 공자가 말하지 않은 이유를 알려고 하면 그가 중국의 황제들의 그러한 탄

생신화를 굳이 부정하지도 않았다는 점을 간과해서는 안 된다. 즉 공자님까지 굳이 말하지 않았을 뿐이라는 뜻으로 이해하면 된다.

고려 후기 당시에는 유교적인 역사서인 『삼국사기』를 비롯하여 대부분 유학자는 공자님이 굳이 말하지 않았을 뿐, 말해서는 안 된다고 한 적이 없다는 그런 미세한 문맥을 몰랐던 것 같다. 그래서 근대에 들어와 전통신앙을 모두 미신으로 몰아붙였던 것처럼, 역사책에는 '괴력난신'이라고 해서 우리 신화를 무시하고 싣지 않았던 풍조가 있었던 것 같다.

그걸 잘 아는, 『삼국유사』의 저자는 사람들에게 하늘에서 내려온 단군왕검의 신화, 알에서 깨어난 박혁거세 등 비롯해서 우리의 역대 왕들의 '괴력난신'과 같은 이야기를 알릴 필요를 느꼈다. 공자의 말씀을 잘못 이해한 이들과의 맞짱에서 이긴 것은 당연히 우리에게 민족 신화를 전해준 국사인 일연(一然) 스님이었다. 국사는 천주교에서 말하면 추기경과 같은 존재로 요즘 말로는 불교 종단의 최고 종정 겸 총무원장의 뜻으로 이해할 수 있다.

이런 일연스님의 수고 덕분에 우리는 고맙게도 우리의 신화를 볼 수 있게 되었다. 그리고 '나'는 여러분과 함께 전설에 빠진 『삼국유사』를 재구성해서 아래와 같이, 우리 고대사를 읽어 가면 된다.

목차를 보면 알겠지만, 본문에 바로 들어가기 전에 한 가지 꼭 밝혀두어야 할 게 있다. 우리가 배웠던 유학 경전에 나오는 성인 공자는 '괴력난신'에 대해서는 말하지 않았다고 한다. 정말 그런가?

중국 3황 5제 가운데 복희 씨의 어머니는 연못에서 기인의 발자국을 밟았을 뿐이다. 갑자기 무지개가 나타나 그녀를 휘어 감았을 뿐인데 덜컥 임신이 되었다. 그렇게 태어난 게 복희 씨다.

이 복희 씨가 황하에서 얻은 그림과 우왕이 홍수를 잘 다스려 강에서 내준 글을 짬뽕해, 우리 태극기의 사방모서리에 보이는 '팔괘'를 만들었다고 한다. 오늘날의 점쟁이들이 먹고살 수 있게 된 것도 팔괘가 만들어졌기에 가능한 일이다.

용과 사랑한 여자가 낳은 아이는, 몸은 사람이나 머리는 소의 모습을 한 염제 신농 씨다. 요임금 때에 한 여인은 냇가에서 목욕하다가 제비가 물고 온 구슬(알)을 삼킨 다음에 임신했다. 옛날 여인들은 냇가에서 목욕할 때도 참 조심해야 할 것 같다. 당시에도 카사노바와 바람둥이 같은 사람을 "제비"라고 했는지 모르겠다. 구슬(알)도 은유적인 해석이라고 보면 쉽지만 추측은 여기까지이다. 추측을 잘못하면 중국 원시 도교에 대한 신성모독의 차원일 수도 있기에 더는 이야기해서는 안 될 듯하다. 여하튼 이 여인이 낳은 '설'이 은나라의 시조가 된다.

고 고우영 화백의 만화 『초한지』에서는 백수건달로 등장하는 한나라 고조 유방을 볼 수 있다. 희화적으로 풍자된 고조 유방은 고 화백의 또 다른 명작만화 『삼국지』의 유비와도 같은 캐릭터로 등장하고 있다. 이 유방 역시 염제 신농 씨와 마찬가지로, 어머니가 용과 사랑해서 낳은 아이라고 한다.

앞에 무지개를 용으로 본다면 복희 씨 역시 염제나 유방처럼 용의 자녀가 된다. 용족이라는 점에서 공통점을 찾을 수 있다면, 모두 형제가 될 수 있다. 그래서 여러 신화 중에 나오는 다른 나라의 왕을 무리하게 이복형제라고 연결하는 것도 다 이 때문이다. 하늘의 신이나 물의 신이라고 할 수 있는 용을 한 사람으로 봐서 그렇게 말하는 것이기도 하다. 이런 측면에서 유일신이나 유일한 신룡을 '하나님'이라고 불렀을 것도 같다.

사람이 물의 신, 용과 어떻게 사랑했는지에 대한 설명은 없다. 이런 사람과 용의 접촉을 포함하여 중국 신화에는 황당무계한 일이 다 말할 수 없을 정도로 많다. 허풍이 세서 그런 것인지 아니면 대륙 스케일이 커서 그런지 중국 상고사 모두가 '괴력난신'의 절정 판이라고 할 수 있다.

이에 비하면, 우리나라 고조선의 시조, 단군 이래의 고구려 백제 신라의 시조들 이야기는 아무것도 아니다. 시조들이 하늘에서 내려오고 알을 깨고 나왔다고 해서 괴이하다고 하는 것은 어쩌면 사대주의라고도 할 수 있다. 중국의 신화는 인정하고 우리의 신화는 무시하는 것은 균형적이지 않다.

좀 괴력난신이라고 해서 역사책에 소개조차 하지 않는 것은 사실을 왜곡한 것이라고 할 수 있다. 동영상에서 앞뒤 자르는 가위질을 하면서 맘대로 취사선택하면서 편집하는 것과 마찬가지이기 때문이다.

결국, 자존감의 문제일 수 있다. 우리나라 국민이라는 정체성을 가지고 우리 민족의 신화를 담은 『삼국유사』에 대한 자부심이 필요하다. 우리 역사 특히 고대사에 대해 자존감을 가지고 『삼국유사』를 통해서 우리 후손들에게도 제대로 된 역사를 바르게 잘 전할 수 있어야 한다. 그러기 위해서 우리 함께 『삼국유사』를 다시 잘 읽어 봐야 할 것이다.

목차

1부

고조선과 삼한

2부

상고기의 신라

3부

중고기의 신라

고조선에서부터 삼한까지 즉 단군 신화로부터 삼국이전의 신화와 전설로 구성된 1부에서 우리는 신화를 어떻게 이해해야 하는지를 봐야 한다. 삶이라는 일상과 그 일상을 배경으로 나오는 신화나 설화가 크게 다를 것도 없음을 알면 좋겠다. 신화에서 허구성을 벗겨내는 과정을 통해 우리 모두 똑똑해져야 한다.

1부

고조선과 삼한

단군신화와 왕검 조선

위만조선

마한과 한사군

말갈과 발해

이서국

가야

부여

고구려

변한과 백제

진한과 사절유택

三國遺事 고조선과 삼한

史

단군신화와 왕검 조선

고기란 옛 기록이라는 뜻이다. 그런데 여기저기 자료를 뒤져보면 『고기』라는 책도 있다. 뭐가 맞는지 특정할 수는 없지만, 여하튼 이 책을 보면 옛날, 옛적에 하느님이 계셨는데 이름은 환인이라고 했다. 불교에서 말하는 제석천이 이에 해당한다고 하면 크게 틀리지 않는다. 기독교에서 크리스천들이 말하는 하나님이라고 보면 될 것도 같다. 하지만 이런 해석에 화를 낼 사람도 있으니 뭐라고 하기에 어렵고, 단정할 수는 더더욱 없다.

여하튼 이런 해석이 가능한 높은 분에게 여러 아들이 있었나 보다. 누구는 첩의 아들인 서자라고 하는데 그건 중국에 대한 사대주의에 찌든 해석상의 잘못인 듯하다.

여러 아들 가운데 막내쯤 되는 서자 환웅이라고 보면 된다. 환웅은 부처님처럼 가끔 좋은 생각을 했나 보다. 아니면 부처님을 좋아한 일연스님이 포교를 위해서 그렇게 이야기를 풀어나가고 싶었는지도 모른다. 그래서 제석천이라고 각주로 해석을 단 것 같다. 제석천의 막내 환웅은 그다지 심심하거나 무료하지는 않았지만, 멀리서 고통 받는 인간들을 보고 세상을 구하고 싶어졌다는 말로 이야기를 시작한다.

아들의 뜻을 알게 된 환인은 자기도 청년기일 적 기억을 떠올렸다. 그때부터 찍어둔 땅인지 아니면 앞으로 거기에 도시계획을 새롭게 할 것인지 단박에 삼위 태백이라는 지명을 귀띔해준다. 세계의 큰 봉우리가 있는 태백산이라는 뜻인가 보다.

그러고는 부동산 투기와 관련하여 도시계획의 사전 유출 등으로 인해 나중에 도의적인 책임을 누군가 물을까 걱정되었는지 그 땅이 "널리 인간을 이롭게 할 만하다"고 온 세상에 알려준다. 전형적인 땅값 올리기를 하면서 면피하려는 속셈인 것도 같은데 요즘 권력형 투기꾼들도 있으니 예나 지금이나 같은 것 같다.

말은 그렇지만 알고 보면 처음부터 환웅이 부동산 투기를 목적으로 이 땅을 고려했고 아버지에게 미리 부탁했는지도 모르겠다. 왕자가 가서 살면 왕궁이 생길 것이고 세종청사나 도청보다 좋은 관공서가 생기는데 주변 땅값이 들썩이는 것은 당연한 거 아닌가?

부자지간에 미리 짜둔 대사에 맞춰서 신하들 앞에서 공개적으로 이야기를 꺼낸 환웅은 결혼하지 않았으니 출가는 아니고 여하튼

'공식 가출'을 허가받는다. 모 그룹의 보복 폭력을 하는 막돼먹은 비행 청소년이나 땅콩 회항하는 딸 정도는 아니지만, 그래도 막내는 막내인지라 천방지축인 한웅 혼자 보낼 수는 없었을 것이다. 국민이나 신하들 앞에 체면이 안 서고 '령'이 서지 않을 수도 있기 때문이다. 애당초 사고뭉치이니 왕위는 안 물려줘도 되지만, 그래도 한 몫은 챙겨줘야 나중에 환인 본인이나 형제들에게 앙심은 품지 않게 하기 때문이다.

그렇다고 많은 신하를 딸려 보내자니 신하를 막 대할 것 같아, 환인은 꾀를 내어 '대의명분'으로 아들에게 한마디 멋있는 조언을 한다. 어쩌면 환인도 아버지에게 그런 이야기를 들었을 수도 있다. 아니면 얼마 전 부처님 설법 때 직접 들었던 이야기였을 수도 있고. 환인도 어디서 들었는지 가물가물하지만, 여하튼 폼 나게 한다.

"세상에 너뿐이 아니니 너만을 위해 살지 말고 널리 세상 사람들을 이롭게 하여라."는 뜻으로 "홍익인간(弘益人間)"이라고 붓글씨로 한 글자 또박또박 써주었다. 어려서부터 서예 교육을 받은 터라 환인은 일필휘지, 붓을 들자마자 휙휙 한 번에 네 글자를 순식간에 다 쓴다.

사실 여부는 알 수 없지만, 여하튼 하느님인 환인은 막내 환웅에게 아버지의 마음으로 '참인간'을 지향해야 한다는 향후 한민족의 품격이 되는 말을 전한다. 격이 있는 우리 배달민족의 시작이다.

막내아들이라 둘째 부인의 소생일 수도 있다. 옛 신화를 보면 둘째 부인도 정비이며 정식 부인도 두, 세 명 이상 가능한 시기의 일이다. 고려 태조 왕건 때도 혼인정책으로 왕건이 동네에서 방귀깨나 뀌는 경쟁자들과 몇 번의 결혼을 했는데 하늘나라라고 안 그랬을까?

결국, 환인에게 환웅의 엄마 외에도 다른 아내가 있었을 것이다. 환웅의 엄마도 무섭겠지만 다른 아내들도 뻔히 쳐다보고 있던 터라 왕위계승권을 가진 태자나 큰아들도 아니니 주고 싶어도 너무 많이 줄 수도 없는 처지였다. 그래서 못 이기는 척하고 '천부인'이라는 도장 세 개만 달랑 주고 얼른 바로 짐 싸서 내려가라고 한다.

배웅할 때, 다시 한 번 환웅에게 놀지만 말고 잘 다스리라고 당부해 왕의 체통을 유지한다. 떠나기 전에는 어쩌면 환웅은 가볍게 잠시 놀러 가는 것으로 생각했을지도 모른다. 하지만 정식으로 허가를 받고 공식적으로 환송 선물도 받았으니 체면상 한 오백 년 이상은 다시 올라갈 수 없을 듯하다.

사실 하늘나라에서는 아무것도 아닐 수 있는 '천부인'이 인간 세상에서는 대단한 보물이다. 이런 사실을 미리 귀띔해줬는지 아니면 미리 그걸 달라고 응석을 부린 것인지, 천부인을 받자마자 환웅은 뒤도 돌아보지 않고 리무진 비행접시를 타고 내려온다.

내려가서 함께 놀고 오자고 몰래 꼬셔둔 부하 삼천 명을 거느리고 태백산 정상을 향한다. 비행접시 수준은 아니고 스타워즈에 나오는 커다란 우주함이었던 것인지 아니면 드래곤볼에 나오는 캡슐형 비행기였는지는 지금으로선 자료가 많지 않아 확인할 수가 없어 아쉽다.

고려 후기에는 묘향산이라고 했다는데 지금의 묘향산인지는 알 수 없다. 왜냐하면, 지명은 늘 변하기 때문이다. 같은 산이나 심지어 강도 지역에 따라 부르는 이름이 다르다. 특히 산은 보는 방향에 따라 모양도 다르므로 산의 이름을 달리 부른다. 한쪽에서는 세 개의 봉이 보이지만 한쪽에서는 하나로 겹쳐 보일 수도 있기 때문이다. 물질이라는 게 다 이렇기에 이름을 통해서 본질보다 오히려, 그렇게밖에 못 본 인간의 한계만을 볼 수 있을 따름인 것은 아닐까?

여하튼 태백산 꼭대기인지 중턱인지 알 수 없으나, 가운데 '신단수'라는 신령스러운 박달나무가 서 있는 곳에 내려왔다. 우주함이 정박하기 좋은 곳에 내려왔는데 마침 박달나무가 걸렸을지도 모른다. 산 주인이 변상을 요구했을 때 벼락을 맞은 신령스러운 나무라고 하면 비싼 값에 팔 수 있다고 누군가 협상했을지도 모른다. 또, 모르는 일이 박달나무여서 우주함에도 기스가 났을 수도 있다. 그래서 잘 아는 보험회사 직원의 도움을 받아 쌍방과실로 약간의 면책은 받았을 것 같다.

이 주변을 신이 다스리는 도시라는 의미에서 '신시(神市)'라고 하고, 자신을 멋있게 '환웅천왕'이라고 부르게 했다. 아버지가 천신이니 천왕 정도는 그리 나쁘지 않은 이름인 듯하다. 나중에 다른 형제들에게 건방지다거나 참람하다는 소리를 듣지 않기 위한 똑똑한 선택이었다. 아버지 곁을 떠나자마자 바로 철든 것인지 아니면 '천왕'이라는 자리가 사람을 만들었는지도 모르겠다.

삼천 명이나 되는 부하 가운데는 풍백 · 우사 · 운사라고 해서 바람 · 비 · 구름을 다스리는 이들도 있었다. 요술봉을 하나씩 들고 왔는데 아마도 하늘나라에서만 쓰는 것일 수 있다. 이 봉을 쓰기 위해

봉인을 푸는 열쇠가 '천부인'이라는 도장이었나? 도장이라고 하지만 불교의 어려운 말로 '해인삼매'라는 말이 있다. 바다에 도장을 찍을 수 없지만 찍을 수도 있다. 초자연적인 '파동'의 매트릭스에서는 가능한 이야기다.

이들을 거느리며 사람의 삶, 즉 인생 세상만사를 곡식, 농사, 생로병사, 형벌과 선악 등 360여 가지로 나눴다. 당시의 달력으로 1년 날짜와 비슷한 수가 아닌가 싶다. 여하튼 아버지가 한 말씀이 있으니 마냥 신나게 놀 수는 없어 밤에는 놀고 아침에 늦게 일어나더라도 아점을 먹었고, 오후에는 신하들을 모으고 세상 사람들도 가르쳤다.

환웅이 공부는 못했지만, 머리는 정말 좋았나 보다. 그래서 우리나라 부모들이 이 말을 자주 쓰나 보다. 여하튼 애를 잡아먹었다는 뜻은 아니고, 정말 애먹으며 사람들을 수긍시켜 그렇게 어린, 아니 어여쁜 백성들과 소통하면서 교화시켜나갔다. 그러면서 환웅은 괜히 내려온 것 같다고 생각이 들었다. 나아가 어쩌면 아버지가 내려가면 좋다고 속인건가, 오해도 하며 점차 철들었을 것이다. 그랬으면 다행이고 아니면 곤란하지만 말이다. 그런데 다음을 보면 고조선도 잘 나간 것처럼 보이므로 그리 잘못한 것은 아닌 듯싶다.

그렇게 의욕적으로 일하던 어느 날, 심심하여 지루하던 환웅에게 흥미로운 일이 생겼다. 최고 포식자로 늘 쉽게 동물들은 물론 인간까지 잡아먹던 호랑이와 곰이 민원을 넣었기 때문이다. 환웅이 내려오기 전에는 신령스러운 동물로 원시 신앙의 토템의 대상이 되었던 그들이다. 곰 신이나 호랑이 신으로도 불리며 숭배와 섬김의 대상이 되었던 그들의 위상이 점차 낮아진 것에 대해 동물로서 큰 불안을 느낀 것이다.

원숭이 과에 불과한 인간들의 변화를 보며 여태까지 느끼지 못했던 열등감이나 질투심 등 좀 다른 걸 느끼게 되었나 보다. 민원이 같았던 둘이 함께 찾아오자 환웅은 좀 언짢았다. 한낱 호랑이나 곰까지 상대할 생각이 없던 환웅은 "좀, 인간 좀 돼라! 인성이 그게 뭐냐?"고 혼냈을 것이다. 듣던 호랑이와 곰은 화가 나서 우린 사람이 아녀요! 라고 했을 테고 그러던 중 I.Q.가 낮았던 둘은 혹시나 해서 그럼 인간이 되게 해달라고 부탁했을 것 같다.

'욱'하고 화를 냈던 환웅은 애매했는지 '조건'을 단다. 인간이 되고 싶으면 굴에 처넣을 테니 지금, 이 마음 유지해서 인간되기만을 빌라고 했다. 고기반찬도 예산상 부족하니 아까 수라간에서 본, 유효기간이 한참 지나 곰팡이가 슨 쑥이랑 마늘이 생각났다. 이참에 '일타삼피'로 다 함께 해치우자는 생각도 들어 제안했다.

근데 웬걸 동굴에 들어가 살아도 좋으니, 둘 다 환웅에게 사람이 되게 해 달라고 애원하는 것이다. 둘 다 체면이 있고 사실 돌아가도 먹을 게 없으니 한번 참아보자고 생각했다. 동굴에 들어가 있으니, 이미 홀로그램 기술을 터득했던 환웅은 정말 산신령처럼 '짠'하고 나타난다. 놀라운 등장에도 불구하고 기술력 부족으로 환웅은 겨우 신령스러운 쑥 한 타래와 마늘 스무 개만을 가지고 올 수 있었다. 텔레포트나 이런 기술은 아니고 미리 굴속에 준비해 둔 것을 가리켰는지도 모르겠다. 쑥이랑 마늘밖에 안 주면서 참 어려운 요구를 쉽게도 건넨다.

"너희들이 이것만 먹고 백날 동안 햇빛을 보지 않으면 사람이 될 것이다!" 바로 곰이 "예, 감사합니다."라고 대답하자 환웅은 기분이 좀 이상했다. 무뚝뚝하게 이게 뭐냐는 식으로 받아들인 호랑이와는 사뭇 다른 모습이었다. 사냥에 있어 곰보다 유리했던 호랑이의 자존심이 허락하지 않았던 것인가?

여하튼 환웅은 어차피 못 이룰 것이라고 보고 마구 공약을 던졌다. 아버지가 알면 천기누설 아니, 동물생태계 혼란으로 처벌을 받을 수도 있었을 것이다. 하지만, 호랑이나 곰이나 둘 다 미련하고 인내심이 없어서 쉽게 이룰 수 없다고 여겼다.

아니나 다를까 하루에 마늘 한 개만 먹었던 호랑이는 더 먹을 마늘마저도 사라진 21일째가 되는 날, 화가 났다. "나 이제 더는 안 해! 아니 못해! 안 할 거야! 대체 나한테 왜 그런 거야! 환웅, 이 인간 뭐야? 가짜 아냐? 뒷조사 좀 해봐야겠어. 아무래도 거짓말을 한 것 같다'라며 온갖 욕설과 분노를 퍼붓고 분풀이를 하다가 집으로 돌아갔다. 문지기가 있었으나, 배고픈 호랑이의 포효를 듣고는 줄행랑쳤을 것이다.

'미련퉁이'가 아닌 '스마트'하고 '성실'한 곰은 호랑이가 떠나자, 홀로 남았다. 21일째도 열심히 기도했다. 사실 기도보다는 어떻게 해야 하나며 좌불안석으로 고민을 했을 것 같기도 하다. 하루 정도야 호랑이보다 잘했다는 승리감에 도취하였을 지도 모른다. 하지만, 앞으로 79일이나 혼자 먹을 것 없이 기다린다는 것은 보통 마음으로도 쉽지 않은 일이다.

신화 상에서는 호랑이로 나오지만 사실은 호랑이를 신으로 모시는 부족의 공주였을 듯하다. 좀 포악한 성질로 '욱'하며 쉽게 흥분하였기에 호랑이로 표현되었을까? 여하튼 호랑이 신부를 쫓아버리자, 환웅은 괜한 장난으로 혹시 곰 신부마저도 그만둬서 단군신화를 못 쓰게 될까 봐 마음이 급해졌다.

환웅은 괜한 장난으로, 아버지한테 혼나고 사람들에게 인심을 잃을지도 모른다는 생각에 곰을 더 괴롭히는 짓을 그만두기로 마음먹었다. 100일도 안 되었는데 곰의 소원을 들어주었다. 나중에 이 사실을 알게 된 호랑이는 얼마나 원통해 했을까? 하루만 더 견디면 될 것을…….

여성화된 웅녀! 호랑이보다는 못하지만, 야성이 만만치 않았던 것 같다. 요즘처럼 시댁 눈치를 봐야하는 '귀찮은' 결혼은 눈에 안 찼을 것이다. 귀한 집 '마마보이'가 아닌, 시크릿가든의 '현빈'같은 훈남과 사는 것이 아니라면 귀찮은 결혼은 사양하고 싶었나 보다. 여자가 되자마자 홀로 잉태하기만을 빌던 웅녀는 참으로 복도 많다.

하늘에서 내려온 환웅천왕은 항상 놀고먹지만 않은 듯하다. 최소한의 신통술은 익혔던 것 같다. '별에서 온 그대'의 외계인 '김수현'같이 멋진 남자로 변한 '환웅'천왕. 그를 본 순간 한눈에 반한 웅녀는 그와 로맨틱한 사랑에 빠진다. 그리고 내친김에 일사천리로 일연스님이 바빴는지 아니면 부끄러웠는지 연애 이야기는 넘어가고 단숨에 단군왕검을 척 낳았다.

어쩌면 이 모든 일이 하늘에 있을 때부터 환웅의 사심이 반영된 것은 아닐까? 만약 그렇다면 그의 '작업'은 참으로 대단하다. 그리스 신화에 나오는 제우스처럼, 처음부터 웅녀의 미색을 탐하던 환웅천왕이 이 모든 계획을 짠 것이라면 말이다. 여하튼 환웅천왕 덕분에 우리 배달민족은 천왕과 사람이 된 웅녀의 후손이라는 기묘한 신화를 가지게 되었다.

이게 요임금 즉위 50년 경인년의 일이라는데, 무진년에 즉위한 요임금의 즉위 50년은 정사년이니 다르다. 무슨 말인지 잘 모르겠지만 일연스님인지 누군지 단군왕검의 탄생을 중국의 요임금 대에 맞추려고 했던 의지가 보인다.

스님은 아닐지라도 적어도 사대주의에 빠진 유학자는 아니었을 듯싶다. 여하튼 단군왕검은 평양성에 도읍했다. 고려 후기 서경이라고 불리는 곳과 같은지는 모르겠지만, 비로소 조선이라는 이름이 등장한 것이다. 오늘날 우리가 말하는 고조선은 이렇게 시작되었다.

도읍이 평양설 말고 백악산 아사달 또는 궁홀산, 방홀산, 금미달이라고 하는 설도 있다. 하도 많아서 대체 어디가 어디인지 알고 싶지도 않게 만든다. 사실 찾아도 찾기 어렵다는 말이 더 솔직한 답이 될 것 같다.

단군은 1,500년 동안이나 나라를 다스렸다. 그 아버지에 그 아들이라서 좀 많이 따분한 일상을 보내셨을 듯하다. 하늘 사람이 땅에 와서 땅위의 사람들과 사는 일은 그리 쉬운 일이 아닐 텐데 말이다.

아버지 환웅이나 할아버지 환인을 뵈러 하늘로 놀러 가고 싶었을 텐데 그건 여의치 않았다. 다른 데라도 유람, 요즘 말로 여행을 떠나고 싶었을 것이다.

때마침 중국의 주무왕이 기묘년에 성인인 기자를 조선에 봉했다. 굳이 싸움하기도 싫어서 냉큼 '이때다'하고 바로 장당경으로 갔다. 이미 삼위 태백의 땅값이 너무 비싸지고 "젠트리피케이션" 즉, 낙후됐던 구도심이 번성해 중산층 이상의 사람들이 몰리면서, 임대료가 오르고 원주민이 내몰리는 현상이 시작되었다. 살기가 힘든 것은 백성들도 마찬가지로 단군은 혼자 이사하고 싶었을지도 모르나 따라가는 백성도 아주 많았을 것이다. 꼭 투기라고 할 수 없지만, 구도심 살리자는 명목 하에 헌 집 비싸게 팔고 새집 저렴하게 사자는데 싫다는 사람은 별로 없었던 듯하다.

단군왕검은 새롭게 좋은 땅을 골라, 도시계획을 다시 세워가며 복스러운 땅을 개척하고 토착민들을 교화시켰다. 이즈음에서 의심하는 분들이 많겠지만, 적어도 떠난 의도가 부동산 투기를 위한 것은 아니었다고 믿고 싶다. 왜냐하면, 우리 배달민족의 조상인 "단군왕검"이니까. 시조 격인 단군부터 부동산 투기꾼이라고 하고 싶지는 않기 때문이다.

당나라의 『배구전』이라는 책에는 "고려는 본시 백이 숙제가 고사리 먹다 죽은 고죽국"이라고 한다. 고죽국을 고려 후기의 해주라고도 한다.

갑자기 이런 이야기가 왜 나오는지 모르겠다. 백이 숙제를 단군왕검으로 착각을 한 것인지 아니면 장당경을 고죽국으로 생각한 것인지도 모르겠다. 아마도 다른 곳에 들어갈 이야기가 여기로 잘못 새겨진 것 같다. 고려말 조선 초기에 목판에 한자를 새기면서 잠시 커피 아니, 차 한잔하고 와서 실수한 것 같다.

밑도 끝도 없이 황당하게 묘한 곳에 나온 이 말 하나로 『삼국유사』의 사료적 가치가 안타깝게도 뚝뚝 떨어질 따름이다. 아무래도 출판의 오류인 듯한데 그렇다고 할 만한 특별한 근거도 못 찾았다.

장당경에 살다 보니, 태어난 고향이 보고 싶었던 단군은 다시 아사달로 몰래 돌아온다. 나이 들면 향수를 저버릴 수 없기 때문인가 보다. 이번에는 다 버리고 출가를 하고 싶었는지 산신까지 하면서 1908세까지 장수했다. 아무래도 곰 신이 된 것 같기도 하지만 천왕의 아들이 천신이 아니라 산신이 된 것은 세속적으로 출세는 아닌 듯하다. 하늘로 못 올라간 것은 좀 아쉽지만, 민중과 함께 하기 위해서 머물렀다면 이야기는 차원을 달리하게 된다.

여하튼 불교적으로 수행에는 성공한 셈이지만, 그 경지가 부처님에게는 미치지 못해 결국 윤회를 벗어나진 못했다는 말로 이해가 된다.

『통전』에는 한나라가 조선을 현토 · 낙랑 · 대방(북대방)의 3군으로 나누고, 『한서』에는 진번 · 임둔 · 낙랑 · 현토 4군으로 나눴다고 한다. "두 책에 나온 한 군현의 이름과 숫자가 다른데 왜 그럴까?"라고 『삼국유사』의 저자는 합리적인 의문을 제시한다. 저자의 사료에 대한 비판적 자세는 다행스럽게 『삼국유사』의 사료적 가치를 높여준다.

앞서의 인쇄 잘못은 형태적인 외적 사료비판의 영역이고 사료에 대한 비판적 자세는 내용적인 내적 사료비판의 영역이 된다. 둘 다 중요하지만, 책 한 권에서 그렇게 쉽게 오르고 내리는 '일희일비'나 '경고망동'은 삼가고, 긴 호흡으로 찬찬히 면밀하게 더 들여다 보며, 그 가치를 논해도 늦지 않을 듯싶다. 여하튼 한사군 지배체제나 그 위치 등에 대해서는 식민지 성격이 있어 전혀 달갑지 않은 마음을 드러내며 단군신화를 마무리한다.

囍 위만 조선

유비와 조조가 싸웠던 때는 후한 말기이다. 이보다 앞선 시대를 전한시대라고 하니, 이 시대에 대해 이것저것 쓴 역사서가 『전한서』이다. 중국은 주변 국가의 중심이라는 이른바 중화주의를 가지고 있다. 그래서 이 책에도 중국 한나라의 주변 국가에 관한 내용이 있는 데, 그 가운데 「조선전」이라는 부분이 있다. 고려 다음에 성립된 조선 시대의 이야기가 아니라 단군왕검이 세운 고조선에 관한 이야기이다.

그 「조선전」에는 당연히 본문이 있고 이 본문에는 중국 당나라의 유명한 학자 안사고가 주석을 단 부분이 있다.

여기에 "옛날, 언젠가 연나라가 진번과 조선을 침략해서 관리를 두었다. 혹시 진번과 조선이 침공할까 두려워서 요새까지 쌓았다. 진시황은 연나라를 멸망시키고 이곳을 요동의 변방 지역에 포함시켜 직접 통치했다. 한나라를 건국한 후에는 힘이 딸리고 멀기도 해서 제후국인 연나라에게 간접 통치하라고 떠넘겼다."

좋게 이야기하면 제후국이지만 요즘 말로는 지방자치단체나 다름없는 연나라로서는 너무 넓은 영토가 그리 달갑지만은 않았다. 다스려야 할 곳이 넓을수록 통치비용 등의 예산도 많이 들기 때문이다. 세금도 그리 많이 걷히지 않는 이 땅을 연왕은 한나라 황제가 넘긴 것에 대해서 '돈이 없거든!' 하면서 거절하고 싶었나 보다.

그러나, 이 땅이 흉노 등에 대항할 수 있는 전략적으로 중요한 요충지였기 때문에 이도 저도 하기 어려운 부분이 있었다. 까닭에 중앙정부인 한나라가 직접 예산을 들여 요동의 옛 요새를 다 수리해 주었다. 그리고 예산을 충당하라고 낙랑에 있는 패수라는 강이 있는 곳까지 함께 덤으로 넘겨줬다.

그러나 연나라로서는 오랑캐가 출몰하는 이곳, 별 소득이 없는 이곳을 착실하게 관리할 이유가 없었다. 연나라의 왕과 관료들은 대충 형식적으로 서류나 정리하며 관리하는 척하고 그냥 내버려 두었다. 그러다 보니 요동 변방 지역이 오랑캐 천국이 되어 버린 것은 어쩌면 당연한 일이다.

시간이 흘러 연나라 왕이 된 노관은 한나라에 신변위협을 느꼈다.

100년도 안 되는 목숨, 아마도 50년 정도였을까? 평균연령을 몇 년 더 늘리려고 노관은 간이 컸는지, 한나라도 무서워하는 오랑캐 나라 흉노로 망명했다. 중요한 정보를 가진 이웃 나라의 왕급 관리를 거절할 바보는 없다. 아무리 평화로운 상태라도 언제라도 한 방 먹을 수 있는 고대사회에서 적국의 고위관료는 중요한 정보원이기 때문이다.

노관이 흉노로 가자 연좌제를 두려워했던 연나라 사람 위만도 천여 명의 무리를 거느리고 함께 도망갔다. 흉노로 가면 좀 많이 위험하다고 생각한 똑똑한 위만은 나 잡아보라고 하지 않고 술래잡기의 기본 원칙을 철저히 지킨다. 그래서 좀 방향이 다르지만 보다 먼 곳으로 중국인이라면 별로 신경 쓰지 않을 동쪽 국경인 패수를 넘어 요새가 있는 곳에 가서 정착했다.

신찬이란 사람은 낙랑군 왕검성에 도읍했다고 비정한다. 하지만 그냥 "썰" 가운데 하나로 이해하면 될 것 같다. 지금이나 옛날이나 "썰" 또는 "구라"를 펴는 사람은 참으로 많았나 보다. 사실 먼 나라 이야기이니 소문만으로도 신기해서 책에 한마디 거들었을 수도 있다. 요즘 인문학 열풍이 한참인데 그렇다고 해서 "가짜뉴스"까지 역사서에 적는 바보 같은 짓은 하지 않는 게 좋다. 무슨 뜻인지는 정사와 야사를 생각해 보면 이해가 좀 쉬워질 것 같다.

그냥 엎드리고 가만히 있으면서 분위기만 파악하면 될 것을 위만은 나름대로 욕심이 있어 그렇게 하지 않았다. 한동안 한나라의 침범이 없자, 처음에는 연나라도 아니고 텅 빈 땅인 공지에 숨어 서

위만은 주변에 있던 진번·조선과 연나라와 제나라에서 넘어오는 망명자들을 차츰 규합해서는 왕이 되었다.

중국에서 배운 허풍을, '한나라의 황제가 내 뒷배다' 또는 '한나라 황제도 어쩔 수 없는 강력한 나라다' 등 뻥카를 수도 없이 날리자 주변의 작은 마을은 순응하지 않을 수 없었을 것이다. 겁도 나고 백성들을 다치게 하고 싶지 않았던 진번과 임둔 사람들이 처음에는 곡물을 조금씩 바치면서 그만 협박하라고 했다. 모르고도 속지만 그냥 알면서 속아준다. 진번과 임둔 사람들이 약하지만 바보는 아니다. 세상에 위만만큼 똑똑하지 않은 사람은 또 그리 많지 않을 것 아닌가! 똥이 무서워서 피한 게 아니었다. 그런 행운이 겹치다 보니, 위만은 운 좋게 사방 수천 리나 되는 영토를 갖게 되었다.

이야기를 더 나가기 전에 잠시 짚고 넘어가야 할 것이 있다. 여기까지는 중국의 인식이고 위만조선에 대한 부정적인 평가에 불과하다는 점을 염두에 두고 이어지는 이야기도 이해해야 할 것 같다. 앞으로도 가끔 이런 식으로 해설을 하곤 하는데 이건 중국이나 외국의 입장이니 괜히 오해는 하지 말았으면 한다. 상상은 자유이고 이런 말을 통해서 셀프 면죄부를 발행하는 것이다.

손자 우거왕대에 드디어 일이 터졌다. 위만과 그 손자 우거왕이 떠돌이 지명 수배자에 불과하다는 것이 공공연한 비밀이 되어 버렸다. 아마도 우거왕이 좀 망나니처럼 잘못을 많이 해서 나라 창고가 비고 국력이 약해진 것이 원인이었을 것이다. 부자도 3대를 못

간다고 하는데, 결국 부자가 3대를 가면 안 된다는 민중의 서원이 있었던 것은 아닐까? 재벌도 3대로 끝나야, 금권주의가 아닌 민주주의 사회가 아닐까도 싶다.

불가피하게 공식적으로 사실을 확인하고자 진번과 진국(또는 진한)이 글을 올리고 천자를 직접 만나보려고 시도했다. 중국 쪽에서 판단하기에 위만 조선이 '괴뢰정부'인가 확인하려는 것이다.

BC111년이 되자 어느 정도 힘이 생긴 한나라도 우여곡절 끝에 사신이 들고 온 글을 봤다. 너무 오랫동안 알고도 모른 척 내버려 두었지만, 더 놔두면 안 된다는 생각에 사신 섭하를 보내 우거왕을 타이르게 했다. 물론 자기 주제를 몰라서 상황판단을 잘못한 우거왕은 천자의 명령을 아주 간단하게 거부했다.

한나라의 고위관료인 섭하는 철없는 우거왕에게 거절당하는 수모를 겪고 하는 수 없이 돌아갔다. 섭하가 돌아가면서 가만히 생각해 보니, 빈손으로 가면 황제에게 문책당할 것이 걱정이었다. 사실 사신으로 가는 것 자체가 사지로 보내는 희생양이 아닌가? 자기를 보낸 게 섭섭했던 섭하는 한 가지 꾀를 부린다. 요즘 말로 괜찮은 이벤트 한 건을 기획했다.

한나라 국경 패수까지 자기를 고맙게 바래다준 조선의 비왕 장이 있었다. 사이도 좋아서 앞으로 주요 외교 창구가 될 수 있었던 사람인데 섭하는 외교보다 자기 목숨이 더 중요했었나 보다. 국경 바로 앞에서 마부를 시켜 비왕을 죽이고는 단숨에 말을 달려 요새 안으로 들어와 숨었다. 섭하는 천자의 명을 감히 거역한 조선의 왕을 대신해서 높은 관리인 비왕을 대신 죽이고 왔다고 보고했다. 국경 앞에서 일어난 비열하고 배은망덕한 짓을 모르는 천자는 그 신하의 그 황제라고 거꾸로 섭하의 공로를 인정해서 요동의 동부도위로 임명했다.

머리를 잘 써서 공은 세웠지만, 부처님 법대로 "뿌린 대로 거둔다."라는 인과응보는 아무도 벗어날 수 없었나 보다. 약이 바짝 오른 조선은 섭하가 부임하고 나서 근처를 지나가는 것을 기다렸다가 급습해서 죽여 버렸다.

천자가 임명한 관리를 죽였다. 체면이 깎인 천자는 가만히 있을 수 없었다. 어쩌면 이조차도 천자가 머리를 쓴 것인지도 모르겠다. 일부러 국경 주변을 섭하로 하여금 순찰하게 한 것은 아닐까? 여하튼 한번 죽을 목숨이었던 섭하는 영영 가버렸다.

천자는 누선장군 양복에게 조선 정벌을 명했다. 조선을 얕본 양복은 군사 5만을 거느리고 제나라에서 배를 띄워 발해를 건넜다. 요동에 있던 좌 장군 순체로 하여금 육로로 공격하게 했다. 모두 기회를 잡은 천자의 전략이겠지만, 중국 황제에 대항할 수 있었던 건우거왕이 처음에는 홈그라운드의 이점을 잘 살려 계획을 잘 세웠나 보다.

아무 생각 없이 누선장군은 군사 7천 명만 거느리고 먼저 왕검성에 도착했다. 성문을 꽁꽁 잠그고 수성전에 돌입했던 우거왕은 상대가 겨우 7천 명밖에 안 된다는 것을 알아차렸다. 바로 아직 숨도 못 돌린 누선장군 양복의 진지를 공격했다. 의기양양했던 양복이 군사들을 잃고 혼자만이라도 살려고 도망쳐서 포로로 잡히지는 않았다. 한편, 좌 장군 역시 패수 서쪽의 조선 군사를 습격하였으나 성과가 없었다. 그래서 양복에게 못 간 것이기도 하다.

보고를 들은 중국 황제는 아주 두려웠다. 아무것도 아니라고 생각한 조선에 패하면 이 창피는 어쩌고 주변 오랑캐 나라들의 침범이 걱정되었다. 싸워서 질까 봐 두려워 위산에게 많은 군사를 붙여 다시 보냈다. 인해전술로 겁주면서 한편으로는 항복하면 용서해주겠다고 타일렀다. 사실 처음부터 그랬어야 했다.

결국, 처음부터 싸우기가 싫었던 우거가 항복을 청하고 태자를 보내어 말을 바치게 했다. 만여 명이 무기를 지닌 채, 패수를 건너려 하자 겁쟁이 위산과 좌 장군은 이들이 혹시 변고를 일으킬까 두려웠다. 태자에게 "항복을 했으니 병기를 소지해서는 안 된다"라고 하자, 아무 생각 없이 갔던 태자도 갑자기 그 말을 듣자 덜컥 겁이 나서 바로 회군했다. 휴전이나 평화조약체결은 물 건너가는 순간이었다.

천자가 화가 나서 위산의 목을 참수했다. 겁에 질린 좌 장군은 죽기 살기로 돌진하여 운 좋게 패수의 조선 군사를 돌파하는 데 성공했다. 드디어 왕검성 서북쪽에 다다라 성을 포위했다. 죽음을 모면했던 누선장군도 성 남쪽에 가서 주둔했지만 몇 달이 지나도 항복시킬 수 없었다.

중국 황제가 제남태수 공손수에게 전권을 맡겨 다시 보냈다. 처음부터 다 보내면 될 것을 하나씩 빼서 보내니 일이 쉽지 않다. 공손수는 누선장군의 전투함과 해군을 평소에 탐냈던 차에 전권을 받자마자 '이때다' 싶어 누선장군이 도착하자마자 전쟁을 이기지 못한 죄로 체포했다. 그의 군대를 자기 군대에 병합시킨 후에 좌 장군과 함께 조선을 습격했다. 이전과 달리 더 많은 군대로 밀고 들어오니, 재상인 노인, 한도, 이계 지방의 장관인 참, 그리고 장군 왕협이 뜻을 모아 항복하자고 권했으나 우거왕이 거부했다. 나라가 기우니 신하들이 먼저 살길을 모색하나 보다. 어떤 조직이나 나라나 마찬가지나 보다. 한심한 게 그게 인생인가보다. 왕검성에 있던 한도 · 왕협 · 노인은 모두 한나라에 투항했지만, 노인은 도중에서 객사했다.

신하도 없는데 왕 혼자서 풍악을 울리며 후궁의 방에서 안 나오고 놀았나 보다. 속이 썩을 대로 썩은 이계 지방의 장관인 참은 BC 112년 여름에 자객을 보내 우거왕을 죽이고 투항했다.

어리석은 왕에게도 충신은 있었다. 우거왕의 충신 성기가 항복하지 않자, 좌 장군이 우거왕의 아들 장과 노인의 아들 최를 시켜 백성들을 꾀어 성기를 살해하게했다. 정정당당하지 못한 방법으로 이긴 한나라는 이 땅에 진번 · 임둔 · 낙랑 · 현도의 한사군을 설치했다. 이 땅이 중국의 요하지역인지 지금의 평양주변인지 아직 잘 모르겠다. 하지만, 평양 주변에 대문명이 존재했던 것은 사실인 듯싶어 아쉽다.

圜 마한과 한사군

마한(馬韓)

『위지(魏志)』라는 책이 있다. 삼국지 위지 동이전이라는 책에 나오는 위지일 수도 있지만, 관련 기사를 찾아봐야 할 일이다. 찾아보니 없다는 말도 있지만, 책 제목을 잘못 썼다고 하기보다는 잘 못 기억해서 쓴 것일 수도 있다. 물론 지금 전하지 않지만, 위지라는 책이 있었을 수도 있으니 그 어느 쪽도 단언하기 어려운 점이다.

"위만이 조선을 습격했다. 가만히 당하고만 있을 수 없었던 조선왕 준이 궁인과 측근만을 데리고 도망쳤다. 혹시 몰라서 배를 타고 바다를 건너 멀리 남쪽으로 한(韓)이라고 불리는 지역까지 갔다. 거기서 재기하여 '마한'을 건국했다."

조선에는 우거왕 이외에도 왕이 많았나 보다. 여하튼 궁인 측근을 데리고 내려온 왕족이나 귀족이 내가 조선의 왕이었다고 했을 수도 있다. 어차피 증인도 없고, 궁인과 측근들이 증언을 해줬을 테니 큰 문제는 없었을 듯싶다.

지렁이 출신으로 용이 된 견훤(甄萱)이 고려 태조(太祖) 왕건에게 올린 글이 있다. 원래 견훤이 일본의 풍신수길 즉 토요토미히데요시라면 태조는 덕천가장 즉, 도쿠가와 이에야스일 것이다. 원래 견훤이 왕건을 데리고 있었지만, 자식 농사 잘못 지은 탓에 막판에 상황이 역전되어 왕건을 왕으로 모셨으니 글을 써서 올려야 했다. 원래 마한 지역에 연고지를 둔 견훤이 한마디 한다.

"옛날에 마한이 먼저 생겼다. 혁거세가 일어나고 나서 그다음으로 백제가 금마산에 나라를 창건하였다."라는 마한 관련 기록을 인용한다. 결국, 마한→신라→백제 순으로 건국되었다고 견훤은 그렇게 믿고 또 그렇게 주장하고 싶었나 보다.

최치원은 "마한이 고구려고 진한이 신라"라면서 당시까지 남은 서책 가운데 『구삼국사』나 『삼국사기』 등의 「신라본기」를 보면 신라 관련 아니 신라 위주의 책이니까 당연히 신라가 앞서 갑자년에 생기고 고구려가 그다음 20년 후인 갑신년에 생겼다고 한 게 아니겠냐며 합리적인 의심을 제기한다. 10년은 좀 짧게 30년은 좀 길었나 보다. 여하튼 '갑'질을 하고 싶었던 것인지 갑자년, 갑신년 등 12지 가운데 으뜸이 되는 '갑' 자는 꼭 쓰고 싶었었나 보다.

이에, 조선왕 준에 대한 위의 기사와 관련해서 더 찾아보자. 고구려 동명성왕이 고구려를 일으키고 마한을 병합했기 때문에 고구려가 마한이라고 하는 것 같다. 요즘 어떤 이는 금마산이라는 지명에 집착해서 마한이 곧 백제라고 별생각 없이 말해 버린다. 여기서 일연스님 등 저자가 살았던 시기일 수도 있고, 저자가 참고한 시기의 다른 역사서 등의 저자가 살았던 시기일 수 있다. 적어도 21세기 오늘날의 요즘은 아니라는 것을 가끔 새겨두고 봐야 한다. 나중에 설명할 수 있으면 더 하겠지만, 사족 즉 불필요하게 덧붙이는 말이 될 수 있어 생략하고자 한다.

여하튼, 고구려 땅에도 본래 비슷한 이름의 마읍산이 있다. 이외에도 마라는 말을 가진 산을 비롯한 지명이 많다. 고구려가 마한이라고 생각하는 사람도 있다는 것을 잊지 말고 기억해야 할 것이다.

사이(四夷)

4이라는 말이 있다. 우리가 흔히 알고 있는 동이(東夷), 서융(西戎), 남만(南찬), 북적(北狄)이 아니다. '9이(九夷), 9한(九韓), 예(穢)와 맥(貊)'을 말한다.

『주례(周礼)』는 주왕실의 관직 제도와 전국시대(戰國時代)의 제도를 기록한 책이다. 후대 중국과 우리나라에서 관직 제도의 기준이 된 유교 경전이다. 이 경전에 나오는 주나라 시대의 관직 가운데 하나인 『직방씨(職方氏)』에는 "4이와 9맥을 관장한 게 9이 가운데 하나인 동이족"이라고 했다.

일연스님도 잘 모르지만, 나중에 우리가 혼동하지 말라고 일단 써 놨다고 평가할 수도 있다. 하지만 그건 일연스님을 너무 몰라서 하는 말이다. 당시는 고려 시대 말기로 몽고 전란 후인지라 책을 구경조차 하기도 어려웠던 시절이었다. 이럴 때, 어렵게 구해서 다 읽고 꼼꼼히 메모해 놨다가 책에다 옮겨 놓은 것이다. 따라서 나름의 생각이 반영된 이야기라고 해야 맞을 것이다. 이런 사실은 『삼국유사』의 저자들이 우리 역사에 열정이 없었다면 불가능한 일이었음을 잊어서는 안 될 것이다. 까닭에 이 책에서 일연스님이라고 한 것은 꼭 일연스님이 저자라고 하는 것보다는 저자들 가운데 대표로 일연스님을 든 것에 불과하다. 염두에 두고 이 책을 읽어 내려가길 바란다.

『회남자』란 책의 주석에는 "동이에는 아홉 종족이 있다."라는 기록이 있다. 이에 멈추지 않고 불교 승려이면서 일연스님은 우리에게 바른 역사를 전하고자 온갖 유교 경전을 비롯한 온갖 책을 다 뒤졌다.

『논어(論語)』〈정의(正義)〉편에 있는 "9이는 현도, 낙랑(樂浪), 고(구)려(高麗), 만식(滿飾), 부유(鳧臾), 소가(素家), 동도(東屠), 왜인(倭人), 천비(天鄙)"라는 기사가 있다.

지금은 전하지 않는 신라 진평왕대의 승려 안홍이 쓴『해동안홍기(海東安弘記)』까지 찾아내 우리는 이 책의 이름이라도 알 수 있게 되었다. 당연히 신라 중심으로 써 놓은 이 책에는 "구한(九韓)은 일본(日本), 중화(中華), 오월(吳越), 탁라, 응유(鷹遊), 말갈(靺鞨), 단국(丹國), 여진(女眞), 예맥(穢貊)"이라는 기록이 남아 있었다. 이렇게 다 찾아내 남겼기에『삼국유사』는 더욱 값진 것이 아닐까? 이 책이 있었기에 우리는『삼국사기』에 적혀 있지 않았던 우리의 잃어버린 역사를 다시 찾게 된 것이다, 라고 평가할 만하다.

일연스님은 "명주(溟州)는 옛 예국(穢國)의 땅이었다. 농부가 밭을 갈다가 예왕(穢王)의 도장을 얻어 나라에 받쳤다."는『삼국사기』의 기사도 전한다.『삼국유사』가『삼국사기』의 보조 기록이 아닌 완전한 역사서인 이유가 여기에 있다. 또 그에 만족하지 않고 옛 우수주(牛首州)인 춘주(春州), 지금의 삭주(朔州), 혹은 평양성(平壤城)이 옛

맥국(貊國)이라는 설도 빠짐없이 전한다.

하지만, 사료가 많지 않고 서로 전혀 다른 사실을 전하고 있었을 때, 잘 모르는 사람이라면 이런 저런 이야기를 다 옮겨 적었을 가능성이 크다. 잘 알았다면 알아서 지울 것은 지우고 무시할 것은 무시했을 수도 있다. 하지만, 일연스님이 다 남겨두었다는 것은 사료비판의 기본을 잘 지킨 것으로 평가할 수도 있지만, 그보다는 정말 잘 몰라서 후일의 눈 밝은 이들이 잘 정리해줬으면 하는 바람이 더 크지 않았을까?

이부(二府)

『전한서(前漢書)』에서는 "BC 82년에 두 개의 외부(外府)를 두었다."라고 한다. 조선(朝鮮)의 옛 땅인 평나(平那)와 현토군(玄菟郡) 등을 평주도독부(平州都督府)로 삼고, 임둔(臨屯) · 낙랑(樂浪) 등 두 군(郡)의 땅에 동부도위부(東部都尉府)를 설치한 것을 말한다. 『조선전(朝鮮伝)』에는 진번(眞蕃) · 현토 · 임둔(臨屯) · 낙랑(樂浪) 등 네 군(郡)의 이름이 적혀있다. 아마도 진번을 평나라고 불렀던 듯싶다.

일연스님은 네 개의 이름을 나열하고 진번과 평나만 다르니 그냥 두 지역이 같은 것이라고 단순하게 정리했다. 사이에 대한 설명으로 남대방까지는 왕력보다 상세하지만, 내용이 적은 것으로 봐서 미완성된 메모들이 편찬과정에 들어갔었을 수도 있다.

72국(七十二國)

『통전(通典)』에는 "조선의 유민들이 뿔뿔이 흩어져 70여개 나라가 되었다. 대개 한 나라당 사방 100리의 영역을 가졌다."고 적혀 있다. 『후한서(後漢書)』는 "서한(西漢)은 조선의 옛 지역에 처음에는 4군을 두었다가 뒤에는 2부를 두었다. 지방행정자치법이 계속 개정되고 복잡해지니까 그냥 78국으로 나눴다. 세제상의 문제를 고려해서 각각 1만호를 기준으로 나눴다."라고 한다. 서쪽 마한은 54개, 동쪽 진한은 12개, 남쪽 변한도 12개의 작은 나라(國)가 그것이다.

4군은 한사군을 말하는 것으로 보고, 진한 변한 12개는 6부나 6가야의 두 배여서 그런 것도 같다. 하지만 마한 54국은 6부로 하면 꽉찬 숫자인 9를 곱해서 그런 것인지는? 잘 모르겠지만 78국도 그렇게 따지면 6에 13개를 곱한 것일 수도 있겠다.

낙랑국(樂浪國)

전한(前漢) 때 낙랑군을 설치했는데《한서지리지》에 설명을 단 응소(応邵)는 낙랑군을 "고조선국"이라고 했다. 고조선의 옛 땅에 낙랑군을 설치했다고 주장하고 싶었나 보다. 죽어도 고조선을 지배했다고 자랑하고 싶은 과시욕은 고조선이나 고구려 등에 몇 번이나 패배했던 열등감의 표현일 수 있다.

그래서 그런지 『신당서』도 "평양성은 한나라의 낙랑군"이라고 주를 달았다. 당연한 사실이라면 왜 이리 강조하는지 모르겠다. 우리가 대재벌 그룹 회장이라면 "내가 회장이야" 또는 "내가 전에 네 상사였지!", "내가 너를 승진시켰지"라는 식의 이야기를 떠들고 다니지 않는다. 뭐 너무 열등감이 지나치면 그랬을 수도 있으니, 세계의 중심이 중국이라는 중화주의도 그들이 말하는 오랑캐에게 몇 번이나 패배한 열등감의 왜곡된 표현일지도 모르겠다.

『국사』에는 "BC28년에 낙랑인들이 신라에 항복했다. AD27년에는 고구려의 제3대 무휼왕(無恤王)이 낙랑을 멸망시키니 그 나라 사람들은 (북)대방(帶方)과 함께 신라에 투항했다. AD44년에 광무제(光武帝)가 낙랑을 공격해 빼앗아 군현을 삼아, 살수(薩水) 이남의 땅이 한나라에 속하게 되었다."

이상의 문헌들을 살펴보면 낙랑은 평양성이 맞다. 누구는 낙랑의 중두산(中頭山) 부근이 말갈의 경계고, 살수는 지금의 대동강(大洞江)이라고 한다. 하지만 지명이나 경계가 문헌마다 달라서 어느 말이 옳은지 알 수 없다.

사료가 중구난방이고 고도의 사료비판을 배운 역사가가 아니라면 정리하기가 매우 어렵다. 역사가라도 힘들었을 테니, 일연스님은 일단 다 모아 남겨 놓겠다고 밝혔다. 그리고는 끝으로 백제 온조왕(溫祚王)은 "동쪽에 낙랑, 북쪽에 말갈(靺鞨)이 있다"라고 했다. 여기서 낙랑은 한(漢)나라 때 낙랑군에 속했던 현(縣)이냐는 질문으로 정리한다.

낙랑이라고 하면 고조선 관련 문헌만 등장하는 게 아니다. 신라 사람들도 스스로를 낙랑이라고 한 적이 있다. 고려(高麗)에서도 그쪽 출신 부인을 낙랑군부인(樂浪郡夫人)이라 부르기도 했다. 태조(太祖) 왕건이 딸을 김부(金傅)에게 시집보낼 때 낙랑공주(樂浪公主)라 불렀다는 기사도 있다.

북대방(北帶方)

북대방에는 죽담성(竹覃城)이 있다. AD27년에 대방 사람들이 낙랑 사람들과 함께 신라에 항복했다. 낙랑과 대방 둘 다 전한 때 설치한 군(郡)이다. 그 후에 참람되게 나라(國)를 칭하더니 이때 와서 항복했다.

죽담성이 어떤 성인지는 모르나 그래도 이름이 있는 유명한 곳인가 보다. 여하튼 한사군 가운데 낙랑군과 대방군과 한나라 천자가 무력해지니 군수들이 왕 노릇을 했나 보다. 그렇게 까불다가 우리 신라가 건국하자 와서 항복했다는 이야기 같다.

남대방(南帶方)

중국 삼국시대 조조가 세운 위(魏)나라 때 남대방군(남원부南原府)을 두었다. 대방의 남쪽에는 천리나 되는 바다 한해(澣海)가 있다. AD196~219년 사이에 마한 남쪽의 황무지에 대방군을 설치해서 드디어 왜(倭)와 한(韓)과 접하게 되었다.

이게 무슨 말인지 아는 사람의 가르침을 구하고 싶다. 기록을 보면, 대방군은 전라북도 남원의 옛 이름이라고 한다. 후한 건안 연간에 위의 기사처럼 설치하였다고 한다. 백제가 망한 후에 대방주라고 했다가, 신라 문무왕 때 신라에 병합되었다고 한다. 이럴 때는 야사이야기라도 끌어와서 믿고 싶은데, 아마 일연스님도 그런 기분으로 이런 기사를 남겼을지도 모르겠다.

말갈과 발해

말갈(靺鞨; 혹은 물길勿吉)과 발해(渤海)

"발해는 본래 속말(粟末)말갈이다. 추장(酋長) (대)조영(祚榮)이 나라를 세우고 국호를 진단(震旦)이라 했다." 역사학계에 《진단학보震檀學報》라는 책이 있었는데 이 진단과 같은 이름이 아니다. 한자만 다를 뿐 우리나라를 일컫는 말 가운데 하나인 것 같다.

"712년에 말갈이라는 이름을 버리고 발해라고 했다." 한자가 제대로 들어오고 나서 고유한 이름이 좀 유치하게 느껴져서 그런 것일까? 말갈이라는 부족 이름을 비웃는 자들이 있었던 것인지 그렇게 우리의 이름들이 하나둘 사라져 간 것은 그리 유쾌한 일이 아니다.

"719년 (대)조영이 죽자, 그 시호를 고왕(高王)이라 했다. 세자(世子)가 왕위에 오르자 당 현종이 왕에 책봉했다." 그런데 중국의 연호를 버리고 스스로 인안(仁安)이라는 연호를 만들며 해동(海東)의 큰 나라로 컸다. 중국 입장에서는 커도 너무 큰 것이다. 5경(京)·15부(府)·62주(州)의 지방행정 제도를 두었다. 중국은 발해가 너무 얄미워서 손 한번 봐주고 싶었나 보다.

"926년 거란(契丹)이 발해를 공격해서 승리한 후, 거란이 이 지역을 지배했다"라고 중국 역사서인 『통전(通典)』에서는 '발해'가 '당'에게 까불다가 '거란'한테 혼났다고 속내를 드러낸다. 이 책은 당나라 황제가 속이 좁았음을 여실하게 드러낸 역사서이다.

678년에 고구려의 후예들이 북쪽 태백산(太伯山) 부근에서 발해를 세웠다. 단군왕검에 나오는 그 삼위 태백인지는 잘 모르겠다. 하지만 이주하다 보면 새로운 정착지에서 본 산들에 예전의 이름을 붙이는 예는 허다하니 뭐라고 할 말이 없다. 그러니, 지명 가지고 영토를 이야기하는 것은 매우 불편한 상황이다. 언제 지명인지, 어디서 붙인 지명인지 알아야 하기 때문이다. 어제는 되고 오늘은 안 되어도 내일은 될 수 있다. 세상 이치가 다 그렇다. 다만 말에 집착한 일부 역사가들만 모를 뿐이다.

"732년에 당 현종이 장수를 보내 발해를 공격했다. 734년에는 발해·말갈이 바다를 건너 당나라 등주(登州)를 공격하자 현종은 겨우 막아냈다."라고 『삼국사』가 전한다. 당나라 황제가 왜 발해를 미워했는지 이유가 차츰 드러난다.

"고구려의 옛 장수 (대)조영이 군사를 모아 태백산 남쪽에서 발해를 세웠다."는 『신라고기(新羅古記)』 기사까지 일연스님은 용케도 찾아냈다. 그리고 여러 문헌에서 살펴보면 "발해는 말갈의 별종(別種)으로 힘이 강해지면 갈라지기도 하고, 약해지면 다른 반대 상황으로 합치기도 해서, 이름만 서로 좀 다르게 기재되었을 뿐"이라고 분석했다.

뭐가 맞는지 잘 모르겠다. 여하튼 일연스님은 발해에 관한 사료를 모으는데 매우 애썼던 것 같다. 몽골이 침략했을 때, 산에 숨어 있으면서도 책들을 다 섭렵하며 호국정신으로 저술했다. 그런 노력이 있었기에 우리는 오늘날 『삼국유사』를 통해 잃어버린 역사의 편린이나마 엿볼 수 있게 되었다. 참으로 고마운 일이자 안타까운 역사이다.

『지장도(指掌図)』는 "발해는 만리장성 동북 모퉁이 밖에 있다."고 했다. 가탐(賈耽)이 지은 『군국지』에는, "발해국의 압록 · 남해 · 부여 · 추성 등 4부(府)는 모두 고구려의 옛 땅이다. 지리지에서 삭주 영현(領縣)으로 지금의 용주(湧州)로 비정되는 신라 천정군에서 추성부에 이르기까지 도합 39역(驛)이 있다"라고 하였다. 『삼국사』에는 "백제 멸망 후, 발해 · 말갈 · 신라가 그 땅을 나눠 가졌다"고 했다. 이들 문헌들을 보면 발해는 또 말갈과 갈라져서 다른 나라가 된 것이다.

이외에도 말갈 관련 기사는 더 있다. 신라인들은, "북쪽에는 말갈이 우리 신라 아슬라주(阿瑟羅州)에 접해 있고, 남쪽에는 왜인(倭人), 서쪽에는 백제가 있어 우리나라의 해가 되고 있다."는 기록이 있다. 『동명기(東明記)』에는, "졸본성(卒本城)은 지금의 동진(東眞)인 말갈에 접해 있다. AD 125년에는 말갈 군사들이 신라 북쪽 국경을 대거 넘어와 대령(大嶺)의 성책(城柵)을 습격하고 이하(泥河)를 넘었다"라는 기록이 있다. 『후위서(後魏書)』에는, "말갈을 물길(勿吉)"이라고 했으며, 『지장도』에는 "읍루와 물길이 모두 다 숙신(肅愼)이다"라고 했다.

일연스님 역시 꼼수의 대가였나 보다. 아니 좋은 말로 묘수를 낸 것이다. 단편적인 자료들은 많이 찾았는데 이걸 연결하자니 발해가 말갈이기도 하고 아니기도 하고…. 결국 말갈 가운데 속말말갈이 있고 이 부족을 칭한 일부가 발해가 된 사실만 알 수 있다. 나머지 이야기는 다 다른 부족, 다른 시대의 이야기로 생각하면 골칫거리는 사라진다. 하지만 해결되는 것도 없다. 어쩌면 꼭 지금 해결해야 할지도 모르겠다.

옥저와 이서국

흑수(黑水)와 옥저(沃沮)

"동, 남, 북 옥저는 이름만 다를 뿐 한 나라"이다. 옥저가 세 개의 나라로 있는 것이 아니라 사실은 한 나라라는 뜻인 것 같은데 논쟁의 근거가 되는 내용은 바로 제시되어 있지 않다. 하지만 걱정하지 말고 끝까지 살펴보면 잘 나온다.

말갈과 발해 문헌을 뒤져보면, 흑수(黑水)와 옥저(沃沮)라는 말이 나온다. 중국 송대(宋代) 소식(蘇軾; 1036~1101) 즉, 소동파(東坡)는 우리가 알고 있는 당송팔대가의 한 사람으로 시인이다. 이 사람이 효자여서 과거에 장원급제하고도 관리에 부임하지 않고 바로 어머니 삼년상을 치렀다. 상을 치른 후에 동파거사는 아버지, 동생과 함께 고향을 떠나 한수와 장강을 따라 수도 변경으로 갔다. 이 시인 삼부자는 여행하며 100수가 넘는 시를 짓고 『남행집』이라는 책를 편찬했다. 산과 강을 넘지 못하니 여행하기 위해서 물길에도 관심이 많았던 소식은 시간을 내서 우리나라 금수강산에 와보고 싶었을 것이다.

소동파가 지은 『지장도』는 지도책이다. 이 책에서 "진한(辰韓) 북쪽에 남과 북의 두 흑수(黑水)가 있다. 흑수는 만리장성 북쪽에 있고 옥저는 만리장성 남쪽에 있다"라는 기록이 있다.

강 이름이기도 한 흑수를 부족의 이름으로 쓰고 있는 종족도 있다. 말갈 7부의 하나인 흑수말갈(黑水靺鞨)은 다른 6부가 발해에 복속되자 726년 발해 몰래 당에 사신을 보내 보호를 요청했다. 당은 이때다 싶어 바로 장사(長史)를 파견하고 흑수국의 이름을 흑수주로 바꾸고 기미주(羈縻州)를 식민지로 삼았다. 괘씸하게 생각한 발해 무왕은 흑수 말갈인들에게는 당연한 일인데도 참기가 어려웠나 보다. 무왕은 당을 치기 전에 먼저 당과 동맹을 맺은 흑수말갈을 쳤다.

옥저라는 이름을 찾아보니, 고구려 동명제(東明帝)는 왕이 된 지 10년만인 BC 28년에 북옥저(北沃沮)를 멸망시켰다는 기록이 나온다. 온조왕(溫祚王) 42년인 AD 23년에 남옥저(南沃沮)의 20여 가호가 신라(新羅)에 투항(投降)했다. 또 혁거세(赫居世) 52년인 BC 5년에 동옥저(東沃沮)가 신라에 와서 좋은 말을 바쳤다고 했다. 그러니 동옥저(東沃沮)란 땅도 있었나 보다.

사실 북, 남, 동은 모두 어느 나라가 이 기사를 기록하였는가에 따라 붙일 수 있는 말이기도 하다. 그것도 문헌을 쓴 사람이 어디에 거주했는지에 따라서 다르기도 하다. 보통 수도에 거주했으니 수도 보다 북쪽에 옥저가 있었다면 북옥저가 된다. 그럴 뿐만 아니라 남옥저는 옥저의 남쪽 지방으로 해석될 수도 있다.

따라서 명칭만 다를 뿐 남해안 일부 지역에서 보이는 초분(草墳)의 풍속과 같이 복장(複葬) 또는 이차장(二次葬)과 형사취소혼의 풍속을 가진 북, 남, 동쪽의 옥저는 모두 하나의 나라인 옥저라는 사실을 이해할 수 있다. 하지만 그건 일연스님의 바람일 따름이고 실제로 그랬는지는 별개의 문제이다.

이서국

이서국 사람들이 신라 제3대왕인 노례왕(弩礼王) 14년인 AD37년에 금성(金城)을 쳤다.

『삼국사기』권2 '유례이사금 14년'(297)조에는 "이서국이 신라를 침공하자 신라는 대병으로 막았으나 이를 물리치지 못하였다"고 한다. 당시 홀연히 기이한 병사가 나타나 신라병과 연합하여 이서국의 군사를 물리쳤다. 승리한 후, 보니 이 병사들이 어디로 사라졌는지 도무지 알 수 없었다. 사람들은 선왕인 미추왕의 왕릉 죽현릉(竹現陵)에 죽엽(竹葉)이 쌓인 것을 보고는, 선왕의 음덕으로 댓잎을 병사로 만들어 신라를 도운 것이라 믿었다. 아니, 왕을 비롯한 미추왕의 후손들이 그렇게 믿도록 소문을 냈다고 보는 게 맞을 것이다.

『삼국유사』 기이권제일 '미추왕 죽엽군조(味鄒王竹葉軍條)'에도 비슷한 내용이 전한다. 위의 노례왕은 3대 유리왕이 아니라 14대 유례왕인 듯하다. 일연스님은 없는 자료로 글을 쓰다 보니 애를 많이 먹은 듯하다. 그래서 일연스님이 실수한 것이다. 그런데 『삼국사기』를 보면 알 수 있는 내용인데 일연스님은 왜 보지 않았을까? 애써 외면한 걸까? 『삼국유사』에 나오는 『삼국사』는 『삼국사기』가 아니라 또 다른 『구삼국사』일까? 다양하게 추론할 수 있으나 역시 나이 드셔서 글을 쓰다 보니 깜박하셨다고 보는 것이 타당할 듯하다.

운문사(雲門寺)에 옛부터 전해 내려오는 『제사납전기(諸寺納田記)』가 있다. 이 장부에 "632년에 이서군(伊西郡)의 금오촌(今部村) 영미사(零味寺)에서 밭을 바쳤다"고 적혀있다. 금오촌은 지금 청도(淸道) 땅이니 청도군(淸道郡)이 바로 옛날의 이서군이 된다.

『제사납전기』란 주변의 여러 사찰(말사)이 본사인 운문사를 유지하기 위해 논밭을 바친 내용을 적은 장부이다. 영미사가 어딘지 잘 모른다. 고고학 발굴조사를 통해서 명문기와 즉 영미사라는 한자가 적힌 기와라도 나와서 어딘지 알았으면 좋겠다. 어딘가 논밭으로 뒤덮인 폐사지를 발견하면 좀 찾아봐야겠다. 하지만, 허가 없이 이런 짓을 하면 도굴과 마찬가지로 처벌을 받는다.

여하튼 당시 큰 절 스님들은 이 작은 절에서 운문사에 바친 논밭에서 재배한 곡식으로 공양미를 올리고 그것으로 생활했다. 언젠가 방송과 신문을 화려하게 장식했던 일부 권승처럼 사유재산을 비축하는 축재나 화투 등 도박에 쓰지만 않았기를 부처님 전에 빈다. 적어도 효심이 지극한 국존 일연선사가 머물렀던 절인데 설마 그런 짓은 하지 않았을 것이라 믿는다.

囍 가야

『가락기』는 아마도 『가락국기(駕洛國記)』라는 책을 말하는 듯하다. 이 책 가운데 실린 결론을 시로 응축한 찬(贊) 부분에 관련 신화가 적혀 있다.

하늘에서 자줏빛 집이 내려온 것인지 배너가 드리워진 것인지 여하튼 자줏빛과 관련된 기이한 일이 벌어졌다. 참고로 자줏빛은 부처님을 상징하는 색이기도 하다. 소문을 들은 다섯 명의 가야 사람이 모여 가보니 여섯 개의 둥근 알이 놓여 있었다. 이 가운데 다섯 개는 다섯 가야 나라 사람이 각각 알을 하나씩 도읍으로 가지고 돌아갔다. 나머지 한 개만 이 성에 남겨졌다. 나중에 부화가 되어 새들처럼 머리가 나왔는지 수로왕(首露王)이라고 하였다. 나머지 다섯 개의 알 역시 잘 부화되어 또한 다섯 가야의 왕이 되었다.

고구려, 백제, 신라 삼국 외에도 가야(伽耶), 가야(伽倻), 가라(加羅), 가락(駕洛), 임나(任那)라고 불리는 나라가 있었다. 서기전 1세기부터 서기 6세기 중엽까지 주로 경상남도 대부분과 경상북도 일부 지역에 있던 나라이다. 앞서 이야기한 것처럼 오가야(五伽耶)라는 이름도 있다. 즉 다섯 개의 가야라는 말이다. 다섯 가야라고 하면 첫째, 아라가야(阿羅伽耶) 또는 아야가야(阿耶伽耶)가 있다. 가라를 가야라고도 하니 아라도 아야라고도 했나 보다. 고려시대의 함안(咸安)이다. 둘째, 고령가야(古寧伽倻)가 있으며 지금의 함녕(咸寧)에 해당한다. 셋째 대가야(大伽耶)는 지금의 고령(高靈)이다. 넷째, 성산가야(星山伽耶)는 지금의 경산(京山)으로 벽진가야(碧珍伽耶)라고 한다. 다섯째 소가야(小伽耶)는 지금의 고성(固城)이다.

그런데 금관가야(金官伽耶)라는 나라가 하나 더 있다. 금관가야는 이 다섯 가야에 들어가지 않았다. 그런데도 『본조사략(本朝史略)』에는 금관가야를 넣고는 비화가야가 있었던 창녕(昌寧)에 있다고 기록했으니 잘못이다. 또 『본조사략(本朝史略)』을 잘 살펴보면, "고려 태조(太祖) 때인 940년에 오가야(五伽耶)의 이름을 고쳤다. 첫째는 금관가야(金官伽耶)라고 하니 지금의 김해부(金海府)이다. 둘째는 고령가야(古寧伽耶)라고 하니 지금의 가리현(加利縣)이다. 셋째는 비화가야(非火伽耶)니 지금의 창녕(昌寧)이라고 하나 아무래도 고령(高靈)의 잘못인 듯하다. 나머지 둘 즉, 넷째 아라가야(阿羅伽耶)와 다섯째 성산가야(星山伽耶)이다"라고 되어 있다.

앞에서 말한 바와 같이 성산가야(星山伽耶)는 벽진가야(碧珍伽耶)라고도 한다. 다만, 앞부분과 『본조사략』에 나온 다섯 나라의 이름의 순서가 다르다. 앞에서는 금관가야를 빠뜨리고 오가야라고 했고, 뒤에서는 소가야를 빠뜨리고 오가야라고 했으니 무엇이 옳은지 모르겠다. 다만, 여러 가야 가운데 다섯 개씩 연맹이나 순위를 이야기할 때 국세에 따라 포함된 나라가 달라졌을 수도 있다. 또 다른 이유로는 역사를 책으로 남기지 않고 구술로 남기다 보니 어른들이 착각해서 오기했을 수도 있다.

囍 부여

역시 '옛 기록'이란 뜻을 가진 『고기(古記)』에서는 『전한서(前漢書)』라는 말로 시작하고 있으나, '서'는 오자에 불과하고 '전한'이 맞는 듯싶다. "전한(前漢)시대 선제(宣帝) 때로 기원전 58년의 일이다. 부처님 탄생일과 같은 4월 8일에 하늘나라의 황제인 천제(天帝)가 흘승골성(訖升骨城)에 내려왔다. 고려 때 거란족이 세운 요나라가 강성할 때는 거간을 높여서 대요나라라고 했나 보다.

이 대요나라의 의주(医州)로 비정하게 되는 홀승골성에 천제가 다섯 용이 끄는 오룡거(五龍車)를 타고 와서 도읍을 정하고 왕이 되었다. 나라 이름을 북부여(北扶余)라 하고, 스스로 해모수(解慕漱)라고 했다. 아들을 낳아 이름을 부루(扶婁)라 하니 해(解)로 성 씨로 삼았다.

하늘나라 황제라는 이름의 천제 위에 다시 상제가 있나 보다. 아니면 하늘이 아닌 땅의 왕이 된 다음에 강등이 된 것인지, 이 해부루왕은 상제(上帝)의 명령으로 도읍을 동부여(東扶余)로 옮겼다. 동명제(東明帝)인 주몽이 이 자리를 차지한 걸 보니 동명제를 위하여 알아서 비키라고 했나 보다. 해부루왕이 동부여로 비키자마자 동명제는 북부여(北扶余)가 있던 자리에서 일어나서 졸본주(卒本州)에 도읍을 정하고 졸본부여(卒本扶余)라고 했다. 이 왕이 고구려(高句麗) 시조(始祖)이다.

해부루(解夫婁)가 북부여(北扶余)에서 왕이었을 때, 아란불(阿蘭弗)이라는 대신(大臣)이 있었다. 아란불이 꿈을 꾸는데 천제(天帝)를 만났다. 꿈에서 용을 만나기도 힘든데 하늘의 황제인 천제를 만났으니 이 대신이 그냥 평범한 신하는 아닌 듯하다. 아마도 '대무당'이나 '대제사장' 정도가 아니었을까. 본문에 내려갈 '강(降)'을 사용한 걸 보아선 아란불이 아무리 대제사장이라도 하늘에 올라가서 천제를 알현한 것은 아닌 듯하다. 그러니 천제가 몸소 하늘에서 내려와서 말씀하셨을 것이다.

"장차 내 자손을 내려 보내 이곳에 나라를 세우려고 한다. 그러니, 너는 알아서 다른 곳으로 옮겨 가는 게 좋겠다. 그동안 나를 잘 모신 네 공로를 생각해서 그냥 막 쫓을 수가 없었다. 그래서 내가 너를 위해 찾아보니 동해(東海) 가에 가섭원(迦葉原)이라는 곳이 있다. 부처님 제자 가섭과 이름이 같을 정도니 당연히 땅도 기름질 것이다. 그곳에 왕도(王都)를 하나 정도는 충분히 세울 만하다."라고 말씀하셨다. 아마도 이것은 동명왕(東明王)이 장차 일어날 조짐을 말한 것이 아닌가 싶다.

딱 걸렸다. 다만 아들이라고 안하고 자손이라고 했다. 단군신화에 나오는 환인, 환웅, 단군처럼 적어도 3대에 걸친 이야기가 나올 것 같다. 뒤이은 고구려조를 보면 역시 천제의 아들인 해모수가 나와 하백의 딸과 결혼해서 동명성제인 주몽을 낳는다. 그런데 앞의 북부여조에서는 해부루의 아버지가 해모수라고 한다. 결국 주몽과 해부루는 이복형제인 듯한데, 이 시기 가족관계는 뭐가 그리 복잡한지 모르겠다.

잠에서 깬 것인지 아니면 티베트의 제사장격인 네충처럼 '신탁(神託)'을 받은 것인지 대신 아란불은 북부여 해부루왕에게 그대로 전한다. 아마도 강력하게 권했는지 아니면 약간의 구라를 섞어 협박했는지 해부루는 '올 것이 왔다'를 뛰어넘어 '이때다' 싶을 정도로 바로 도읍을 옮겼다. 그리고 나라 이름을 동부여(東扶余)로 고쳤다. 이후로는 아란불이 보이지 않았는데 혹시 혼자 남아 주몽에게 붙은 것은 아닐까? 그럼 나라가 아닌 지역의 호족이었나? 집주인으로서 세 들어 살았던 해부루를 내쫓고 세도 올리고 권리금도 대신 받을 수 있는 주몽을 선택했는지도 모르겠다. 여하튼 임대료가 큰 문제인 것은 사실인 듯하다. 토지 공유제가 답인 것 같은데 잘 못 말하면 공산주의자나 사회주의자로 몰릴 수 있을 것 같아 두렵다.

천도를 단행한 해부루는 할아버지가 천제임에도 늙도록 자식이 없었다. 아마도 부여에서 한자리하는 귀족의 딸 출신인 왕비 즉 정부인에게 없었을 것이다. 천제도 손자의 정식 부인에게서 증손자를 만들어주는 것은 할 수 없었나 보다. 천지인이라고 했듯이 땅의 도움이 필요한 것이리라. 전통적인 음양 사상에서는 하늘이 양이고 남자이며, 땅이 음이며 여자이다. 이런 말을 했다고 남존여비나 성인지 감수성에 문제가 있다는 식으로 몰아붙이지 않았으면 좋겠다.

이래저래 피곤해진 해부루왕은 어쩔 수 없이 어느 날 후사(後嗣)를 구하기 위해 효험이 있는 명산대천에 나가 제사를 지낸다. 여기서 산천은 지모신(地母神)을 말하는 게 맞을 것이다. 제사를 끝내고 아무 생각 없이 궁으로 돌아오면서 엄청나게 큰 못이었던 곤연(鯤淵)을 지나갔다. 누구는 백두산 천지라고 하는데 천지분간도 못하고 그냥 백두산을 갖다 붙일 것은 아니다.

이때 타고 가던 말이 멈춰 서서 못가의 큰 돌을 쳐다보고 눈물을 흘렸다. 천관녀와 관련된 이야기의 김유신 같았으면 단칼에 목을 베었을 텐데, 해부루는 이를 이상히 여기고 사람을 시켜 그 돌을 들추어 보았다. 금빛 개구리와 같이 생긴 아이가 있었다. 큰 바위 밑이니 당연히 깔려 죽어 있어야 할 어린아이가 살아 있었다. 기적이 아닐 수 없었다. 자기가 짠 각본대로 왕은 갑자기 할아버지를 팔며, “이 아이는 필경 하늘이 나에게 아들을 주신 것이로구나.”라고 좋아했다.

천제가 못한 일을 해준 지모신과 연못의 수신이 참 기가 많이 찼을 것이다. 해부루왕은 그 아이를 거두어 기르면서 이름을 금와(金蛙)라 했다. 애초 생각대로 정식부인 몰래 숨겨둔 아이를 데려와 차츰 자라자 태자(太子)로 삼았다. 나중에 해부루가 죽자 금와가 뒤를 이어 왕이 되었고, 그 다음을 태자인 대소(帶素)가 이었다. 그러나 여자의 한이 오뉴월에도 서리를 맺히게 하듯 왕비의 원한은 그냥 쉽게 끝나지 않았나보다. 3대가 된 서기 22년, 고구려 제3대 대무신왕(재위년 18~44) 무휼(無恤)이 동부여를 쳐서 대소를 죽이니 이것으로 나라가 없어졌다.

『삼국사기』「고구려본기」‘대무신왕 5년’조에는 대무신왕이 대소를 죽였으나 그 나라는 멸망시키지 못했다고 기록했는데 좀 차이가 있다. 단순히 일연스님과 김부식의 인식차일까? 여하튼 대소가 죽은 것은 맞고 부여가 멸망지경에 이른 것은 사실인가 보다. 그냥 편하게 생각하고 지나갈 것은 지나가야 할 때도 있다. 이 대목에서는 그렇지만, 다른 곳에서는 짚고 넘어가야 할 것은 제대로 짚고 넘어갈 것이다. 왜냐하면, 여기는 되도 저기는 안 되고 저기는 안 되도 여기는 되는 것이 있기 때문이다. 다시 말하면 어제는 되어도 오늘은 안 되고 오늘은 안 되도 내일은 되는 것이 있기 때문이다.

麗 고구려

고구려는 중국 환인에 있다고 일연스님이 이미 오래 전에 선언했다. 고구려는 졸본부여를 말한다. 혹자는 지금의 화주(和州; 함경남도 영흥) 또는 성주(成州; 평안남도 성천)라고 하는데 모두 잘못이다. 졸본주(卒本州)는 한반도가 아니라 요동(遼東) 경계인 중국 요녕성 환인 지역이다.

『국사(國史)』「고려본기(高麗本紀)」에 "시조 동명성제(東明聖帝)는 고(高) 주몽(朱蒙)이다. 이전에 북부여의 왕 해부루가 동부여로 피한 후 얼마안가 죽자 금와(金蛙)가 왕위를 이었다. 당시 금와는 백두산으로 보이는 태백산(太伯山) 남쪽 우발수(優渤水)에서 하백(河伯)의 딸이자 임신한 유화(柳化)를 만나 이야기를 들었다.

하루는 유화가 동생들과 물 밖에 나와 노는데, 천제의 아들 해모수라는 남자가 다가왔다. 웅신산(熊神山) 부근 압록강의 한 집안으로 유혹했다. 결국 남몰래 정을 통하고 떠나 돌아오지 않았다. 부모는 중매도 없이 사통했다고 꾸짖어, 결국 유화를 이곳으로 귀양 보낸 것이다."라고 전한다. 결국, 주몽은 해모수와 유화의 아들로 천제와 하백의 손자인 셈이다.

『단군기(檀君記)』에는 "단군이 서하(西河) 하백의 딸과 통해서 부루를 낳았다."라고 한다. 이 기록을 비교해 보면 『국사』는 해모수가 하백의 딸과 사통해서 주몽을 낳았는데 『단군기』에는 부루라는 아들을 낳았다고 했다. 그렇다면, 부루와 주몽은 이복형제가 된다.

알에서 태어난 백발백중 화살의 명인 주몽!

금와가 좀 이상하게 여겨 유화를 그냥 방에 가두었다. 그러자 햇빛이 방에 들어와 그녀가 몸을 피하면 햇빛은 다시 쫓아가 비췄다. 알을 부화시키려는 하늘의 뜻이 있었다고 강조하고 싶었나 보다.

이로 인해 태기가 있어 크기가 닷 되들이만한 알 하나를 낳았다. 왕이 이상하게 생각하여 개와 돼지에게 주었으나 먹으려 하지 않았다. 다시 길에 내다 버렸는데 소와 말은 오히려 그 알을 피해서 갔다. 또 다시 들에 내다 버렸으나 새와 짐승들이 알을 덮었다. 왕이 쪼개려고 했으나 아무리 노력해도 깨지지 않아 하는 수 없이 돌려주었다.

유화가 이 알을 천으로 싸서 따뜻한 곳에 놓아두었다. 결국, 한 아이가 껍데기를 깨고 나왔는데, 골격과 외모가 영특하고 기이했다. 닭처럼 벼슬이 있었는지 특이하긴 아주 특이했나 보다. 나이 겨우 일곱 살에 기골이 뛰어나서 평범한 사람들과는 달랐다. 활과 화살을 직접 만들어 백 번 쏘면 백 번 다 명중시켰다. 나라 풍속에 활 잘 쏘는 사람을 주몽이라 하므로 이름으로 삼았다.

금와의 일곱 아들이 항상 주몽과 함께 놀았으나 재주가 주몽만 못했다. 시기한 장자 대소(帶素)가 왕에게 "주몽은 사람이 낳은 자식이 아닙니다. 미리 제거하지 않으면 후환이 있을까 두렵습니다."라고 했다. 왕은 이전에 주몽을 죽이려고 했으나 못했던 기억을 떠올리고는 그냥 그 말을 듣지 않고 주몽에게 말을 기르게 했다. 주몽은 좋은 말을 알아보고는 적게 먹여서 여위게 만들었다. 반대로 둔

한 말을 잘 먹여서 살찌게 했다. 이에 왕은 살찐 말은 자기가 타고 여윈 말을 주몽에게 주었다. 머리가 좋은 건지 약삭빠른 것인지 잘 모르겠다. 여하튼 말 기르던 아이에게 공을 치하하여 말까지 줬으니, 왕이 민심을 얻기 위한 행보는 계속된 듯하다.

도망친 주몽 고구려 건국

왕이 듣는 체도 하지 않자, 왕의 아들들과 신하들이 주몽을 장차 죽일 계획을 짰다. 사실 왕은 자기가 손 안 대면 주변에서 손 댈 것을 알고 모른척한 것일 수도 있다. 아니면 몰래 알아서 하라고 밀지를 내렸는지도 모르겠다.

주몽의 어머니 유화가 이 기미를 알았다.

"지금 나라 안 사람들이 너를 해치려고 하는데, 네 재주와 지략을 가지고 어디를 가든 못 살겠느냐. 빨리 이곳을 떠나도록 해라."

주몽은 왕에게 받았던 야윈 말을 탔을 것이다. 길을 떠난 주몽은 오이(烏伊) 등 세 사람을 벗 삼아 엄수(淹水)에 이르렀다. 물이 빠르고 깊은데 넘을 재간이 없자 엄수에다 하소연했다.

"나는 천제의 아들이요, 하백의 손자이다. 오늘 도망을 가는데 뒤쫓는 자들에게 거의 따라잡히게 되었으니 어찌하면 좋겠느냐?"

모세의 기적과는 좀 다르지만, 갑자기 물고기와 자라가 나타나 다리를 만들어 건너게 했다. 분위기가 극적으로 전개되는 것을 보니, 이미 하백 손자의 역할을 했으니 다음으로 천제의 손자의 역할도 나올 것이다. 모두 건너자마자 다리는 이내 사라져 뒤쫓던 기병은 건너지 못했다.

이에 주몽은 현토군과 경계인 졸본주에 이르러 도읍을 정했다. 그러나, 챙겨온 돈도 부족해서 궁실을 세울 여유가 없어서 대충 비류수(沸流水) 주변에 집을 짓고 살면서 일단 국호를 고구려라 했다. 높을 고(高)자를 성씨로 삼았다. 원래 본성은 해(解)였을 것이다.

그러고 보면 해부루왕의 숨겨진 아들로 금와와는 이복형제였을 수도 있다. 이때의 이야기는 대부분 왕권, 왕위계승을 둘러싼 이복형제들의 난투전이 심했다. 승자독식은 맹수들의 세계에나 있는 이야기가 아닌 듯하다. 왕이 힘 있는 귀족의 딸과 수많은 결혼 동맹을 맺었을 테니, 누가 왕이 되는가에 따라 그들의 생사도 달라졌을 것이다. 까닭에 서자라고 하지 않고 그냥 천제의 아들이라고 정통성을 하늘에서 찾은 것 같다. 이런 이야기도 삼국이 시작하면 잘 나오지 않으니 아직 채널을 돌리지 말고 계속 봐주었으면 좋겠다.

천제의 아들이 햇빛을 받아 태어났다 하여 스스로 높을 고로 성씨를 삼았다, 이때의 나이 12세로 한(漢)나라 효원제(孝元帝) 건소 2년(B.C.37)에 왕으로 즉위했다. 고구려가 제일 융성하던 때는 가구수가 21만 508호였다. 한 호에 5명이 살았다면 100만 명이 넘는 숫자다. 여기에 대가족으로 남매 가족과 노예까지 살았다면 당시의 산업발전을 고려해 보면 인구정책이 필요할 정도로 많았다고 할 수 있다. 하지만 그렇게까지 많으면 중국보다 더 많은 인구가 된다. 그러니 굳이 촌스러운 해석까지 할 생각은 없다.

조금 다른 이야기까지 꼼꼼히 챙기는 일연스님

『주림전(珠琳伝)』 제21권에 "옛날 영품리왕(寧稟離王) 즉 부루왕의 시비(侍婢)가 임신했다. 관상쟁이가 점을 치고는, '귀하게 되어 왕이 될 것입니다'라고 하자 왕은 '내 아들이 아니니 마땅히 죽여야 한다'라고 했다. 시비(侍婢)가 말하기를 '이상한 기운이 하늘로부터 내려와서 임신하게 된 것입니다'라고 했다. 하늘이 두려워서 차마 죽이지는 못한 듯하다. 결국, 아이를 낳자 왕은 상서롭지 못한 일이라 하여 돼지우리에 내다 버리니 돼지가 입김을 불어 보호하고, 마구간에 내다 버리니 말이 젖을 먹여서 죽지 않게 했다. 이 아이가 자라서 마침내 졸본부여의 왕 동명제가 되었다."고 전한다.

변한과 백제

변한(卞韓)과 백제(百濟)가 있다. 여기서 백제는 남부여(南扶余)라고도 한다. 충청남도 부여군 부여읍 지역에 있었던 사비성(泗沘城)이 도읍이다. 주변에 부소산성(扶蘇山城)이 지금도 남아있다. 제목에서 말했듯이 문제는 변한이다. 많은 이야기가 남아있는데, 변한과 백제의 관계가 알쏭달쏭 참으로 묘하다.

신라(新羅)의 시조(始祖) 혁거세(赫居世)가 즉위한지 19년이 되는 해는 BC 39년이다. 이 해에 변한(卞韓) 사람들이 와서 나라를 바치고 항복했다고 한다. 그런데 많은 이들이 그렇게 말하지만 이 이야기의 출처는 모르겠다.

『삼국지(三國志)』「동이전(東夷伝)」에는 3세기 중엽까지 변한 12국이 있었다고 한다. 그냥 단순하게 보면 위의 기사와 모순이 된다. 하지만 어느 한 쪽을 취사선택하기 보다는 둘 다 수용하려고 하면 기원전 39년에는 변한이라는 나라가 멸망한 것이 아니라 단순히 항복한 것이라 보면 된다. 전쟁에 져서 항복하고 강한 나라인 신라에게 조공을 바쳤다고 보면 된다. 사실 항복했다고 했지 멸망했다는 말은 하지 않았으니 이런 해석이 맞을 듯하다. 또 변한 모든 나라가 복속된 것이 아니라 그 가운데 하나 또는 그 외 한 나라가 복속을 원한 것 일 수도 있다. 그러면 두 기사는 모순이 되지 않을 듯하다. 신라 경순왕이나 후백제의 견훤도 처음에 고려에 귀순할 때는 나중에 기회가 있으면 다시 나라를 살리려고 했을 것 같다. 경우에 따라서 비슷한 예로 들어도 되는지 무책임하지만 잘 모르겠다.

한편, 『신당서(新唐書)』와 『구당서(旧唐書)』 에는 "변한의 후손들이 낙랑(樂浪) 땅에 있었다"고 했다. 『후한서(後漢書)』에는 "변한은 남쪽에 있고, 마한(馬韓)은 서쪽에 있고, 진한(辰韓)은 동쪽에 있다"고 했다. 최치원(崔致遠)은 "변한은 바로 백제(百濟)"라고 했다.

본기(本紀)를 상고해 본다면, 온조왕(溫祚王)이 일어나서 나라를 세운 것은 BC 17년의 일이다. 그렇다면 신라의 혁거세나 고구려의 동명왕(東明王) 시대보다 40여 년 뒤에 일어난 일이다. 그런데 『당서(唐書)』에 "변한의 후손들이 낙랑 땅에 살았다"고 한 것은 온조왕계가 동명왕에게서 나왔기 때문에 그렇게 말한 것이 아닐까?

필자도 일연 스님도 남쪽에 있는 백제의 다른 이름인 변한의 후손들이 북쪽 낙랑 땅에서 살았다는 것이 이해가 쉽게 되지 않는다. 아시다시피, 온조는 고구려 동명성왕의 셋째 아들이다. 잘살고 있는데 전혀 몰랐던 동명성왕의 전처 소생인 유리(琉璃)가 북부여에서 졸본부여(卒本扶余)로 와, 고구려의 태자가 되면서 사달이 벌어졌다.

왕위계승이 요원해지자 동생인 온조는 형인 비류(沸流)와 함께 따뜻한 나라로 내려온다. 경기도 하남(河南)에 있는 위례성(慰礼城)에 도읍을 정하고 국호를 십제(十濟)라고 했다. 이처럼 온조가 낙랑을 무너뜨린 북쪽 고구려에서 내려온 것은 알겠다. 그렇다고 해서 변한 사람들이 낙랑 출신이라고 할 수 있을까? 여하튼 뻥이 심했던 시절이어서 뭐라고 지금의 잣대로 말하는 것이 좀 거시기 하므로 그냥 패스하겠다.

다른 사료에는 진한과 변한은 철산지로 유명했다. 마한·낙랑군(樂浪郡)·대방군(帶方郡)·동예(東濊)·왜(倭)의 사람들이 모두 이곳의 철을 사 갔다고 한다. 그때 몇몇 낙랑군 사람들이 장사 때문에 변한에 가서 살기도 하고 그 반대 경우도 있었을 것이다. 그 후손들이 살기도 했을 것이다. 그래서 "아마도 낙랑에서 태어난 변한 족장의 숨겨진 아들이 변한에 돌아와서 나라를 세우고, 마한 등과 대치한 일이 온조왕 이전에 있었던 모양이다. 그러니 도읍지가 낙랑

북쪽에 있었다는 것은 아닐 것이다."라고 해석해 본 것이다. 이복 형제 이야기가 질려서 대신 나라와 영토에 집착했나 보다. 잘 모르고 한 것이니 괘념치 말았으면 좋겠다.

또 어떤 사람은 평양 동북쪽에 있는 대성산에 해당하는 구룡산(九龍山)을 잘못 알고 변나산(卞那山)이라고 불렀다. 다시 말해서 변나산은 구룡산이 아니다. 고구려(高句麗)를 가지고 변한이라고 하면 잘못이다. 앞서 마한조에서도 말한 것처럼 '마읍산(馬邑山)'이 있어서 마한이 된 것이다. 변(나)산은 고구려에 있지 않다. 백제 땅 즉 전북 부안에 변산(卞山)이 있다. 때문에 변한이 된다. 따라서 옛날 현인(賢人) 최치원이 말한 '변한이 백제'라는 말이 옳은 것이다.

백제가 전성(全盛)했을 때는 152,300호나 되었다. 꼭 전성기였을 때만 말하는 것을 보면 이 책에서 저자가 말하려는 내용 가운데 중국과 대등하거나 중국보다 뒤지지 않았다는 의도가 가끔 보인다. 굳이 말하자면 열등감이 있다고 하는 것은 좀 심한 비판일까? 여하튼, 쿨하거나 스마트하지 못한 부분이 있다.

하지만 요즘 고고학적 발굴 성과 등을 보면 변한은 가야라는 나라가 있었던 곳이다. 일연 스님이 살았던 고려 시대, 특히 후기에는 변한이 가야인지 알 길이 없었을 것이다. 마한은 고구려이기보다 백제에 가깝고, 진한은 신라라고 보면 크게 틀림이 없을 것이다. 김해의 구야국(狗邪國), 동래의 독로국(瀆盧國), 함안의 안야국(安邪國) 등, 변진(弁辰)의 소국 대부분은 독립된 가야소국으로서 5·6세기 경까지 계속 존속했다.

『삼국유사』가 사료적 가치가 있다고 하나 역사서가 아닌 이유가 여기에 있다. 민족성서라고 하는데 보기에 따라 아닐 수도 있다. 여하튼 곧이곧대로 믿어서는 안 되고 좀 조심해서 봐야 할 책이다.

진한과 금입택

진한(辰韓)

진한(辰韓)은 음은 같으나 한자가 다른 진한(秦韓)이라고 적는다. 『후한서』에 "진한의 노인들은 스스로 '진나라 망명자들이 한국으로 오자, 마한이 동쪽 지역 땅을 떼어 주었다. 우리들은 서로를 부를 때, 당신이라고 하지 않고 도(徒)께서 라고 하는데 그게 진나라의 풍속과 비슷했다. 경상도 말로 우리를 도라고 하지 않았나 싶다. 우리가 남이가? 실제로는 도를 아래아로 보고 달로 부른 게 아닌가 싶다. 사탁부를 사달부로 부른 것처럼. 이에 대해서는 아래 더 읽다 보면 무슨 말인지 알게 된다. 때론 인내심이 필요하다.

혹자들은 진한(秦韓)이라고 이름했다. 진한에는 열두 개 작은 나라가 있어 각각의 나라가 약 1만 호 정도를 거느렸다. 호구수에 5(명)을 곱하면 총인구가 되니 당시의 작은 나라는 5만 명 정도의 인구가 있었나 보다. 진한의 맹주는 경주 사로국(斯盧國)이며, 12개의 소국(小國)으로 구성했다.

최치원은 "진한은 본래 연나라 사람들로 진나라로부터 도망쳐온 자들이다. 그러므로 연나라에 해당하는 중국 하북성 탁록현 탁록산에서 발원했던 거마하(拒馬河) 하류 협곡에 이르면 빠른 하천인 탁수(涿水)라는 이름을 좋아했나 보다. 그래서 그들이 살았던 고을과 동리 이름을 따서 사탁(沙涿)·점탁(漸涿) 등으로 불렀다."고 했다. 사로 6촌의 하나로 사량부(沙梁部)와 점량부(漸梁部)라고도 하는 모량부(牟梁部)가 그것이다. 실제로는 달이라고 읽었으니 사달부, 점달부가 되나?

신라 하대의 학자인 최치원의 자(字)는 고운(孤雲) 또는 해운(海雲)이다. 그는 12살에 당(唐)에 유학하여 17살에 과거에 급제했다. 황소(黃巢)의 난이 일어나자 제도병마도통(諸道兵馬都統) 고병(高駢)의 종사(從事)가 되어 황소를 정벌하는 격문을 지어서 문명(文名)을 크게 떨쳤다. 헌강왕(憲康王) 11년(885)에 귀국하여 시독겸한림학사(侍讀兼翰林學士) 병부시랑(兵部侍郎) 지서서감(知瑞書監)을 지냈다. 진성여왕(眞聖女王) 8년(894)에 아찬(阿飡)을 지냈으나 곧 사직하고, 만년에 가야산(伽倻山)에 숨어 살다 세상을 마쳤다. 저술로는 『사육집(四六集)』과 『계원필경집(桂苑筆耕集)』이 있다. 불교에도 해박한 그는 『삼국유사』에 아주 자주 등장하며 많은 이야기를 했다.

신라 사람들의 방언에 탁(涿) 자를 읽을 때 발음을 도(道. 정확하게 말하자면)라고 한다. 그러므로 지금도 혹은 사량(沙梁)이라 쓰고, 양(梁)을 또한 도(道)라고 읽는다. "달은 요즘 바쁘시죠?"처럼 달님을 말하는 것인가? 여하튼 재미있는 호칭이다.

신라의 전성기에는 수도 호수가 178,936호(戶)에 1,360방(坊)이요, 주위가 55리(里)였다. 하지만, 『삼국유사』 2책에 실린 권제오 「피은」 '염불사(念佛師)'조에 "360방 17만 호"라고 한 기록과 약간의 차이를 보인다. 그냥 대충 말하거나 1360 가운데 1을 실수로 탈락시킨 것이라고 보고 그냥 넘어가자.

금입택(金入宅)

서른다섯 개의 부잣집 큰 저택인 금입택(金入宅)이 있었으니 (1)남택(南宅), (2)북택(北宅), (3)우비소택(亐比所宅), (4)본피택(本披宅), (5)양택(梁宅), (6)지상택(池上宅) 본피부, (7)재매정택(財買井宅) 김유신(庾信)공의 조상집〔祖宗〕, (8)북유택(北維宅), (9)남유택(南維宅) 반향사(反香寺) 하방(下坊), (10)대택(隊宅), (11)빈지택(賓支宅) 반향사 북쪽, (12)장사택(長沙宅), (13)상앵택(上櫻宅), (14)하앵택(下櫻宅), (15)수망택(水望宅), (16)천택(泉宅), (17)양상택(楊上宅) 양부의 남쪽, (18)한기택(漢岐宅) 법류사(法流寺) 남쪽, (19)비혈택(鼻穴宅) 법류사 남쪽, (20)판적택(板積宅) 분황사(芬皇寺) 상방(上坊), (21)별교택(別教宅) 개천 북쪽, (22)아남택(衙南宅), (23)김양종택(金楊宗宅) 양관사(梁官寺) 남쪽, (24)곡수택(曲水宅) 개천 북쪽, (25)유야택(柳也宅), (26)사하택(寺下宅), (27)사량택(沙梁宅), (28)정상택(井上宅), (29)이남택(里南宅) 오소택(亐所宅), (30)사내곡택(思內曲宅), (31)지택(池宅), (32)사상택(寺上宅) 대숙

택(大宿宅), (33)임상택(林上宅) 청룡(青龍)이란 절(寺) 동쪽이니, 못이 있다, (34)교남택(橋南宅), (35)항질택(巷叱宅) 본피부, (36)누상택(樓上宅), (37)이상택(里上宅), (38)명남택(椧南宅), (39)정하택(井下宅)이다.

이 금입택의 숫자가 35개가 아닌 실제로는 39개가 서술되어 있다. 때문에 부명(部名)을 내포한 (5)양택(梁宅), (27)사량택(沙梁宅), (4)본피택(本彼宅), (18)한기택(漢岐宅) 등 4개의 금입택은 왕실의 이궁(離宮)일 것으로 추정한다. 하지만, 『삼국유사』에는 이름난 것만을 기록했을 것이며, 실제로는 그보다 훨씬 더 많았을 것으로 짐작한다. 따라서 꼭 그렇게 보아야 할 이유가 없다면 그냥 가능성으로 남겨 두었으면 한다.

어쩌면 뒤에 이어 나오는 사절유택이라는 4개의 별장이 해결의 실마리가 될 수 있다. 예를 들면 위의 39개의 금입택 가운데 네 개가 사절유택일 수 있기 때문이다.

금입택과 사절유택

금입택, 불교사원 건립과 밀접한 관계 있는 듯하다.

39개의 금입택 가운데 확인되는 금입택은 현재 경북 경주시 교동 91번지에 위치한 (7)재매정택(財買井宅)이 유일하다. 재매정(財買井, 사적 246호)의 우물터 일대가 김유신(金庾信)의 집이 있던 자리로 추정한다.

『삼국유사』에 금입택이 자세히 적힌 것은 이들이 불교 사원의 건

럽과 밀접한 관련이 있었던 것 같다. 9세기 말경의 금석문(金石文) 자료인 장흥 보림사(宝林寺)의 '보조선사창성탑비(普照禪師彰聖塔碑)'에는 860년(헌안왕4)경에 금입택인 '수망택'과 '이남택'의 두 택주가 금 160푼 등을 보림사에 기부한 사실이 새겨져 있다. 또 담양 '개선사석등기(開仙寺石灯記)'에는 '지택' 소유의 전답에 대한 문구가 새겨져 있다. 또한, 『삼국유사』 권제사 '백암사(伯巖寺) 석탑사리(石塔舍利)' 조에 나오는 백암사는 '북택'의 기진이 창건한 사찰이라고 하였다.

경주의 지형이나 유지로 미루어 경치가 아름다운 언덕 등 하천이 내려다보이는 높은 지대에 자리 잡았을 별장 터와 같은 곳이 금입택이다. 일본 경도의 금각사처럼 금입택(金入宅)은 금을 입힌 집 또는 금이 들어가는 집이라는 '쇠드리댁' 또는 '금드리댁'을 직역한 말이다. 해가 떴을 때는 그 빛으로 인해서 일반인들은 감히 쳐다보지도 못할 정도로 휘황찬란했다.

또한, 금색 건물에 반사된 빛이 연못이나 하천에 출렁거리는 모습은 대단했다. 그 때문인지 필사본 『화랑세기』 17 '염장공' 조에는 염장공의 집인 수망택을 설명하면서 "금이 들어가는 모습이 마치 홍수와 같다(時人指公家爲水望宅 謂基金入望如洪水也)."는 표현까지 나타나고 있다.

아랍의 역사학자 알 마크디시는 966년 그의 저서 『창세와 역사서(Kitabu'l Badi Wa'd Tarikh)』에서 "신라인들은 집을 비단과 금실로 수놓은 천으로 단장한다. 밥을 먹을 때 금으로 만든 그릇을 사용한다."라고 했다. 아랍뿐만 아니라 『일본서기』 등의 기사 등을 고려해 보면 가능성은 충분하다. 이른바 '황금의 나라, 신라'인 것이다.

사절유택(四節遊宅)

봄에는 동야택(東野宅)이요, 여름에는 곡량택(谷良宅)이요, 가을은 구지택(仇知宅)이요, 겨울은 가이택(加伊宅)이다. 제49대 헌강대왕(憲康大王) 때에는 성에 초가집이 하나도 없었으며 추녀가 맞붙고 담장이 이어져 노래와 풍류 소리가 길에 가득 차 밤낮 그치지 않았다.

동야택을 명활산(明活山) 고야촌(高耶村), 여름에는 남쪽 = 돌산(突山) 고허촌(高墟村), 가을에는 서쪽 = 무산(茂山) 대수촌(大樹村), 겨울에는 북쪽 = 금산(金山) 가리촌(加利村)의 어느 대택일 수 있으나 자세하지 않다.

다만, 구지택의 경우에는 『삼국유사』 왕력 제일 제52 '효공왕(第五十二孝恭王)' 조에서, "사자사(師子寺) 북쪽에서 화장하였다. 뼈는 구지제(仇知堤)의 동쪽 산의 허리에 묻었다(火葬師子寺北 骨葬于仇知堤東山脇)."라는 기사가 나온다. 현재 경주시 배반동 산 14번지에 효공왕릉(사적 제183호) 일대에 사자사지(師子寺址)로 전하는 곳이 있다. 그렇지만 화장한 사자사와 뼈를 묻은 구지제는 동일한 지점이 아니며, 전 효공왕릉(孝恭王陵) 일대에서 사지(寺址)가 확인되지 않았다.

동야택(東野宅)의 경우 동야는 'Sai Nai'로 읽을 수 있으므로 『삼국유사』 기이 권제일 '신라시조 혁거세(新羅始祖 赫居世王)'조에서 보이는 '사뇌야(詞腦野)'와 글자만 다른 같은 말(異字同語)이다. 따라서 35금입택 중에 언급되는 사내곡택(思內曲宅)과 중복일 수도 있다. 그렇다면 39개 가운데 4개의 금입택은 사절유택과 중복되는 것으로 봐도 될 것 같다.

삼국시대 신라의 상고기 즉 시조 혁거세왕으로부터 울릉도(우산국)을 점령한 제22대 지증왕(지철로왕)까지의 설화로 구성된 2부에서 우리는 신라를 어떻게 이해해야 하는지를 정해야 한다. 통일전쟁은 꿈도 꾸지 못했던 후진국인 신라의 성장과정을 통해 우리도 본격적으로 오래된 미래의 꿈을 가꿔봐야 한다.

2부

상고기의 신라

三國遺事 상고기의 신라

신라 시조 혁거세왕

삼한시대에 진한(辰韓)의 한 소국인 사로국(斯盧國)을 구성했던 여섯 개의 촌이 육촌이다. 『삼국사기』「신라본기」'시조 혁거세거서간' 조에도 알천 양산촌, 돌산 고허촌, 취산 진지촌, 무산 대수촌, 금산 가리촌, 명활산 고야촌 등 육촌의 이름이 나온다. 육촌의 위치에 대해서는 현재 경북 일원으로 보는 견해와 경주시와 옛 경주군 일대를 포함하여 보는 견해, 그리고 경주 내지 경주 분지로 한정하여 이해하는 견해 등이 있다.

왜 이렇게 많냐고 하면 아직도 논쟁이 정리가 안 되었기 때문이다. 변비도 없는데 화장실 가서 너무 앉아 있는 듯 한 게 오늘날 우리 한국고대사학계의 현실은 아닐지 모르겠다. 언론이라면 근거가 빈약한 가짜 뉴스라고 할 만한데 이게 학벌이라는 게 있어서 좀 쎈 대학 쪽에서 말하면 '정설'이나 '통설'도 되는 부분이 있어서 말하기 겁나는 부분이다. 그러니 대학교 강단에서 역사 공부를 하려면 이런 민감한 부분은 지적 안 하고 가는 게 좋다. 되로 주고 말로 받거나 왕따 당하기 싫으면 말이다.

촌이라는 이름 때문에 현재 경주 내에 있었던 것이 아닌가 싶다. 적어도 촌이라고 부를 때는 말이다. 이 조목부터 일연 스님은 계속해서 '신라' 이야기를 참 많이 하신다. 그쪽에 살아서 그런지 그쪽 사람들이 신도여서 그런지, 그쪽 사람들이 신심이 깊어서 그런지 여하튼 그렇다.

첫째는 알천 양산촌 (閼川 楊山村)이다. 남쪽에 지금의 담엄사(曇嚴寺)가 있다. 촌장(村長)은 알평(謁平)이라 한다. 비로소 표암봉(瓢嵓峰)에 내려와 급량부(及梁部) 이씨의 조상이 되었다. 노례왕 9년에 급량부라 하였다. 고려 태조 천복(天福) 5년 경자(庚子)년(940)에 이름을 고쳐 중흥부(中興部)라 하였다. 파잠(波潛) · 동산(東山) · 피상(彼上) · 동촌(東村)이 여기에 속한다.

담엄사는 현재 경상북도 경주시 탑동 오릉(五陵)의 남쪽에 위치한 절이다. 따라서 담엄사 북쪽이 양산촌이 되므로 경주시 한가운데 대릉원 일대가 된다고 할 수 있다. 신라 시대 전불칠처가람(前仏七處伽藍) 가운데 일곱 번째에 해당하는 서청전(婿請田)에 있었던 절이다. 서청전은 '사위 맞아들인 밭'이라는 뜻이다. 창건 연대는 신문왕 때로 추정된다. 고려 중기까지 7대 사찰의 하나로 중시되어

오다가 차차 퇴락하여 조선 시대에 이르러 폐사되었다. 그리고 민족 항일기에 사지 중앙을 관통하는 길을 내면서 이 절터는 거의 파괴되었다. 또, 당간지주와 초석 등은 박혁거세(朴赫居世)의 제전인 숭덕전(崇德殿)을 건립할 때 사용하였다. 파손된 탑의 팔부신중(八部神衆)은 현재 국립경주박물관에 옮겨 보관하고 있다.

표암(瓢嵒, 경상북도기념물 제54호)은 현재 경북 경주시 동천동 507-7번지 일대이다. 해발 20m 정도의 봉우리로 탈해왕 능과 70m 정도 떨어져 있으며, 소도(蘇塗) 유적의 하나라고 추정된다. 정상부에는 광림대(光臨台)라는 비각이 있다. 표암 아래에는 정면 5칸, 측면 2칸의 팔작지붕건물인 표암제(瓢嵒齊)가 있다. 표암제의 정원에는 신라정(新羅井)이라고 새겨진 우물이 남아있다. 표암은 경주 이씨 문중에 의해서 조선 시대 이후에 성역화되어 왔다. 『동경잡기(東京雜記)』 권1 '산천(山川)' 조에는 "속전에 의하면 이 바위가 나라에 해를 미칠 수 있으니 박을 심어 덮었다고 하여 표암이라고 이름 지었다고 한다."는 전설이 전한다.

둘째는 돌산 고허촌(突山 高墟村)이다. 촌장은 소벌도리(蘇伐都利)라고 한다. 비로소 형산(兄山)에 내려왔다. 사량부의 양을 도로 읽고 탁으로 쓴다. 그러나 음은 역시 도이다. 정 씨의 조상이 된다. 지금은 남산부(南山部)라 한다. 구량벌(仇良伐) · 마등오(麻等烏) · 도북(道北) · 회덕(廻德) 등 남촌(南村)이 여기에 속한다. 위의 지금은 고려 태조대로 아래도 마찬가지이다.

『신증동국여지승람(新增東國輿地勝覽)』권21 「경주부」 '산천' 조에 따르면, 신라 시대에는 북형산(北兄山)이라 하였고 중사(中祀)를 지냈던 곳으로 안강현 동쪽에 있다고 한다. 그러나 이 땅은 경주 북방의 고허촌과는 방향이 맞지 않으므로 경주의 서쪽에 있는 선도산을 형산으로 비정하는 견해도 있다. 산의 이름이 시대에 따라서 자주 바뀌어서 그렇다. 처음 육촌이 생기고 확장해나가면서 지명도 바뀌어 많은 혼동이 있었지만, 일연 스님은 일단 당시의 자료를 다 모아서 전하셨다.

셋째는 무산 대수촌 (茂山 大樹村)이다. 촌장은 구례마(俱礼馬, 仇礼馬) 라고 한다. 비로소 이산(伊山, 皆比山)에 내려왔다. 점량부(漸梁部, (양(梁)을 탁(涿)으로도 쓴다.) 또는 모량부(牟梁部) 손 씨의 조상이 되었다. 지금은 장복부(長福部)라고 하니 박곡촌(朴谷村) 등 서촌(西村)이 여기에 속한다.

넷째는 취산진지촌(觜山珍支村. 賓之, 賓子) · 빙지(氷之)이다. 촌장은 지백호(智伯虎)라 하여 비로소 화산(花山)에 내려왔다. 본피부(本彼部) 최 씨의 조상이 되었다. 지금은 일러서 통선부(通仙部)라고 하니 시파(柴巴) 등 동남촌(東南村)이 여기에 속하였다. 최치원은 본피부 사람이니 지금도 황룡사(皇龍寺) 남쪽과 미탄사(味呑寺) 남쪽에 옛날 집터가 있어 이것이 최후(崔侯)의 옛집이라 한다.

월성(月城)의 동쪽, 용궁의 남쪽에 있었던 황룡사는 칠처가람지(七處伽藍址: 과거 7불이 주석했다는 경주 일원의 일곱 사찰의 유적지)의 하나이다. 553년(진흥왕 14)에 새로운 대궐을 본궁 남쪽에 짓다가 거기에서 황룡이 나타났으므로 이를 불사(仏寺)로 고쳐 황룡사라 하고

17년만인 569년에 완성하였다. 신라인들은 과거불인 가섭불(迦葉仏)의 연좌석(宴坐石)이 있는 이 절을 가섭불 시대부터 있었던 가람터로 보았다. 신라삼보(新羅三宝) 중에서 이보(二宝)인 장륙존불(丈六尊仏)과 구층탑이 이 절에 있었다. 솔거(率居)의 금당벽화가 이곳에 있었다고도 한다. 자장(慈藏)이 『보살계본(菩薩戒本)』을, 원효(元曉)가 『금강삼매경론(金剛三昧経論)』을 연설한 곳으로, 역대 왕들은 국가에 큰일이 있을 때마다 100명의 고승이 모여 강(講)하는 백고좌강회(百高座講會)를 열어 불보살의 가호를 빌었다. 이 절에는 국립경주박물관의 성덕대왕신종(聖德大王神鐘)보다도 4배나 더 크고 17년 앞서서 주조된 종이 있었다는 기록이 『삼국유사』에 전하지만, 이 종도 몽고군의 병화 때 없어진 것으로 보고 있다. 절터는 사적 제6호로 지정되어 있다.

미탄사지는 경상북도 경주시 구황동 낭산(狼山) 서쪽에 있던 사찰이다. 현재 황룡사지 남쪽 삼층석탑이 있는 곳을 사지로 보고 있는데 9세기경에 창건했다가 『삼국유사』 작성 당시에는 이미 폐사한 것으로 나온다.

다섯째는 금산 가리촌(金山 加里村), 지금의 금강산(金剛山) 백률사(栢栗寺) 북쪽 산이다. 촌장은 지타(祇沱) 또는 지타(只他)라고도 한다. 비로소 명활산(明活山)에 내려왔다. 이가 한기부(漢歧部) 또는 한기부(韓歧部) 배 씨의 조상이 되었다. 지금은 일러서 가덕부(加德部)라고 하니 상·하서지(上·下西知)·내아(乃兒) 등 동촌(東村)이 여기에 속한다.

여섯째는 명활산 고야촌(明活山 高耶村)이다. 촌장은 호진(虎珍)이라 하여 비로소 금강산에 내려왔다. 이가 습비부(習比部) 설 씨의 조상이 되었다. 지금은 일러서 임천부(臨川部)라고 하니 물이촌(勿伊村) · 잉구미촌(仍仇弥村) · 궐곡(闕谷) · 갈곡(葛谷)이라고도 한다. 동북촌(東北村)이 여기에 속한다.

백률사는 경상북도 경주시 동천동에 있는 절로, 528년(법흥왕 15)에 이차돈(異次頓)의 순교를 기념하기 위해 창건하였다. 817년(헌덕왕 9)에 이차돈의 순교를 추모하여 석당(石幢)을 세웠다. 이 절의 대비관음상(大悲觀音像)은 중국의 공장(工匠)이 만든 것이라는 고전(古伝)이 있다. 『삼국유사』에 의하면 692년에 국선(國仙)이 된 부례랑(夫礼郎)은 693년(효소왕 2년) 3월에 화랑의 무리를 거느리고 북명(北溟)의 지경(地境)에 이르렀다가 말갈족(靺鞨族)에게 잡혀갔다. 5월 부례랑의 부모는 이 관음상 앞에서 여러 날 기도를 드리고 있었는데 난데없이 향탁(香卓) 위에 현금과 신적이 나타났다. 또한 부례랑과 안상 두 사람도 불상 뒤에 와 있었다는 영험담이 전한다. 대웅전에 봉안되어 있던 국보 제28호의 금동약사여래입상(金銅藥師如來立像)과 이차돈공양석당(異次頓供養石幢)도 현재, 국립경주박물관에 옮겨져 있다.

위에 쓴 글로 보아 6부의 조상들이 모두 하늘로부터 내려온 것 같다. 노례왕 9년에 처음으로 6부의 이름을 고치고 또 6성을 주었다. 지금 풍속에서 중흥부를 어머니로 삼고 장복부를 아버지로 삼고 임천부를 아들로 삼고 가덕부를 딸로 삼았다. 그 까닭은 자세치 않다.

어머니, 아버지, 아들, 딸이라. 순서가 묘하다. 아버지보다 어머니가 먼저 나온다. 모계사회의 풍습이 남은 것은 아닐까? 하지만 딸보다는 아들이 먼저 나온다. 왜 그럴까? 고려의 풍습인가? 모계사회에서는 아버지보다는 어머니가 중요하다. 왜 그럴까? 아버지 집에서 할아버지와 사는 게 아니라 어머니 집에서 외할머니와 살기 때문일까? 아니다. 어머니 집에서 외할아버지와 외삼촌이 산다.

여자가 결혼하면 자기 집에서 사는 게 아니라 결국 신랑 집으로 간다. 신랑의 아버지도 살지만, 거기에는 신랑의 할아버지가 아닌 외할아버지 그리고 외삼촌이 살고 있다. 결국, 모계사회는 신랑의 외삼촌 집에서 거주하는 생활 형태를 말한다. 따라서 아들이 결혼할 때 몇 년간이든 신부 집에 가서 살다가 아들이 크면 본가로 돌아온다. 아버지가 아닌 어머니의 집으로. 하지만 소유권은 언제나 남자에게 있다. 그래서 외삼촌과 함께 사는 것이다. 이때 신부는 친정을 떠나 신랑 외삼촌 집으로 오게 된다. 결국, 떠나는 건 아들이 아니라 딸이다. 그리고 돌아와서 남는 건 결국 아들이다. 할머니에서 엄마에게 상속이 이뤄지는 것이 아니라, 외삼촌에서 누이동생의 아들인 조카에게 재산이 상속되는 것이다.

그래서 어머니, 아버지, 아들, 딸의 순서가 정해지는 것이다. 고려시대에 우리의 풍습이 이러했다. 그리고 그 풍속은 임진왜란, 정유재란, 병자호란 등을 거치며 아버지 중심의 가부장제로 변화했다. 이런 풍습이 『삼국유사』에 적지 않게 남아있다.

서태평양의 멜라네시아 섬 중의 하나인 트로브리안드(Trobriand)는 모계(母系)사회다. 트로브리안드 섬에서도 아이의 양육과 결혼에 아버지보다 모계 집단의 남자, 즉 외삼촌이 더 많은 영향력을 행사한다. 이 집단에서는 아버지가 아니라 외삼촌이 규율과 권위의 대상이자, 경원(敬遠)과 미움의 대상이다. 하지만, 어느 순간인가 사료에는 아버지만 나오고 외삼촌이 누구인지 안 밝혀져 있다. 왜일까?

나중에 유교적인 가부장제로 바뀐 것도 있지만, 혹시 나쁜 아빠 대신에 나쁜 "외삼촌"이 있어서 그랬던 것은 아닐까? 아빠 대신 외삼촌들이 조카들에게 하도 꼰대 짓을 해서 그랬던 것은 아닌지 우스갯소리 한마디 하고 넘어가자.

전한 지절(地節) 원년 69년에 3월 초하룻날 6부의 조상들이 각각 자제들을 데리고 다 함께 알천(閼川) 언덕 위에 모여 의논했다.

"우리들 위로 백성을 다스릴만한 임금이 없어 백성들이 모두 방종하여 제멋대로 놀고 있으니 어찌 덕이 있는 사람을 찾아내어 그를 임금으로 삼아 나라를 창건하고 도읍을 정해야 한다"

고본(古本)에서 건호(建虎) 즉 건무 원년 즉 25년이니, 건원(建元) 3년 즉 138년이니 한 것들은 다 잘못이다. 위의 건호는 원래 건무(建武)로 후한 광무제의 연호다. 고려 2대 임금인 혜종(惠宗)의 이름인 무(武)를 피휘하기 위하여 호(虎)로 썼다.

이처럼 피휘란 문장에서 선왕(先王)의 이름자나 중국의 연호자, 성인(聖人)이나 선조들의 이름자가 나타나는 경우 공경과 삼가는 뜻을 표시하기 위해 획의 일부를 생략하거나 뜻이 통하는 다른 글자로 대치하는 것이다. 역사서, 문집, 금석문의 탁본 등 고려 때 나온 자료의 문장을 조사해 보면, 태조의 아버지인 세조의 휘자 '융(隆)', 태조의 휘자 '건(建)', 혜종의 휘자 '무(武)', 정종의 휘자 '요(堯)', 성종의 휘자 '치(治)', 목종(穆宗)의 휘자 '송(誦)'을 피휘하기 위해 결획하거나 대자한 것을 볼 수 있다.

'융'의 경우 '정륭(正隆: 금나라의 연호)'을 '정풍(正豊)'으로, '건'의 경우 '건안(建安: 후한 헌제의 연호)'을 '입안(立安)', 그리고 '건염(建炎: 남송 고종의 연호)'을 '입염(立炎)'으로 바꾸어 썼다. '무'의 경우 '홍무(洪武: 명나라 태조의 연호)'를 '홍호(洪虎)'로, 후한 무제(武帝)를 '호제(虎帝)'로 바꾸어 썼다. '치'의 경우 '지치(至治: 원나라 영종의 연호)'를 '지리(至理)'로, '혁거세 치(治) 육십 년'을 '혁거세 이(理) 육십 년'으로 각각 바꾸어 썼다. 이래저래 한자는 참으로 어렵다.

이때 모두 높은 데 올라가 남쪽을 바라보니 양산(楊山) 나정(蘿井) 곁에 기이한 기운이 번개처럼 땅에 드리웠다. 그러더니 웬 흰 말 한 마리가 무릎을 꿇고 절하는 시늉을 하고 있었다. 조금 있다가 그곳을 가보니 보랏빛 알 한 개가 있었다. 또는 푸른 빛 큰 알이라고도 한다. 말은 사람들을 보자 울음소리를 길게 뽑으면서 하늘로 올라갔다.

모두 모여서 산으로 올라갔다는 말은 높은 산에 올라가 하늘 제사를 올렸다는 것이다. 제천행사를 가진 것이며 나라를 위한 제사이니 국사(國祀)로 가장 큰 제사, 즉 대사(大祀)라고 할 수 있다.

알천(閼川) 언덕 위에서 남쪽을 바라본다는 말은 알천 위의 하늘의 신이 남면하고 있기에 남쪽을 바라본 것이라고 할 수 있다. 황제가 남면한다는 것은 하늘의 뜻을 받드는 왕이 백성을 굽어 살피는 것이다. 결국, 하늘의 천신들이 바라보는 남쪽을 살펴본 곳에 양산 나정이 있었다.

나정의 정은 우물이다. 우물은 물이 생성하는 곳으로 모든 생명을 생성하게 하는 원천이며, 창조의 근원이다. 또한, 여성의 생식기와 같은 의미도 있다. 사람이나 짐승이나 모두 물 없이는 살 수 없기에 더욱 중요한 상징이 된다.

말 한 마리가 무릎을 꿇고 절한다는 것은 경배할 대상을 찾은 것이다. 그리고 사람이 다가가자 하늘로 올라갔다는 것은 결국 신비로운 힘을 가진 말로 결국 천마(天馬)를 뜻한다.

『삼국유사』 신화에 나오는 말은 단순한 상상의 동물이 아니다. 왕의 출현을 예시해주는 신(神)이거나 신의 전령이다. 하늘을 날아올라 메세지를 전달하던 새처럼 말은 인간세계와 하늘 세계를 이어주는 매개자 역할을 했다. 따라서 신앙의 대상이 되기도 한다. 말을 기르는 사람들은 마왕(馬王)에게 제사를 지내고, 몽골인의 변발(辮髮) 풍습도 말꼬리 모양을 본뜬 것이라고 한다.

말 가운데는 특히 흰 말이 신성시되었다. 날개 달린 천마는 신이 하늘을 달릴 때 타는 것으로 믿어지기도 했다. 신라 천마총에 그려진 천마(天馬)와 고구려 장천1호 고분의 구름 위를 힘차게 달리는 백마(白馬), 신라와 가야 고분에서 많이 출토되는 의식용 말〔馬〕 모양 토기 등 모두 죽은 자의 영혼을 하늘로 태우고 가는 신비한 천마의 모습을 형상화한 것일 수 있다.

천마는 인간사에 얽힌 불길한 여러 가지 액운들을 막아주고 지켜주는 선신 역할을 하는 신마(神馬)이다. 사슴 머리에 용의 몸을 하고 있어 하늘을 나는 말을 용마(龍馬)라고도 한다. 이색은 『목은집』에서 천마는 천년을 산다는 비황(飛皇)이자, 천자(天子)의 거가(車駕)에 채워지는 말이라고 하였다. 『산해경』에 따르면 천마는 날 수 있는 상서로운 짐승으로 천마가 나타나면 풍년이 들 징조라고 했다.

자줏빛과 보랏빛은 부처님의 자색 광명과 같은 색이며 푸른빛은 청아한 색으로 아기들의 눈이 파란 것과 같이 오행 상으로는 간이 좋아서 그렇다고 한다.

맑고 밝아서 투명한 색깔로 상서로운 징조를 나타낸다. 알이란 인간과는 다른 세계의 생명임을 의미하고 큰 알이라는 것은 그 크기만큼의 힘을 상징한다. 이 모든 게 신화다. 인간이 만든 신에 관한 이야기이다. 사람들은 이야기를 만든 것이라고 하면서 굳이 이야기에 나오는 주인공인 신만은 만든 게 아니라고 한다. 참으로 놀라운 믿음이다. 나보다 나를 잘 아는 신이 정말 있을까?

그 알을 쪼개 보니 형용이 단정하고 아름다운 사내아이가 있었다. 놀랍고도 이상하여 아이를 동천(東泉)에서 목욕을 시키자 몸에는 광채가 나고 새와 짐승들이 모조리 춤을 추며 천지가 진동하고 해와 달이 맑게 빛났다. 따라서 이름인 혁거세왕은 아마도 향언(鄕言)일 것이다. 동네 말로 보면 "혁, 그 애 세네"라는 말이 '혁거세'가

된 것은 아닐까. 혹은, 불구내왕(弗矩內王)이라고도 하니 광명으로 써 세상을 다스린다는 말이라 했다. 동천사(東泉寺)는 사뇌벌(詞腦野) 북쪽에 있다. 자세한 것은 앞을 뒤져보면 나온다.

참으로 맑고 밝은 왕의 탄생이다. 알을 쪼갠 것은 인간이니 인간의 뜻으로 인해서 세상에 놔누었던 것을 의미한다. 홍익인간의 단군신화가 자발적인 것이라고 하면 알에 있다가 인간에 의해서 세상에 나온 혁거세는 참으로 정치적인 사람이라고 할 수 있다. 사람들의 요구로 나타났으니 말이다. 하지만 그건 해석상의 문제일 뿐이다.

실제로 이야기를 꾸미고 사료를 만든 이들의 몫이지 그걸로 혁거세를 재단해서는 안 된다. 오히려 단군과 혁거세의 동질성을 여기서도 찾을 수 있는지 모르겠다. 세상을 맑고 밝게 다스린다는 불구내왕의 출현에 경배 드린다.

서악 선도성모와 거서간

말하기 좋아하는 사람들이 "이 분 혁거세는 서술성모(西述聖母)가 낳은 것이다. 그러므로 중국 사람의 선도성모(仙桃聖母)를 찬미하는 글에 '어진 인물을 배어 나라를 창건하라.'라는 구절이 있다."라고 근거까지 대면서 말했다.

또는 "계룡(鷄龍)이 상서(祥瑞)를 나타내어 알영(閼英)을 낳았으니, 또한 서술성모의 현신이 아니겠는가!"라고 하였다. 당시 사람들이

다투어 축하하여 말하기를 "이제 천자가 이미 이 땅에 내려왔으니 마땅히 덕이 있는 여군(女君)을 찾아서 배필을 정해야 하겠다."고 하였다.

『삼국유사』 권5 감통편(感通篇)에 따르면, 선도산 성모는 중국 제실(帝室)의 딸로 이름을 사소(娑蘇)라 한다. 아버지인 황제(皇帝)가 "솔개가 머무는 곳에 집을 삼으라."는 말에 따라 선도산에 와서 이 땅의 신선인 지선(地仙)이 되었다. 이로써 산 이름을 서연산(西鳶山)이라 하였다. 영험이 많아 삼사(三祠)의 하나로 삼고 차례를 망제(望帝)의 위에 두었다. 신령스러운 일 중에는 신라 54대 경명왕이 매사냥을 즐기다가 매를 잃고 선도산 성모에게 기원하여 되찾은 일이 있다. 선도산 성모가 처음 진한(辰韓)에 와서 아들을 낳아 동국의 첫 임금이 되었다고 하는데 이는 아마 신라 혁거세왕과 알영(閼英)의 두 성인을 말하는 것이다. 신라의 계룡(鷄龍)이나 계림(鷄林) 등의 지명도 닭이 원래 서방(西方)에 속하므로 서악(西岳), 즉 선도산과 관계있음을 알 수 있다.

김부식(金富軾)이 일찍이 송나라에 사신으로 갔을 때 그를 접대한 왕보(王黼)는 김부식에게 우신관(佑神館)에 모셔 놓은 여신상이 선도산 성모의 모습이라고 소개하기도 했다.

왕위의 칭호는 거슬한(居瑟邯) 혹은 거서간(居西干)이라고 한다. 이는 그가 처음 입을 열 때 자신을 일컬어 말하기를 알지거서간(閼智居西干)이 크게 일어난다 하였으므로, 그의 말에 따라 이렇게 불렀으니 이로부터 임금(王者)의 존칭으로 되었다.

신라의 왕호(王号)는 거서간(居西干) → 차차웅(次次雄) → 이사금(尼師今) → 마립간(麻立干) → 왕(王)으로 변화했다. 간(干)은, 감(邯)으로 고구려의 가(加)와 같이 족장(族長), 군장(君長), 대인(大人)의 뜻이며, 거서(居西), 거슬(居瑟) 등은 고구려의 고추(古鄒)와 같은 말로 보아 부족장의 뜻을 가진다.

하지만 서술성모처럼 혹시 한자의 뜻에도 의미가 있는 것인지도 모르겠다. 서술산이 있는 서악을 중심으로 한 나라의 임금이었기 때문은 아닐까? 아울러 '거슬'은 나루인 '진(津)'의 의미를 가지기도 한다. 거슬은 '거슬리다'의 우리말도 있으니, 거슬러 오르는 연어처럼 바다에서 내륙으로 거슬러 올라가 왕이 된 자는 아니었을까? 그래서 왕이 된 정통성을 찾기 위해 더 큰 중국의 황제의 딸인, 서술성모의 아들을 자처하고 나서게 된 것은 아닐까?

이날 사량리(沙梁里) 알영정(閼英井) 또는 아리영정(娥利英井)에 계룡이 나타나서 왼쪽 옆구리로부터 동녀(童女)를 낳으니 자색이 뛰어나게 고왔다. 혹은 용이 나타나 죽으매 그 배를 가르고 태어났다고 한다. 입술이 닭의 부리 같은지라 월성(月城) 북천(北川)에 가서 목욕을 시켰더니 그 부리가 퉁겨져 떨어졌으므로 그 천의 이름도 따라서 발천(撥川)이라 하였다.

『삼국사기』「신라본기」'시조 혁거세거서간' 조에서는 용의 오른쪽 옆구리에서 여자아이가 태어났다고 전한다. 충남의 계룡산은 통일신라 시대부터 신성시했던 서악(西岳)이다. 바라보는 지점에 따라 '닭의 벼슬 같은 계관(鷄冠)으로, 비늘 달린 용처럼 각진 모습'

으로 보여 이러한 지명을 붙여왔다고 한다. 신라의 경우 왕이 계정(鷄井)에서 출생한 까닭에 혹은 계림국(鷄林國)이라 하고, 일설에는 탈해 때 김알지를 얻는 순간, 닭이 숲속에서 울었으므로 나라 이름을 고쳐 계림(鷄林)이라 하였다 한다.

닭은 12지의 제10위인 유(酉)로 방위로는 정서방을 뜻한다. 계룡산도 서악이라고 하고 서술산도 서방이기에 닭이 나오는가 보다. 서술성모가 신라의 서쪽인 중국, 즉 서쪽에서 온 것과 관련된 걸까? 결국, 신라는 중국 진나라의 유민인 공자가 말한 동이족이라고 주장하고 싶었나 보다.

닭을 숭상하는 나라, 계림

계룡 왼쪽 옆구리에서 태어난 알영의 입술이 닭의 부리 같았다. 월성(月城) 북천(北川)에 가서 목욕을 시켰더니 그 부리가 떨어졌으므로 발천(撥川)으로 이름을 고쳤다는 내용은 상징하는 바가 크다. 닭은 날지 못하므로, 계룡이라 했던 것은 알영이 닭토템을 신앙하는 토착세력이었음을 의미한다는 설이 있다.

북천 즉 발천의 물 역시 맑으며 모든 생명의 원천이다. 그런 물은 모든 죄를 씻는 성수이자 한 존재를 다른 존재로 거듭나게 하는 매개체이다. 비단 기독교가 아니더라도 물로 세례 하는 것은 고대사회에 널리 퍼진 민속이다. 따라서 닭 토템을 신앙했던 토착세력인 알영부인이 새로운 통치세력으로 부상한 유이민 세력과 결합한 사실을 담고 있다. 인도인들은 신라를 '구구탁 예설라'라고 하였는데 구구탁은 닭이라는 말이요 예설라는 신라말로 귀하다는 말이다. '신라는 닭의 신을 섬겨 머리에 날갯짓을 꽂아 꾸미개로 삼았다'라고도 한다. 닭은 날이 밝음을 알리는 일도 한다. 하지만 과연 이게 다일까?

닭의 부리는 발톱과 더불어 닭의 가장 중요한 무기다. 그래서 요즘 싸움방지와 달걀 보호를 위해 닭의 부리를 자르기도 한다. 무기를 자른다는 뜻은, 강제적인 무장해제를 의미한 것은 아닐까? 토착세력의 무장 해제시킨 것으로 이해해도 될까? 그런데 정말 후에 그 토템까지 닭으로 변화시킨 것은 아닐까? 토착세력의 토템이 정말 닭이었을까?

닭은 정말 못 나는 걸까? 아니다. 닭도 날며 닭은 혁거세 거서간의 출신인 서방 중국을 상징하기도 한다. 알영이 토착세력이라도 그들의 토템은 닭이 아닌 다른 것은 아니었을까? 오히려 닭이라는 12지신을 받아들인 후 닭 신앙에 맞는 의례를 거친 것이라면?

궁실(宮室)을 남산 서쪽 기슭 지금의 창림사(昌林寺) 부근에 짓고서 두 명의 신성한 아이를 모셔 길렀다. 사내아이는 알에서 나왔는지라 그 알은 박과 같이 생겼고 향인(鄕人)들이 박을 박(朴)이라 하므로 성을 박(朴)이라 하였다. 계집아이는 그가 나온 우물 이름으로 이름을 지었다. 두 성인의 나이가 열세 살이 되자 오봉(五鳳) 원년 갑자(甲子) 기원전 57년에 남자는 왕이 되고 이어 여자는 왕후가 되었다.

창림사는 경주 남산 서쪽 기슭에 있던 절이다. 원나라 조자앙(趙子昂)의 「창림사비발(昌林寺碑跋)」에서 신라 김생(金生)이 창림사비를 쓴 것을 찬양하고 있는데, 이로 미루어볼 때 791년(원성왕 7) 이전에 창건된 것임을 알 수 있다. 이곳의 귀부는 무열왕릉(武烈王陵)·사천왕사(四天王寺) 등의 귀부와 함께 신라의 3대 귀부로 손꼽히고 있다.

열세 살이란 열두 해가 지난 후의 세월을 뜻한다. 12지의 열두 해가 지나서 다시 닭의 해가 된 것은 아닐까? 그런데도 굳이 갑자년에 비유한 것을 왜일까? 갑자 신라 건국설은 이해하기가 좀 그렇다. 굳이 갑자가 아니어도 되는데 60갑자의 처음으로 시작한 이유 역시 12지신 신앙의 영향 때문인가?

나라 이름을 서라벌(徐羅伐) 또는 서벌(徐伐)이라 하였다. 지금 경(京)자의 뜻을 우리말로 서벌이라 하는 것도 이 때문이다. 하지만 서벌의 서 역시 혹시 방위로서의 서와 관련된 것은 아닐까? 서쪽으로부터 온, 이라는 의미도 가능하다. 정서방의 닭을 섬기는 나라로써 말이다.

더러는 사라(斯羅) 또는 사로(斯盧)라고도 한다. 모두 마을(邑里)을 뜻한다고 한다. 그러나, 중국을 뜻하는 서벌과 대칭되는 말로 사라는 혹시 토착세력이 부르는 나라 이름은 아니었을까? 참고로 사라(명사)는 헤브라이어로 '여주인','왕비'라는 뜻의 여자 이름 명사라고도 한다. 헤브라이어와는 별 관계 없겠지만, 나라 이름이 여러 개니 한번 생각해 볼 만하다.

처음에 왕이 계정(鷄井)에서 났으므로 계림국(鷄林國)이라고도 하니 계룡(鷄龍)이 상서를 보여 주었기 때문이다. 계림(鷄林)은 '닭수

풀', 즉 닭이 많아 집단을 이루었다는 의미로 풀이된다. 이 역시 신라가 닭을 숭상하는 나라이기 때문에 붙여진 이름이다. 일설(一說)에는 탈해왕(脫解王) 때에 김알지(金閼智)를 얻으면서 숲속에서 닭이 울었으므로 나라 이름을 계림(鷄林)으로 고쳤다고 한다. 후세에 와서 드디어 신라라고 이름을 정하였다.

신라 시조 혁거세왕은 나라를 다스린 지 61년 되는 해에 하늘로 올라갔다. 여기서 주의할 것은 하늘로 올라갔다는 것이지 죽었다는 뜻이 아니다. 설사 붕어했다고 해도 혁거세왕은 참으로 오래 살았다. 생몰년은 서기전 69년부터 서기 4년이며 재위 년은 서기전 57년부터이므로 만으로 73세를 산 것이다. 고구려 장수왕 다음으로 오래 왕위에 있던 사람이 아닌지 모르겠다.

뒤를 이은 태자 남해왕이 20년 재위한 것을 보면, 찰스 황태자처럼 아주 답답했을 듯하다. 왕위 계승 전에서의 태자뿐만 아니라 상속을 하는 재벌 아들들도 그렇고 대부분 조직의 이인자들까지도 마찬가지 심정이었을 듯하다.

남해왕으로서는 왕이 늦게 된 것도 서러운데 아버지 혁거세왕이 그냥 곱게 돌아가셨으면 참 좋았을 것이다. 모양이 나도 너무나 모양새 나게 갑자기 하늘로 올라갔다. 올라가면서도 별말을 하지 않았던 것 같다.

혁거세왕은 올라가서도 1주일이나 아무런 소식이 없었다. 장사를 지내려고 해도 시신이 없으니 왕비는 물론 태자를 비롯한 신료 대신들이 모두 황당했을 것이다. 왕이 하늘로 올라가셨다는 감탄

보다 "왕이 대체 하늘에 왜 올라가신 거지?", "다시 내려오실 건가?", "다음 왕위는 어떻게 하지?" 등의 이야기가 오갔을 것이다.

그런데 7일 후, 왕의 죽은 육체가 땅에 흩어져 떨어졌고 왕후도 세상을 떠났다고 한다. 살아서 승천한 왕이 죽어서 몸만 돌아왔다. 문제는 온전히 내려온 것도 아니라 흩어져서 떨어져 내려왔다. 누구는 괴기스러운 혁거세왕 주검의 산락(散落)은 시베리아 샤머니즘의 성무식(成巫式)에서 찾아볼 수 있는 시체 분리의 모티프와 대응된다고 생각하나 보다. 하지만 신화적으로 해석할 필요 없이 정치적으로 현실적으로 생각해 볼 필요가 있다.

시신을 수습하는 것만도 참으로 어려운 일이 아닐 수 없었을 것이다. 그런데 참으로 이상해도 많이 이상하다. 어쩌면 누군가에게 살해당한 후 시체 은닉까지 당한 것인가? 일주일 만에 시신을 찾았는데 차마 봐줄 수 없을 정도로 손상되어 있었던 것인가? 왕후 즉 왕비도 세상을 떠났다고 하니, 그 둘을 잉꼬부부라고 볼 수도 있지만, 왕비 역시 살해당한 것은 아닐까? 아니면 왕의 살해에 왕비가 관여된 것은 아닐까? 왕실 특히 장수한 왕의 죽음에 관여된 일이기에 더욱 의심스럽지 않을 수 없다. 다만, 건국신화라고 해서 의심을 덜 받는듯하다.

이처럼 상해 당해서 죽은 것이라면 혁거세왕이 아무리 오래 살았다고 해도 참으로 원통했을 것이다. 그리고 그 범인은 누군지 밝혀지지 않았다. 하지만 언제나 그렇듯 이 살인 즉, 시해 사건 역시 제일 이익 본 사람이 범인과 무관하지 않을 듯하다. 하지만 오래 살지 못한 아들 남해왕이기보다는 그의 사위인 탈해왕일 가능성도 없지 않다.

나라 사람들이 시신을 합하여 장사 지내려 하였지만, 큰 뱀이 쫓아다니며 방해하였다. 나라 사람들이란 백성을 말하는 것이 아니다. 왕과 대립하기도 하고 균형과 조화를 이루기도 하는 핵심 지배 귀족과 관료라고 할 수 있는 사람들을 말한다. 속된 말로 왕궁에서 방귀 정도는 마음 놓고 뀔 수 있는 사람들이다. 이 사람들이 시신을 수습해서 장사를 지내려고 했다. 하지만 큰 뱀이 방해했다는 것은 이들이 서둘러서 시해 사건을 덮으려고 한 것은 아닐까? 방해한 큰 뱀이란 이들과 친하지 않고, 시해된 혁거세왕 측과 대립한 인물들은 아니었을까? 사사건건 의문을 제기하고 방해를 했던 이들과 나라 사람들은 어떻게 타협했을까?

머리와 사지를 따로 장사 지내어 오릉(五陵)을 만들고 능 이름을 사릉(蛇陵)이라 했다. 담엄사(曇嚴寺) 북쪽의 능이 바로 이것이다. 결국, 다섯 부분으로 수습해서 능을 한 곳에 다섯 개나 만들고 나서야 해결이 되었다. 굳이 다섯 개를 만들 이유는 없다. 그럼에도 다섯 개나 만들어야 하는 이유는 있었을 것이다. 왕과 같은 크기의 다섯 개의 무덤들은 혁거세왕의 토막살인과 같은 죽음이나 해결에 관련된, 왕에 버금가는 정치권력을 가진 이들이 4명 더 있었다는 것을 말하는 것이리라.

한편, 『삼국사기』에 남해, 유리, 파사왕 등 3명의 신라 박씨 왕들도 이곳에 묻힌 것을 보면 참으로 묘하다. 담엄사가 신라시대 전불 칠처가람(前仏七處伽藍) 가운데 일곱 번째에 해당하는 서청전(婿請田) 즉 '사위 맞아들인 밭'이라는 뜻을 지닌 것을 보면 더욱 그러하다. 사위라고 하면, 남해왕의 사위인 석탈해를 연상케 한다. 죽은 후 성북 양정 언덕에 장사 지낸 그와 혁거세왕의 죽음이 왠지 무관하지 않았을 듯싶다.

제2대 남해왕

아버지 박혁거세가 하늘에서 떨어지고 그와 관련해서 남해왕의 사위인 석탈해가 의심스러운 부분이 있다는 것은 사실 신라사의 기년을 완전하게 믿지 않는다는 의미를 지닌다. 신라가 고구려나 백제보다도 먼저 건국했다는 것 역시 좀 의아하다. 하지만, 아니라고 할 근거도 없으니 그냥 넘어가겠다.

그렇다고 해도 혁거세왕이 73년간 장수한 뒤 남해왕이 즉위해서 24년을 더 살았다는 내용은 좀 그렇다. 사실이라고 해도 이미 다 늙어서 왕위에 오른 남해왕과 그의 사위이지만 석탈해는 남해왕과 나이가 크게 차이가 나지 않았을 것으로 여겨진다.

남해거서간(南解居西干)은 차차웅(次次雄)이라고도 하는데, 이것은 존장(尊長)의 칭호로 오직 이 왕만을 이렇게 불렀다. 『삼국사』에는

"신라는 왕을 거서간(居西干)이라고 불렀는데, 이것은 진한(辰韓)의 말로 왕이라는 뜻이다. 혹자는 '귀인을 부르는 칭호'라고도 한다. 혹은 차차웅(次次雄)이라고도 하고 자충(慈充)이라고도 한다."고 전한다.

김대문(金大問)은 "차차웅은 우리말로 무당을 말한다. 세상 사람들이 무당이 귀신을 섬기고 제사를 숭상하기 때문에, 세상 사람들이 그들을 두려워하고 공경하게 되어서 마침내 존장을 자충이라 하였다." 혹은 이사금(尼師今)은 지금의 잇금(치리 ; 齒理)을 이르는 말이라고 한다.

여기서 차차웅은 신라 초기 왕의 칭호로서 원래 귀인이나 무당을 일컫는 말이었으나, 후에 존장자의 칭호가 되었다. 또 누구는 승려나 스승을 부르는 말이라고도 한다. 결국, 제사나 종교 신앙적인 측면에서 스승이 되는 승려의 우두머리로 보면 쉬울 듯하다. '구루'라는 스승의 의미가 강해진 티베트불교의 '라마'라는 명칭도 비슷한 것이 아닐까 싶다. 따라서 차차웅은 오늘날 티베트 망명정부의 달라이 라마와 같은 제정일치 시대 즉, 신정정치를 했던 신왕(神王)의 전 단계 정도인 무왕(巫王)으로 보면 될 듯하다.

이사금은 왕권이 더욱 강화된 '임금'으로 변하는 단계에 나온 명칭인 듯하다. 옛말에 이(齒)가 많은 사람, 즉 연장자는 성스럽고 지혜로운 사람(聖智人)이라는 뜻이다. 유리왕과 탈해왕이 서로 왕위를 사양하다가, 이의 수효를 세어 유리왕이 먼저 즉위하였으므로 왕호를 이사금으로 하였다는 설화가 전해진다.

아버지는 혁거세이고 어머니는 알영부인이며, 비는 운제부인(雲

帝夫人)이다. 지금의 영일현(迎日縣) 서쪽에 운제산성모(雲梯山聖母)가 있는데, 가뭄이 들 때 기도를 하면 감응이 있다. 아버지 어머니야 이미 알고 있었던 이야기다. 여기서는 기우제의 대상이었던 운제산 성모가 남해왕의 부인인 운제부인이라고 한다.

영일현은 현재 경상북도 포항시 연일읍의 고려 시대 지명이다. 본래는 신라의 근오지현(斤烏支縣)이었는데, 신라 경덕왕 때 임정(臨汀)으로 개칭하여 의창군(義昌郡)의 영현으로 삼았다가 고려 때 영일현으로 다시 고쳤다고 『신증동국여지승람(新增東國輿地勝覽)』 권23「영일현 건치연혁」 조에 밝히고 있다.

연오랑 세오녀 설화에 나오는 연오(延烏)는 '태양을 맞이한다〔迎日〕' 또는 '태양 속의 까마귀〔陽烏〕'에서 유래한 이름으로 해석한다. 따라서 이 영일현과 관련된 연오랑이 『일본서기』 등 일본 측 자료에 보이는 「천일창설화(天日槍說話)」의 주인공 천일창이라는 주장도 있다. 그리고 까마귀는 고대 동아시아에서 태양을 상징하였다. 그럼 운제부인이 세오녀일 수도 있을까? 그 추측은 아무래도 좀 많이 무리인 듯싶다.

남해왕은 전한 평제(平帝) 원시(元始) 4년인 갑자년 서기 4년에 왕위에 올라 나라를 다스린 지 21년 만인 지황(地皇) 4년 갑신년 서기 24년에 세상을 떠났다. 이 왕이 곧 삼황(三皇)의 첫째라고 한다. 재위 21년이란 건 알겠지만, 삼황의 첫째라는 것은 좀 낯설다. 삼황은 원래 중국 고대 전설에 나오는 세 명의 임금으로 천황씨·지황씨·인황씨를 뜻하거나 수인씨·복희씨·신농씨를 가리킨다. 또는 복희씨 · 신농씨 · 황제로 보기도 한다.

그러나 여기서 삼황은 전라남도 여수시에 있는 삼황묘(三皇廟)에 모셔진 태조 고황제(太祖 高皇帝), 고종 태황제(高宗 太皇帝), 순종 효황제(純宗 孝皇帝)와 마찬가지로 단순히 3명의 임금을 뜻한다. 이에 따라, 혁거세 · 남해 · 노례로 보는 견해와 남해 · 노례 · 탈해로 보는 견해가 있다. 어떻게 조합을 하든 3명에 남해가 들어가는 것은 맞다. 하지만 삼황의 첫째라고 했으니 남해, 노례, 탈해가 맞을 듯하다.

아직 명실상부한 왕은 아니고 그냥 존장 정도에 지나지 않는 거서간에 오른 남해의 아버지는 기이한 죽음을 맞이한 혁거세왕이다. 어머니인 알영 부인도 유명하지만, 그의 부인인 운제 부인도 비범치 않다. '운제산 성모'로 떠받들어지는 것으로 '오해'받는 것일 수도 있는 부인을 가진 '남해왕'은 이렇다 할 이야기 없이 재위 21년 만에 세상을 떠난다. 그런데 삼황(三皇)의 첫째라고 하니, 우리가 모르는 일이 많은가 보다. 무슨 일일까?

그런데 『삼국유사』에는 "남해왕 대에 낙랑국 사람들이 금성을 침략했지만, 이기지 못하고 돌아갔다. 또한, 천봉 5년 무인(서기 18)에 고구려의 속국인 일곱 나라가 항복해 왔다."라는 기사가 전부다. 낙랑국 사람들이 수도인 금성까지 쳐들어왔지만 지진 않았다는 것뿐이다. 그리고 다행히 말년에 고구려 속국 몇 개 나라가 항복해 왔다고 하지만 사실 그건 고구려가 미워서 온 거지 남해왕이 그리 잘해서 온 것 같은 뉘앙스는 아닌 거 같다. 그런데도 "삼황 중에 첫째"라고 해야 할 이유가 있나 보다.

다른 사료를 찾아봐도 "서기 6년에 시조묘(始祖廟)를 세우고, 8년 탈해가 어질다 하여 맏딸로 아내를 삼게 하였으며, 또 대보(大輔)의 벼슬을 주어 나라의 일을 맡겼다. 14년 왜(倭)와 낙랑(樂浪)의 침입을 막았으며, 재위 21년에 죽으니 사릉원(蛇陵園)에 장사지냈다."가 전부이다.

처음에 남해왕이 죽자 아들 노례(弩礼)가 탈해(脫解)에게 왕위를 사양했는데, 탈해가 이렇게 말하였다. "나는 성스럽고 슬기로운 사람은 이빨이 많다고 들었다." 그리고 곧 떡을 입으로 물어 시험해 보았다. 옛날부터 이렇게 전해왔다. 혹은 마립간(麻立干) '립(立)'은 '수(袖)'로도 되어있다 한다. 김대문은, "마립이란 우리말로 서열을 말한다. 서열은 직위에 따라 설치하니, 임금의 서열은 그 주가 되고 신하의 서열은 그 아래가 되기 때문에 이렇게 이름 지은 것이다." 라고 하였다.

사료상에서 보면 혁거세왕과 알영 부인 그리고 왕비인 운제산 성모까지라는 정말 최고로 빵빵한 친가, 외가, 처가를 거느린 남해왕이다. 그런데 그 아들인 노례가 왕위에 쉽게 오르지 못한다. 탈해에게 양보까지 하는 상황이 벌어졌다. 그런데 탈해랑 노례가 서로 안 지 얼만데 이의 개수를 몰랐을까? 모르고도 속는데 알면서 속아준 건 아닐까? 뻔히 질 줄 알면서 왜 탈해는 이빨 수를 세워보자고 했을까? 노례는 탈해가 무서워서 일단 사양하고 본 것이고, 탈해도 자기가 왕위에 오르기에는 조금 세력이 부족했던 것은 아닐까?

마립간은 그런 의미에서 노례왕과 탈해왕이 서열상의 좀 차이가 있음을 은유한 것이 아닐까? 남해왕 밑에서 줄 서 있을 때 왕위계승 서열상에 1, 2위의 한 끗 차가 있었던 것으로 이해하면 쉬울 것이다. 여하튼 별 잘한 것도 없는데 '남해왕'이 삼황 중의 하나가 된 것은 역시 '노례'가 왕위계승에서 승리한 것이 이유가 될 듯싶다. 노례왕과 그 자손들은 아버지 남해를 삼황의 하나로 추켜세우면서 '신성화'를 꾀했고 엄마인 운제부인 역시 성모로 떠받드는 작업을 병행했다. 그러한 과정 가운데 어느 정도 '탈해'와 대등한 힘을 길렀던 것으로 이해할 수 있겠다.

그런데, 마립간은 이사금 칭호에 이어 사용한 것으로, 제17대 내물왕부터 제22대 지증왕 4년 중국식 왕호를 칭할 때까지 사용된 것이다. 노례왕과는 무관한 듯하다. 마립간이라는 칭호의 사용은 신라의 왕권이 신장됨에 따라 왕이 화백회의의 사회자로 군림하고, 왕위의 세습화가 이루어지게 된 5세기의 사회상을 반영한 것이라는 것이 학계의 대세인 듯하다. 『삼국유사』에서는 17대 내물왕, 『삼국사기』에서는 19대 눌지왕부터 마립간 칭호를 사용하였다고 하여 시대적 차이가 있어 논란거리를 제공해 주고 있다.

내물왕 때 고구려 지원 아래 백제와 가야 및 왜의 세력을 격파하면서 왕권을 강화하였다. 또 눌지왕 때에는 고구려의 간섭에서 벗어나 왕위의 부자상속 원칙이 확립되었다는 점에서 『삼국사기』와 『삼국유사』의 차이를 설명하고 있는 것으로 정리한다.

사론(史論)에 이르기를 "신라에서 거서간 또는 차차웅으로 부른 임금이 하나씩이요 이사금으로 부른 자가 열여섯이요 마립간으로 부른 자가 넷이다. 신라 말기의 이름난 유학자 최치원이 지은 『제왕연대력(帝王年代曆)』에는 "모두 '아무 왕'이라 불렀고 거서간 등으로 부르지 않았으니 그 말이 어찌 비루하다 하여 칭하지 조차 않는단 말인가." 라고 기록해서 방언들을 모두 그대로 두는 것도 역시 옳은 일일 것이다.

똑같은 내용이 『삼국사기』「신라본기」'지증마립간(智證麻立干)' 조에 보인다. 따라서 사론은 김부식의 『삼국사기』 가운데 "논하여 말한다(論曰)"를 가리키는 듯하다. 일연 스님이 『삼국사기』를 많이 참고했다는 내용인데, 여기서 보면 그대로 참고한 것을 알 수 있다. 그런데도 다시 『삼국유사』에 기재한 것은 그만큼 최치원에 반대한 김부식의 의견에 동의하고 강조하기 위함인 듯하다.

『삼국유사』 권1, 「왕력(王曆)」에는 이사금(尼師今)을 칭한 사람이 14명으로 『삼국사기』와 다르다. 또한 왕력에서는 마립간(麻立干)을 칭한 사람이 6명으로 기록되어 있다. 이러한 차이는 마립간을 칭한 왕을 『삼국유사』에서는 제17대 내물왕(奈勿王)부터라고 하였고, 『삼국사기』에서는 제19대 눌지왕부터 기록하였기 때문이다. 이러한 차이에도 불구하고 그대로 인용한 것은 우리 고유 왕명이 비루하지 않다는 것을 그만큼 당당하게 강조하고 싶었나 보다. 그러나 왕의 숫자가 왕력과 다르다는 사실을 확인하지 못하는 실수를 했다. 아니면 경주학의 대가인 고(故) 이근직 교수의 견해대로 『삼국유사』의 왕력은 일연 사후에 나온 『삼국유사』와는 다른 별도의 연표였을 가능성도 있다.

『삼국사기』의 사론 앞부분에 "『좌전(左伝)』, 『한서(漢書)』는 중국의 역사책인데 오히려 초(楚)나라의 말인 곡어도(穀於菟)와 흉노(匈奴)의 말인 탱리고도(撑犁孤塗) 등을 그대로 보존하였다."라는 내용이 포함되어 있다.

중국 초(楚)나라의 방언(方言)으로 '곡(穀)'은 '젖' 또는 '젖먹이다'라는 말이고, '어도(於菟)'는 '호랑이'라는 말로 "호랑이가 젖을 먹인다"라는 뜻이다. 이것은 초나라의 영윤(令尹)인 자문(子文)이 불륜관계로 태어나자 외할머니가 연못가에 버렸는데, 호랑이가 와서 젖을 먹였으므로 자문을 '투곡어도(鬪穀於菟)'라고 칭하였다는 『춘추좌씨전(春秋左氏伝)』 '선공(宣公) 4년' 조에 나온 말이다. '탱리(撑犁)'는 하늘〔天〕이라는 뜻이고, '고도(孤塗)'는 아들〔子〕이라는 뜻의 흉노 말이다. 즉 탱리고도(撑犁孤塗)는 천자(天子)라는 뜻으로 흉노의 선우(單于)를 칭하는 말이다. 『한서』권94, 「열전(列伝)」 '흉노(匈奴)전'에 나온다.

결국, 한문 외의 외국어 표기상의 문제인데 이런 측면에서 '이사금'이나 '마립간'을 그대로 기록하지 않고 '왕'이라고 풀어버린 최치원의 뜻에 반대하는 것이다.

최치원은 신라 하대의 학자로 12살에 당(唐)에 유학하여 17살에 과거에 급제했다. 황소(黃巢)의 난이 일어나자 제도병마도통(諸道兵馬都統) 고병(高騈)의 종사(從事)가 되어 황소를 정벌하는 격문을 지어서 문명(文名)을 크게 떨쳤다. 유교의 선구적인 역할과 아울러 빼놓을 수 없는 것이 한문학사(漢文學史)에 있어서 그의 업적이다. 그의 한문학은 중국 문학의 차용(借用)을 통해서 형성되었다. 하지만 최치원에게 신라의 골품제를 비롯해서 고유한 언어체계 역시 원망과 질시의 대상이 되었다. 그래서 신라왕실에 대한 실망과 좌절감을 느낀 나머지 40여 세, 장년의 나이로 관직을 버리고 소요자방(逍遙自放)하다가 마침내 은거했다.

『제왕연대력』은 오늘날 남아있지 않다. 그 내용을 알 수 없으나 가야를 포함해 삼국, 통일신라, 중국의 연표가 들어 있을 것으로 보인다. 여하튼 탈해이사금도 탈해왕이라고 적혀 있었다는 것만 여기 기사를 통해서 알 수 있다.

신라 사람들이 대개의 왕을 추봉하여 갈문왕(葛文王)이라 일컬었으니 그 까닭을 모르겠다. 똑같은 내용이 『삼국사기』 「신라본기」 '일성이사금' 조에 보인다. "15년 박아도(朴阿道)를 갈문왕(葛文王)으로 삼았다. 신라에서는 후대에 추봉(追封)한 왕을 모두 갈문왕이라 칭했는데 그 의미는 알 수 없다."라는 한 부분을 인용한 것이다. 갈문왕은 순암 안정복처럼 그냥 모계사회에서 외조부나 처의 아버지 즉, 장인을 부르는 말이라고 보면 될 것 같다.

제3대 노례왕

노례왕의 성은 박씨이고 이름은 노례라 하는 이질금 즉, 이사금이다. 유례왕(儒礼王)이라고도 한다. 누군가 하면, 남해왕조에서 설명한 이빨이 많아서 탈해왕 앞에 즉위한 왕이다.

다시 살펴보자면, 이 왕이 처음에 매부인 탈해왕에게 왕위를 물려주려고 하자 탈해가 말하였다. "대개 덕이 있는 사람은 이빨이 많은 법이니, 마땅히 잇금을 가지고 시험해 보자!" 그래서 서로 떡을 입으로 물어서 시험해 보았더니, 왕의 이가 더 많았기 때문에 먼저 왕위에 올랐다. 그래서 이 노례왕으로부터 왕의 칭호를 '이질금'이라 불렀다.

아무래도 현명한 사람인 '현인'들은 이의 개수가 많았나 보다. 하지만 이가 모자랐다고 현인이 되지 못하는 것도 아니니 아무래도 그냥 짜고 치는 고스톱인 듯하다. 하지만 속아주더라도 큰 손해는 아닐 듯하다. 모르고도 속는데 알면서 속아주는 재미를 이렇게 『삼국유사』는 쏠쏠하게 전해준다.

하지만 현인들 가운데 실제로 이가 많은 사람도 많았다. 크게 틀린 말도 아니다. 결국, 뭐냐고 하면 대충 맞는 말을 빌려서 왕위계승을 정당화하는 스토리텔링을 누군가 적절하게 한 것이다.

유성공(劉聖公) 경시(更始) 원년 계미라고 하는데, 이런 건 별 의미가 없는 듯하다. 굳이 말하자면, 유성공은 후한 광무제의 족형(族兄)이 되는 유현(劉玄)을 가리킨다. 신(新)나라 말기 때 유인·유수 등 여러 장수가 군사를 일으켜 왕망에게 반기를 들고 유성공을 추대하여 천자로 삼았다. 그러나 유성공은 후에 주색에 빠져 정사를 돌보지 않아 시해당하였다. 굳이 유성공을 운운한 이유를 찾으라면 추대하여 왕이 되었다는 부분에서 관련이 있을 듯도 하지만 그건 좀 과한 것 같아 추론은 여기서 그만 멈추겠다.

노례왕은 서기 23년에 즉위했다. 연표에서는 갑신년인 서기 24년에 왕위에 올랐다고 한다. 이런 식으로 즉위년에 있어서 1년의 차이가 있는 경우가 적지 않다. 이유는 전승 즉 전해져 오는 이야기가 다른 예도 있다. 그러나 대부분, 유월 칭원법이냐, 유년 칭원법, 즉 칭원법이라는 좀 어려운 이유가 있다. 여기서 유년이란 "해를 넘긴다(踰年)"는 의미이다.

사전적으로도 한 나라의 왕이 왕위를 계승할 때 전왕(前王)이 세상을 떠난 해와 새 군주가 즉위한 해, 모두 같은 해에 이루어진다. 이때, 왕위계승이 이루어진 해를 전왕의 재위 기간에 포함할 것인가 신왕의 재위 기간에 포함할 것인가 하는 문제가 발생하는데, 새 왕의 원년을 결정하는 방법이 칭원법이다.

서기 99년 6월 25일에 전왕이 붕어했다면 사실 신왕은 99년 6월 25일부터 실질적으로 왕인 셈이다. 즉위식이야 7월이나 9월에 이뤄졌다고 해도 그렇다. 하지만 12월에 즉위했다고 해도 그해 99년을 원년으로 삼을 것인지 아니면 한 해가 지난 100년을 즉위년으로 삼을 건지의 문제다. 물론 이유는 전왕에 대한 예의 때문이다. 아직 전왕의 성스러운 덕이 미치는 해에 신왕이 과연 이해를 자신의 재위 연대에 넣는 것은 예의가 아니라는 의미도 있다. 예도 과하면 잘못이라고 했던가?

그래서 『삼국사기』 권제일 「남해차차웅」 조에서 고려 시대의 김부식(金富軾)은 사론에 "임금이 즉위한 해를 넘겨서 원년이라 칭하는 것은 그 법이 『춘추(春秋)』에 상세히 적혀 있으므로 이는 선왕(先王)의 고치지 못할 법전이다."라고 하였다. 즉 유년 칭원법(踰年称元法)이 동아 역사의 전형적인 칭원법이라고 밝힌다. 그래서 김부식을 사대주의자라고 하나 보다.

하지만, 신라나 발해 등 우리나라는 고대에 중국의 당나라와는 달리 왕이 죽은 다음 달부터 새 왕의 원년이 시작되는 유월 칭원법(踰月称元法)을 시행하였다. 이는 아마도 고구려의 전통을 이은 것으로 여겨진다. 그래서 『삼국유사』와 『삼국사기』의 본문과 연표(또는 왕력)의 서로서로 연도가 1년씩 차이가 생겼다. 전왕에 대한 예우도 중요하지만, 새롭게 왕이 바뀐 것을 만천하에 알리기 위함이 더 강했을 것이다. 특히 중국과 대등하게 연호를 사용한 고대 특히 사료에 그러한 기사가 남아있는 신라에서는 당연히 '유월 칭원법'을 사용하였다.

예를 들어, 법흥왕은 536년(법흥왕 23)에 독자적으로 연호를 세워 건원(建元)이라 하였다. 진흥왕 때 개국(開國)·대창(大昌)·홍제(鴻濟), 진평왕 때 건복(建福), 선덕왕 때 인평(仁平), 진덕왕 때 태화(太和)를 사용하였다. 그리고 822년(헌덕왕 14)에 웅주도독(熊州都督) 김헌창(金憲昌)이 반란을 일으켜 국호를 장안(長安), 연호를 경원(慶元)이라 한 적도 있다. 하지만, 중국의 영향을 더 받기 시작하는 고려 때부터 유년 칭원법을 사용했다.

노례왕 재위 32년에 6부(六部)의 이름을 고치고 이들에게 이(李)·

최(崔)·손(孫)·정(鄭)·배(裴)·설(薛)의 성(姓)을 주었으며, 17관등(官等)을 마련했다. 각 부에 성을 하나씩 주었는데, 왕이 제후에게 주는 것처럼 한 것인가? 여하튼 스스로 이름을 바꾸고 성을 줬다면 힘이 대단히 센 것으로 보인다.

중앙집권체제를 이룩한 것일까? 그런데 앞서 몇 번이나 강조한 것처럼, 노례왕은 탈해왕과 왕위계승에서 겨우 한 끗발 차 아니니, 치아 몇 개 차이로 이겼기 때문에 그만한 힘이 없었을 것이다. 외세세력인 탈해왕과 경쟁할 때 자신을 밀어준 토착 제후 세력에게 사례하듯이 중국식으로 멋지게 예우를 다한 것이라면 어떨까? 시간이야 32년이 걸렸다지만 사실 그보다 앞서 성을 하사한 것은 아닐까? 여하튼 해석에 따라 얘기는 정반대가 되지만, 왠지 후자가 맞는 이야기 같다. 왜냐하면, 재위 34년 되던 해에 탈해왕의 재능이 그의 두 아들보다 뛰어나다 하여 왕위를 잇게 한 후, 죽었고 가족들이 묻힌 사릉에 장사를 지냈기 때문이다.

힘이 없는 군주는 역시 음주 가무를 좋아한다. 다 그런 건 아니지만 대부분 왕이 그랬던 것 같다. 노례왕은 6부의 여자들을 두 편으로 갈라 길쌈을 짜게 하여 8월 15일에 짜낸 양의 많고 적음으로 승부를 결정짓는 가배(嘉俳) 놀이를 시켰다. 이때 부른 노래가 「회소곡(會蘇曲)」이다.

수많은 여자를 불러 노래하며 물레를 돌리게 했다. 비록 길쌈을 장려한다는 의미가 있는 놀이라고 하지만 참으로 바삐 움직이며 노래하는 아낙네들을 바라보는 왕은 좀 '변태'였던 게 아닐까? 집단 의례상의 그런 무용이라면 상관없지만, 그 역시도 좀 그렇다. 여하튼 이런 행동 뒤에 회소곡이라는 노래도 시켰다. 우리나라 최초의 궁중 뮤지컬 공연이라고 할 수 있나?

이런 노례왕 부인의 마음은 어떠했을까? 사료상으로는 비(妃)의 이름은 알 수 없고, 일지갈문왕(日知葛文王)의 딸 박씨, 허루갈문왕(許婁葛文王)의 딸, 또는 사요왕(辭要王)의 딸이라는 세 가지 설이 있다. 굳이 하나를 지목할 것이 아니라 세 명 모두 데리고 있었던 것은 아닐까.

이 때에 도솔가(兜率歌)를 지었는데 구절과 음격이 있었다. 왕이 자상해서 백성을 위해 새로운 장르의 노래를 만들었나 보다. 『삼국사기』「신라본기」'유리이사금(儒理尼師今) 5년' 조 따르면, 유리왕은 백성들을 아끼고 선정을 베풀기 위해서 백성들의 풍속이 즐겁고 편안해지게 하고자 도솔가를 지었다고 한다.

신라는 전근대 사회로 농사 잘 짓고 정치를 잘해서 구체적으로 세금 덜 걷고 전쟁을 하지 않으면 되는 세상이다. 그런데 그런 얘기는 별로 없고 노래를 가르쳤다고 하면, 좀 그렇다. 즐거워서 노래하는 것인지 '노동요'처럼 노동하는 고통을 잊게 하려고 가르친 것인지 잘 모르겠다. 여하튼 도솔가라는 노래나 그 형식을 만들고 가르친 것은 나쁘지 않을 듯하다.

차사(嗟辭)는 슬픔을 표현하는 말로 '아으'와 같다고 한다. 사뇌격(詞腦格)이란 곧 사뇌가의 격식을 갖추었다는 뜻이다. 사뇌가의 끝장은 반드시 차사로 시작됨이 그 특이한 격식이다. 차사와 사뇌격을 붙여 '차사사뇌격'으로 보는 견해도 있다. 좀 어려운데, 짝을 잃은 늑대가 밤에 우는 소리처럼 그냥 '아으'라고 보면 좀 너무 심할까? '아으'라는 감탄사의 의미가 다양해서 의미는 잘 모르겠지만, 슬픔이라고 굳이 강조하니 그렇게 해석해 봤을 따름이다.

사뇌가라고도 불린 향가는 신라 시대부터 고려 전기까지 창작되었다. 중국 시가에 대한 우리나라 고유의 시가를 지칭하기도 하며, 신라 가요·신라 시가라고도 부른다. 도솔가는 오늘날의 농악이나 쾌지나칭칭·강강술래에서 볼 수 있는 회악(會樂)·원무가(圓舞歌)·윤무가(輪舞歌)의 성격을 가진 것과, 불교의 도솔(tusita; 욕계 6천)과 관련된 월명사(月明師)의 「도솔가」로 나누어진다. 전자를 도율가 또는 두율가라 부르고 후자를 도솔가라 구분하여 부르기도 한다고 학계는 정리하고 있다.

이러한 도솔가의 의미와 개념으로 도솔가는 향가 중에서 도율가로 일컬어지는 유리왕 대의 「도솔가」와 월명사의 「도솔가」에만 쓰이는 명칭이다. 결국, 전자는 춤곡이 아닌가? 회소곡도 그와 비슷한 것인가?

노례왕 때 비로소 보습(犁耜)과 얼음 창고(藏氷庫)를 만들고, 수레를 만들었다. 보습이란 따비나 쟁기, 극젱이 등의 술 바닥에 맞추는 삽(鍤) 모양의 연장으로 이선(犁先)이라고도 한다. 땅을 갈아서 흙덩이를 일으키는 데 사용한다. 한자에서 보이듯이, 보습은 두 사람 이상이 소를 이용해서 끄는 것이고, 청동기는 농기구로써 사용이 힘들었으므로 철제 보습을 사용하기 시작했다고 보는 것이 타당하다.

한편, 『삼국사기』 「신라본기」에는 "지증왕 3년(502) 봄에 고을 수령에게 명해 농사를 장려했고 소 쟁기를 쓰기 시작하였다는 기록이 있다. 따라서 노례왕 때는 아직 소를 이용하지는 못했던 것 같다. 다만, 농업에서 철제 보습을 이용한 공동 협업이 가능해졌다는 의미로서 생각하면 좋을 듯하다. 노례왕이 직접 한 것은 아닌 듯하고, 중국 아니면 고구려나 백제로부터 수입한 것은 아닐까? 특별히 나라를 밝히지 않았으니 사실 관계는 잘 모르겠다.

장빙고란 신라 시대에 얼음을 저장하는 창고로 경주에는 석빙고가 있다. 경상북도 경주시 인왕동에 있는 석빙고는 조선 시대의 것이다. 보물 제66호로 출입구는 높이 1.78m, 너비 2.01m의 넓이로 만들고 계단을 설치하여 밑으로 내려가게 했다. 얼음을 보관하는 이론이야 비슷했겠지만, 조선 시대와 신라 시대의 과학기술은 달랐으므로 비록 같은 곳에 있었다고 해도 서로 달랐을 듯싶다.

505년(지증왕 6) 11월에 왕명으로 얼음을 저장해 쓰게 한 것으로 보아 6세기경에 설치되었고 노례왕 때의 기사는 사실로 받아들이지 않는 분위기가 있다. 하지만 굳이 그럴 필요가 없다. 겨울철에 강물이 두껍게 얼었을 때 채빙해 땅을 파서 만든 빙고까지 운반하고 여기에 목재 · 볏짚 · 솔가지 등을 넣어 만드는 것은 비록 조선 시대보다는 엉성하다고 해도 그때도 가능했을 것으로 보인다.

수레는 바퀴를 사용한 운반수단이다. 바퀴가 하나짜리도 있고 둘 또는 네 개짜리 이상도 있을 것이다. 우리나라에서 수레를 사용한 시초에 대한 기록은 노례왕 때 기록이 유일하다. 고고학적으로는 신라나 가야 시대의 옛 무덤에서 수레 모양의 토기가 출토되었다. 그 형태가 매우 정교한 것을 보아 아주 일찍부터 이용하였으리라 추측된다. 따라서 노례왕대 기록이 정확할 가능성도 충분하다.

사람들이 그냥 들고 가는 것과 수레를 이용해서 옮기는 것은 정말 대단한 차이가 있다. 보습, 빙고, 수레와 같은 물건은 백성을 위한 대단한 발명임이 틀림없다. 여하튼 사실대로라면 노례왕은 농업생산, 식생활 먹거리, 운송에 신기원을 만든 조선 시대 '세종대왕'과 같은 임금이 된다.

건호(建虎) 18년 서기 42년에 이서국(伊西國)을 정벌해 멸망시켰다. 이 해에 고구려 군사가 와서 침범하였다.

건호는 고려 2대 임금인 혜종(惠宗)의 이름인 무(武)를 피휘하기 위하여 무와 비슷한 의미를 가진 호(虎)로 대신 쓴 것이다. 피휘란 문장에 선왕(先王)의 이름자나 중국의 연호자, 성인(聖人)이나 선조들의 이름자가 나타나는 경우 공경과 삼가는 뜻을 표시하기 위해 획의 일부를 생략하거나 뜻이 통하는 다른 글자로 대치하는 것을 말한다.

왕의 이름자를 사용할 수 없도록 한 조치를 국휘(國諱)라고도 한다. 간혹 태자의 이름자가 피휘 대상이 되기도 하였다. 피휘법에는 휘자를 쓰되 사람이 읽지 말라는 표식으로 글자의 획 일부를 생략하는 것을 피휘결획(避諱欠劃) 혹은 피휘궐획(避諱闕劃)이라 한다. 뜻이 통하는 다른 글자로 대치하는 것을 피휘대자(避諱代字) 혹은 피휘개자(避諱改字)라 한다. 또한 휘자를 쓰지 않고 비워둬 주(註)를 달아 경피(敬避)라고 표기하는 피휘공자법(避諱空字法)도 있다. 위의 건호는 피휘대자가 된다.

우리나라에서 피휘법은 고려 때 유행하였다. 1198년(신종 1)에 왕의 이름인 탁(晫)과 같은 발음을 가진 탁(卓)씨 성을 가진 자는 외가(外家)의 성(姓)을 따르도록 하고, 만약 내외가(內外家)의 성이 같은 경우에는 내외 조모(內外祖母)의 성 중에서 하나를 따르도록 명령하는 등의 해프닝까지 있었다.

사료비판에서 피휘법은 고려본임을 입증하는 결정적 요소가 되기도 한다. 조선왕조에는 피휘법을 채택하지 않았으므로 고려와 조선의 두 왕조에 걸쳐 여러 차례 간행된 문헌을 고증할 때 간행 시기의 가늠에 큰 도움이 된다. 다만 조선왕조 대 고려본을 번각(飜刻) 또는 복각(覆刻)한 경우에는 피휘도 바탕책과 같게 나타나므로 주의할 필요가 있다. 아울러, 고려의 유습에 따랐거나, 고려 시대 대본을 아무 생각 없이 옮긴 조선 초기의 책도 있을 수 있기에 그리 쉽게 판별되지 않는다.

이 조목에서 노례왕이 이서국(伊西國)을 정벌해 멸망시켰고 이 해에 고구려 군사가 와서 침범하였다는 내용이 나온다. 앞선 '이서국' 조에서는 노례왕 14년에 이서국인이 와서 금성을 쳤다고 한 기록만 있다. 그런데 또, 뒤에 나오는 '미추왕죽엽군' 조에서는 제14대 유리왕(儒理王) 대에 이서국인이 와서 금성을 쳤다고 하였다. 뭐가 뭔지 모르는 상태에서 일연 스님이 그냥 분류해 놓고 있던 것이 그냥 제자들에 의해서 채록된 것 같다. 그러지 않고서야 이런 일이 쉽게 일어나지는 않았을 것이다.

이서국이 멸망한 다음에 고구려 군사가 온 것이라면 고구려 군사의 침범이 신라가 이서국을 쳤기 때문이라고 추론할 수도 있다. 이서국은 지금의 경상북도 청도군 이서면과 화양읍 일대에 있었던 것으로 비정한다. 다른 군장 또는 성읍 국가와 마찬가지로 이서국에 대해서도 문헌에는 별로 보이지 않고 있다. 『동국여지승람』 권26 '청도군 건치연혁(建置沿革)' 조에 의하면, 이서국은 신라 제3대왕인 유리왕 때 멸망하고 그 뒤 솔이산(率伊山)·경산(驚山)·오도산(烏刀山)에 있는 세 성과 합쳐 대성군(大城郡)이 되었다.

당시 고구려 영향이 컸다고 해도 경북 청도는 신라의 영역 아닌가? 운문사가 있는 청도는 경주에서 정말 가까운 거리다. 따라서 고구려의 침범과는 직접 연결되는 것은 아닐 듯하다. 그리고 이서국이 멸망했다는 것도 자연스럽지 못하다.

그러나 그렇게 쉽게 단정할 수도 없는 것이 고구려가 내려온 것을 보면 그렇지도 않다. 누구는 당시 신라가 계속 이동 중이었다고 하는데 그렇다면 더는 할 말이 없다. 경주에 정착한 이들이 이동 중인 선조들의 역사를 경주 중심으로 재편하였다고 하는데 잘 모르겠다. 사실성을 보면 중국 요하로부터 서서히 이동했을 것이 당연한데 그 시기가 모호하기 때문이다. 그냥 이동했다고 하면 되는 걸 그걸 재편한 것도 이해가 안 된다.

결론이 뭐냐고 하면 사실 결론을 지을 수 없다는 것이 결론이다. 이런저런 의견이 있고 앞으로 가능성은 적지만 새로운 사료가 발굴되면 제일 좋겠다. 그게 안 되더라도 고고학적 유적 조사를 통해서 유물이 나오면 신라와 이서국 그리고 고구려의 관계 등이 조금 더 밝혀질 것 같다. 그러기에 변명 같지만, 후일을 기약할 수밖에 없다

이서국은 멸망 후 신라의 서남방 진출의 중요한 통로로 이용되었다. 신라 통일 후에는 밀양 방면과 연결하는 중요한 교통로였다. 특히 이서국 지역에 있는 오리산은 신라 초기 시조 사당에 올리는 제사보다 더욱 중요시하였던 대사(大祀) 가운데 하나였다.

『삼국사기』 권 제32 「잡지」 1 '제사' 조에는 "삼산오악(三山五岳) 이하 명산대천을 나누어 대사(大祀)·중사(中祀)·소사(小祀)로 하며 삼산 1은 내력(奈歷) 습비부(習比部), 2는 골화(骨火) 절야화부(切也火部), 3은 혈례(穴礼) 대성군(大城郡)이다"라고 기록되어 있다. 이서국이 경덕왕대 대성군으로 바뀌었고 그곳에 있는 혈례산이 오리산에 해당된다. 도읍지인 경주의 밀교 성지인 낭산(狼山)과 더불어 영천, 청도의 삼산은 대사인 삼사에 해당한다.

『삼국유사』 '김유신' 조에 전하는 바와 같이, 삼산의 여신이 고구려 첩자에 유인되어 가는 김유신을 구하는 등 사로국 당시부터 신라 호국의 성스러운 장소로 여겼던 곳이다. 그런 까닭에 수많은 소국 가운데 이서국이 『삼국유사』와 『삼국사기』에 자주 등장하는가 보다.

그렇게 중요한 제사 지역이고 영험한 지역이기에 고구려도 관심이 있었던 것은 아닐까? 이서국이 멸망하자 그래서 고구려도 남하하여 침범한 것이고 김유신이 고구려에 갈 때도 이곳의 신이 나서

서 말린 것은 아닐까? 설화집은 모든 중요한 뜻이 자세히 설명되지 않고 은유와 상징으로 내포하고 함의하는 경우가 많다. 일부러 어렵게 숨기고 표현한 것이라기보다는 당시는 누구나 알기에 그렇게 설명해 놔도 아는 사실이었던 것이다.

제4대 탈해왕

탈해왕은 탈해치질금 또는 토해니사금(吐解尼師今)이라고도 한다. 이름은 탈해지만 첫 글자의 받침인 'ㄹ'을 발음하지 않아 '타래' 또는 '타해' 등으로 읽히거나 불려서 사료에 '토해'로 정착된 것 같다. 그래서 탈해를 '타해'나 '토해'라고 했는가 보다. 이사금 역시 잇금인데 임금의 이도 치아이니 치질금이 된 듯하다. 대충 그렇게 정착된 것이지 특별한 이유가 있어서 그런 것은 아닐 것이다.

남해왕(南解王) 때 가락국의 바다에 어떤 배가 와서 닿았다.

『고본』이라는 책이 있다. 『삼국유사』의 고본은 아니다. 『삼국유사』의 고본이라면 일연의 책이 따로 있었고 이것의 오류를 다른 이들이 고쳤다고 하는데 이게 쉬운 일은 아니기 때문이다. 그래서 모두들 고본은 다른 역사책이라고 한다. 하지만 『고본』이라는 책이 있었을까? 과거의 책은 쓰면 다 발행되는 것이 아니다. 요즘도 출판하지 못한 책이 적지 않다. 아니 더 많을 것이다.

유명 작가 역시 유고본이라고 해서 돌아가고 나서 나오는 책도 있다. 문제는 완성도다. 원고가 작가에 의해서 검토가 제대로 끝나지 않았다면 많은 오류가 있다. 이걸 유고본을 정리하는 가족이나 제자들이 고칠 수 있다. 하지만 그냥 고칠 수는 없다. 책은 깨끗하게 출판되는 게 좋은 듯하나 유고본이라는 것 자체가 제자들이 스승의 뜻을 높이기 위해서 내는 책이다. 함부로 고칠 수 없다.

그것은 '춘추필법'이라고 해서 사서오경 가운데 『춘추』의 정신으로 공자님이 강조한 뜻이기도 하다. 그러니 제자들이 스승이 잠시 적어 놓고 나중에 수정할 것을 대신 고치고 나서 그 이유를 각주에 적었다. 이것은 '원본'을 쓴 저자의 뜻을 존중하는 이유에서일 것이다. 따라서 『고본』은 그 제목이 없는 한 『삼국유사』의 고본일 수도 있다. 이런 가능성을 배제하고 보는 것 자체가 오류가 될 수 있다.

각주에 "『고본』에 임인년(壬寅年) 즉 서기 42년에 도착하였다"라는 것은 오류이다. 가깝게 42년이라고 하면, 노례왕의 즉위 이후 19년째이므로 이미 노례왕이 즉위한 후이다. 굳이 왕위를 놓고 다투는 일이 없게 된다. 『삼국유사』 기이 제3 '노례왕' 조에는 제2대 왕인 남해왕이 죽었을 때, 차기 왕위를 둘러싸고 탈해와 노례가 서로 양보하다가 노례가 즉위한 사실을 상세하게 서술하고 있다. 또한, 멀게 60년 전인 기원전 19년이라면 혁거세의 재위 시기가 된다. 이 해는 혁거세 즉위 39년이므로 아무래도 임인년은 아닌 듯하다는 등의 각주를 단 사람들의 뜻일 것이다.

가락국의 수로왕이 신하 및 백성들과 더불어 북을 치고 환호하며 맞이해 장차 가락국에 머무르게 하려 했다.

그런데 이런 내용은 뒤에 나오는 『삼국유사』 기이 2의 '가락국기' 조와 다르다. 달라도 아주 다르다. 『가락국기』에는 수로왕과 탈해왕이 왕권을 두고 술법으로 서로 겨루다가 결국 탈해가 패하여 계림으로 도망쳤다는 내용이 서술되어 있다. 또한, 『삼국사기』 신라본기 탈해이사금조에는 '처음에 탈해의 궤짝이 금관국 해변에 닿았으나 금관국 사람들이 그것을 괴이하게 여겨 취하지 않았다'라고 하였다.

『삼국유사』 '탈해왕' 조가 『삼국사기』 신라본기 '탈해이사금' 조와 그 내용이 다를 수 있는 것은 어쩌면 당연한 일이다. 저자가 다르기 때문이다. 하지만 같은 『삼국유사』 내에서 「탈해왕」 조와 『가락국기』가 다른 것은 참으로 이상하다. 같은 저자라면 자기 책에 전혀 다른 두 가지 이야기를 하면서 대조는 물론이고 언급조차 하지 않을 수 있을까? 그래서 예전부터 『가락국기』는 『삼국유사』의 하나의 편목이나 조목이 아니라 별개의 기사가 수록된 것이라는 설이 있다. 『삼국사기』 '탈해왕' 조 역시 『가락국기』와 비슷한 입장에서 기술한 것으로 보면 문제는 쉽게 해결된다.

그런데도 『삼국유사』에 왜 서로 다른 성격의 기사를 채록하면서 아무런 연관 관계를 밝히지 않은 걸까? '탈해왕' 조를 작성한 사람과 『가락국기』를 채록한 사람이 다르고 그 시기도 다르다고 가정하면 어떨까? 『삼국유사』는 우리 불교계와 역사계에 있어서 보석과 같은 책임이 틀림없다. 하지만 그렇다고 역사책은 아니다. 엄밀히 말하자면 역사 인식을 가진 불교 설화집이라고 봐야 한다. 기이편은 개설편으로 우리 역사를 신화 중심으로 설명해 둔 것이고, 연표인 『왕력』과 가야에 대한 역사를 담은 짧은 단행본인 『가락국기』 등은 후대에 한데 묶인 것이 아닐까?

배가 급히 나는 듯이 달려 계림의 동쪽 하서지촌 아진포에 이르렀다. 고려 시대에도 여전히 상서지와 하서지촌 명이 있다고 하니 사료의 정확성이 높아진다. 『삼국유사』「기이」'시조혁거세마립간' 조에서는 금산 가리촌(한기부)에 속하는 동쪽 마을 중 하나로 나온다. 현재의 경북 경주시 양남면 하서리 일대로 비정하거나 경북 경주시 감포(甘浦)의 옛 지명으로 보는 견해가 있다. 어디든 그리 멀지 않다. 하지만 노구의 이름에 '아진'이 등장하니 어딘지 분명하면 고고학적인 발굴 성과 등을 기다려서 사회경제적인 양상을 추찰해 볼 수 있을 것 같다.

당시 포구 해변에서 한 할멈이 있었으니 이름은 아진의선(阿珍義先)이라 하였는데, 이가 바로 혁거세왕 때의 고기잡이였던 해척(海尺)의 어머니였다.

한국고대사 사료에 등장하는, '늙은 할머니'란 뜻을 가진 '노구(老嫗)'는 단순한 사람으로서의 할머니가 아니다. '해척'이란 고기잡이하던 신량역천(身良役賤, 양인의 신분으로 천인의 일을 하는)의 사람을 말한다. 하지만 '해척마을' 등의 예를 찾아보면, 옛날에는 갯마을이라는 뜻에서 '갯마'라고 불렀던 곳으로, 인접한 마을 가운데 지형이

제일 높은 지대를 말한다. 이곳에 올라서면 부근 전역을 헤아려 가늠할 수 있다고 해서 '바다 해(海)' 자와 '자 척(尺)' 자를 합쳐 해척(海尺)이라고 불렀다. 갯가 마을에서 주민들이 어업에 종사하는 사람이 많았고, 부근보다 지대가 높아서 해척이라 부른 것 같다. 그런 의미에서 보면, 고기잡이인 해척의 어머니가 아니라 고기잡이들의 마을인 해척의 어머니와 같은 존재로 해석하는 것은 어떨까?

노구는 고대사회에서 보호령(保護靈)으로서 신모(神母)적 성격을 지니고 있으며, 무(巫)적 능력을 갖추고 있었다. 이후 노구의 여성성은 남성성으로 변화하여 노옹 또는 노인으로 바뀌어 사료에 등장하기도 한다. 하지만 신라 초기에 노구는 지역에서 혁거세의 부인인 알영과 같은 역할을 한 이가 아닐까 싶다.

아진의선이 배를 바라보며 뭔지 몰라서 "본시 이 바다 가운데에 바위가 없는데 어찌해서 까치들이 모여서 울고 있는가?"라고 말했다. 까치들이 모여든 배를 끌어당겨 살펴보니 배 안에 상자 하나가 있었다. 길이는 20자이고 넓이는 13자였다. 그 배를 끌어다가 나무숲 밑에 매어두고 상자를 열어보기 전에 이것이 흉한 일인지 길한 일인지를 몰라 하늘을 향해 고하였다. 당시 물건을 습득한 후 신중하게 하늘에게 묻고 확인했던 풍속이 있었다. 잠시 후 궤를 열어보니 단정히 생긴 사내아이가 있고, 또 일곱 가지 보물과 노비가 그 속에 가득하였다. 그래서 그들을 이레 동안 잘 대접하였다.

이에 사내아이가 말했다.

"나는 본시 왜의 동북 일천 리 바깥에 있는 정명국(正明國) 혹은 완하국(琓夏國) 또는 화하국(花廈國)이라고도 하는 용성국 사람이다."

『삼국사기』「신라본기」'탈해이사금(脫解尼師今)' 조에서는 '정명국'을 '다파나국(多婆那國)'이라고 하여 그 내용이 사뭇 다르다. 전승 즉, 출전이 그만큼 많은 것을 의미한다. '완하'가 '와나'로 읽히거나, '다파나'와 크게 다르지 않아 다른 곳이 아닌 음을 잘못 구전했을 수도 있다.

"우리나라에 일찍이 이십팔 용왕이 있는데, 모두 다 사람의 태(胎)에서 태어나 5~6세 때부터 왕위에 올라 만민을 가르치고 정성을 닦았다. 그리고 팔품(八品)의 성골(姓骨)이 있지만 가리지 않고 모두 왕위에 올랐다. 이때 우리 부왕 함달파(含達婆)가 적녀국(積女國)의 왕녀를 맞이하여 왕비로 삼았다."

'적녀국'은 '탈해이사금' 조에서 '여국(女國)'으로 기록하고 있다. 이 나라의 위치에 대해서는 『삼국지(三國志)』「위서 동이전」'동옥저' 조에서 동해 가운데 위치한 여인국을 가리킨다고도 하나 확실하지 않다. 다만 여국이라고 했으니 여자들과 관련된 모계 또는 모권 사회가 주축이 되는 사회구성체였을 가능성이 크다. 여인왕국이라고 보면 좋을까? 노구도 그렇고 여국도 그렇고 삼국시대 초기에는 여자라는 존재가 조선 시대 가부장제하의 그 억압받던 여성과는 달랐던 것 같다.

탈해왕 고향인 정명국(正明國)과 용성국((龍城國)의 이름도 흥미롭다. '정명'이란 '바르고 밝다'라는 뜻으로 정대(正大)하고 공명(公明)

하다는 뜻이다. 한시 가운데 '中天日正明'이라고 해서 '한낮의 해는 가장 밝다'라는 뜻으로 사용한다. 수행의 목적이 맑음과 밝음이라 한다면 맑은 날에 보이는 한낮의 해를 상징하므로 이름부터 무척 '불교'적이라고 할 수 있다.

'용성' 역시 그렇다. '용신(龍神)들이 모이는 곳'이라는 의미가 있다. 용성의 용은 토속신앙의 대표적인 신이었지만, 불교에서는 호법룡·호국룡으로 바뀌어 불법과 불국토를 수호하는 존재이다. 자신이 태어난 나라는 28명의 용왕이 사는 곳으로 아버지 역시 용왕이라고 밝힌 탈해는 불교와도 무관하지 않다. 여하튼 용왕의 아들인 탈해는 다른 나라로 왕을 하러 온 것이다.

용왕의 자녀들을 팔품의 성골로 나누지만 모두 가리지 않고 왕이 된다는 것은 좀 의아스럽다. 여기서 성골(姓骨)이 신라 성골(聖骨)의 오자라면 문제가 되지 않는다. 하지만 그렇지 않은 듯하니, 28명의 용왕은 결국 8개의 성으로 나뉜 것이 아닌가 싶다. 신라 초기에도 8성이 존재했던 것과 비슷한 이야기가 되는가?

참고로, 사료에 나타난 '신라 6부'에는 양부에 이(李), 사량부에 최(崔), 본피부에 정(鄭), 점량부에 손(孫), 한기부에 배(裵), 습비부에 설(薛)의 성(姓)을 주었다고 한다. 6부가 형성된 시기에 대해 『삼국사기』는 32년(유리왕 9)이라고 기록되어 있다. 그러나 성씨가 처음으로 쓰이기 시작한 시기는 아무리 빨라도 신라 중고기 이전으로 올라가기 어려워 『삼국사기』 기록은 후대에 윤색된 것으로 보는 것이 맞다. 여기에 석 씨가 등장하기 전에 김 씨와 박 씨가 있어서 신라 초기부터 8성이 있었던 것은 아닐까? 여기에 용족인 석탈해라는 굴러 들어온 돌이 다른 박힌 돌을 빼내려고 한 것은 아닐까.

성이라는 것 자체가 실제로 아버지보다는 어머니만을 확실하게 알 수 있는 것이므로 모계사회의 풍속을 가진 적녀국 등의 모습과 여왕이 왕위를 계승한 신라 사회를 고려해 보면 결국 8개의 모계족이 존재한 것으로 이해할 수 있다. 아울러 진위 논쟁이 끝나지 않은 『화랑세기』 필사본의 '진골정통'이나 '대원신통' 역시 모계 사회의 출자(出自)를 밝히는 것으로 보인다.

"대왕 부부가 오래도록 아들이 없어 자식 구하기를 기도한 지 7년 만에 커다란 알 한 개를 낳았다. 이에 대왕이 군신들을 불러 모아 말하기를 '사람이 알을 낳는 것은 예로부터 지금까지 없었던 일이니 이것은 좋은 일이 아닐 것이다.'하고 궤를 만들어 나를 넣고 더불어 일곱 가지 보물과 노비들을 함께 배 안에 실었다. 그후, 바다에 띄워놓고 축언하여 이르기를, '인연이 있는 곳에 닿는 대로 나라를 세우고 집을 이루라', 했다. 그러자 붉은 용이 나타나 배를 호위하고 여기까지 오게 된 것이다." 하였다.

사람이 알을 낳는 것이 지금까지 없었다고 하는데 용왕이 사람인지는 모르겠지만, 사람이라는 자각을 하고 있고 알을 낳은 왕녀가 사람인 것을 상정한 듯하다. 따라서 용을 거느린 능력을 가진 사람의 왕이라는 뜻인가 보다. 붉은 용들이 궤를 수호한 것을 보면 그렇게 이해하는 것이 좋다. 아니면 붉은 용족의 사람들이 수호한 것이라고 보면 되는지 등등 신화를 다양하게 해석할 수 있다.

왕위에 오르는데 5~6년 걸리고 결혼 후 7년이나 아이가 없었다는 것이 애초부터 커다란 문제다. 가부장제라면 여자는 칠거지악을 저지른 것이 되는데, 모계사회의 풍속이 있었던 것인지 아니면 모두 생략해서 그런 것인지 딱히 다른 파문을 일으킨 것 같지는 않다.

이처럼 탈해의 출신지나 이동 경로에 대해 여러 논의가 있다. 대체로 북아시아의 기마민족 계통으로 보는 북방설, 해양세력으로 중국이나 일본 열도를 거쳐 왔다고 보는 남방설, 낙랑계(樂浪系) 유이민으로 보는 낙랑설(樂浪說)이 있고, 이밖에 목지국설(目支國說), 고조선설(古朝鮮說), 사로국(斯盧國) 본토설 등도 있다. 하지만 다 추측일 뿐이다. 사료에 정착된 내용이 만약 사실이라면 용으로 대변되는 해양세력으로 일본을 거쳐 왔다는 그들의 주장만이 어느 정도 진실성을 함유한 것일 뿐이다.

말을 끝내자 그 아이(탈해)는 지팡이를 끌며 두 종을 데리고 토함산 위에 올라가 돌집을 지어 이레 동안 머물렀다.

불교에서는 삼존불이라는 말이 자주 나온다. 석가여래 옆에 문수보살과 보현보살이 있는 석가삼존이 그 대표적인 예라 하겠다. 협시, 즉 양옆에서 보좌하며 시중을 드는 부하가 둘이 있다. 불교전설이 아니라도 신화나 설화에 나오는 부하는 보통 2명이다. 서로 어떤 영향을 준 것이라 보기는 어려울 듯하다. 도교의 신들도 대부분 2명의 하위 신이나 제자 또는 자녀가 좌우에서 가까이 모시니 2명보다는 주인공을 포함한 '3'이라는 숫자에 의미가 더 클 듯하다. 우리에게 잘 알려진 『삼국지연의』의 '3'도 그와 같이 안정적인 숫자가 아닐 수 없다.

토함산에 지은 돌집〔石塚〕을 '무덤형의 돌무지'로 보고, 탈해가 이 안에 머물렀다는 사실을 죽음과 재생을 표상하는 입사식(入社式)으로 이해한 학자도 있다. 또한, 웅녀가 굴에 들어가 일광금기(日光禁忌) 등을 한 것도 같은 맥락이라고 한다. 하지만 이와 달리 피신해서 와신상담한 것이라면 어떨까? 뜻대로 이루지 못해서 7년 만에 태어난 탈해가 일주일, 즉 7일이라는 상징성을 가진 기간 절치부심으로 모종의 준비를 한 것이다. 그 결과는 다음 문장에 이어진다.

성안에 살 만한 곳을 살펴보니 마치 초승달(三日月) 모양으로 된 봉우리가 하나 보이는데 지세가 오래 머물 만한 땅이었다. 이내 내려와 그곳을 찾으니 바로 호공(瓠公)의 집이었다. 이에 지략을 써서 몰래 숫돌과 숯을 그 집 곁에 묻어놓고 다음날 새벽 아침에 문 앞에 가서 "이 집은 조상 때부터 우리 집입니다."라고 말했다. 호공이 "그렇지 않다." 하여 서로 다투었으나 시비를 가리지 못하였다.

이에 관가에 고하자 관가에서 묻기를 "그 집이 너의 집임을 무엇으로 증명하겠느냐?" 하자 탈해가 "우리는 본래 대장장이였는데 얼마 전 이웃 고을에 간 사이에 우리 집을 다른 사람이 빼앗아 살고 있으니 청컨대 땅을 파서 조사하게 해 주십시오." 하였다. 탈해의 말대로 따르니 과연 숫돌과 숯이 나왔으므로 이에 그 집을 취하여 살게 하였다.

비록 신화 가운데 등장하지만, 호공은 『삼국사기』「신라본기」에도 나오는 역사적인 인물이다. 본래 왜인으로 신라에 건너온 사람이라고 한다. 그렇다면 탈해와 출신이 같은 곳이 아닌가 싶다. 물론 당시의 왜는 지금 일본이 아니라 일본을 지배하게 될 우리 민족 가운데 하나로 보면 이해가 쉽다. 여하튼 호공은 신라 시조 박혁거세 38년(기원전 20) 마한에 사신으로 파견되었으며 탈해왕 2년(58)에는 대보(大輔)가 된 사람이다.

또한, 『삼국유사』에서는 탈해왕 4년(60)에 시림에서 알지의 탄강을 처음으로 발견하고 왕에게 아뢴 사람으로 등장한다. 결국, 호공은 탈해왕이 신라에 오기 전에 이미 신라에 자리를 잡은 동향 사람이 된다. 어쩌면 '탈해왕'의 오른팔로 지금의 '국정원장' 정도 되는 사람이 아닌가 싶다.

결국, 그런 의미에서 보면, 초기 정착에 실패해서 토함산으로 피신한 탈해가 7일 동안 계략을 낸 것이 바로 동향 출신으로 정착에 성공한 호공 세력과의 연합을 꾀한 것으로 볼 수 있다. 신라인들의 눈으로 볼 때는 '야합'이기도 하다. 그런 야합을 들키지 않고 정상적으로 권력과 재산을 넘겨주기 위해 벌인 일이 '숯 묻기'가 아닌가 한다. 주위의 눈을 피하려고 벌인 해프닝으로 사실은 '눈 가리고 아웅 하기'와 진배없다. 하지만 신라인들을 속였다. 아니 어쩌면 인정을 받아 신라 지배세력들이 모르고 속은 것이 아니라 알고도 속아준 것이 아닌가 싶다.

그 이유는 '대장장이'라고 하는 점에 있다. 철기 문명, 즉 철로 만든 다양한 무기와 도구 등을 탈해가 가져왔으며 그 일부를 뇌물로 신라의 왕족과 귀족들에게 선물한 것은 아닐까? 그렇게 서서히 신라인들의 환심을 얻은 탈해의 목적은 결국 신라의 '왕위'였다.

동향 출신인 호공에게 집을 받게 된 탈해의 이야기는 경주 바닥을 술렁이게 했다. 그 내막을 알게 된 당시의 왕인 남해왕은 그 어린이, 즉 탈해가 지혜로운 사람임을 알게 되었다. 남해왕에게 한마디씩 할 수 있는 귀족들이 '선물' 받은 것을 숨겼을 수도 있다. 하지만 아무 혈연관계가 없는 귀족들이 한마디 하는데 왕이 탈해가 '포항제철' 같은 철을 만드는 대장간을 가진 꽤 부자라는 사실을 짐작하지 못했을 리는 없을 듯하다.

남해왕 자신도 선물을 받는데 그치지 않고 아예 통째로 차지하고 싶었을 것이다. 나아가 정치가라면 이미 경주에 정착한 탈해의 세력이 잠재적인 위협이 될 수 있음을 알 수도 있다. 이들을 포섭하는 방법은 참으로 고대적이다. 고대 신라로부터 조선에 이르기까지, 아니 아직도 왕위계승 등 재산상속에 대척점에 있는 이들과 사돈을 맺거나 사위로 삼는 결혼정책이 유효했다.

남해왕은 맏공주를 그에게 시집 보낸다. 이가 바로 아니부인(阿尼夫人)이다. 『삼국사기』 권1 「신라본기」 '탈해니사금' 조에는 아효부인(阿孝夫人)으로, 『삼국유사』 권1 왕력에는 아노부인(阿老夫人)으로 되어 있다. 아효부인이라고 해도 '아' 모음 뒤에 'ㅎ'가 묵음화 되어 아요부인이라고 불리게 되고, 그것이 아뇨 → 아노 → 아니 부인 등으로 읽혔을 것이다. 따라서 한자는 다르지만 세 이름은 같은 사람의 이름을 표기할 때 달라진 것으로 이해하면 쉽다.

사위가 되어 왕위계승권의 티켓을 한 장 얻은 탈해는 왕위계승전에 나선다. 요즘 말로 대선에 나가는데 조직을 정비해야 했을 것이다. 같이 데리고 있는 수하들도 단속해야 하고 뭔가 왕이 될 만한 위신력을 보일 필요가 있었을 것이다. 그래서 한 가지 이벤트를 준비한다. 실제로 그의 능력인지 미리 정해놓고 하는 게임인지는 확인이 안 된다. 여하튼 탈해에게는 똑같은 결과를 가져올 만한 이벤트이다. 그것이 바로 다음과 같은 설화로 정착된 것이리라.

하루는 탈해가 지금의 토함산인 동악(東岳)에 올랐다. 다시 집으로 돌아오는 길에 목이 말라서 백의(白衣)를 시켜 물을 떠 오게 하였다. 여기서 백의는 불교에서 재가 신도를 이르는 말이다. 불교 발생 초기 인도 수행승들은 색깔 있는 옷을 입었고, 세인들은 흰 옷을 입었기 때문이다. 이러한 관습 탓에 흰옷은 세속의 사람을 가리키는 말로 쓰이게 되었다. 따라서 본문에서 백의라는 것은 일반 백성 혹은 평민 정도로 이해할 수 있다는 견해도 있다.

하지만 불교적인 설화에나 나올 법한 붉은 용이 수호하는 배를 타고 인연 있는 곳으로 보내진 사람이 탈해왕이다. 또한, 인도 출신의 수로왕이 집권하는 가야를 들렀다 왔다. 다분히 남방불교적인 영향을 받았을 것으로 보이는 탈해왕이 사실은 제사장적인 권위를 가진 승려가 아니었을까? 백의는 그러한 종교적 기능이 없지만, 탈해왕 가까이에서 호종하는, 즉 보호하고 따라다니는 사람이었다고 보면 어떨까? 비록 출신 신분은 평민일지는 몰라도 탈해왕의 수족 가운데 충성도가 떨어진 사람 정도로 설화에서 상정한 듯하다.

백의는 물을 떠 오다가 중도에서 자기가 먼저 마시고 올리려 하였다. 그런데 물그릇 한쪽에 입이 붙어 떨어지지 않았다. 탈해가 이를 보고 그를 꾸짖자 백의가 맹세하며 "이후로는 가까운 곳이든 먼 곳이든 감히 먼저 맛보지 않겠습니다."라고 말하자 이후에야 입에서 물그릇이 떨어졌다. 그 이후 백의는 탈해를 두려워하여 감히 속이지 못했다.

물에 독을 탔을 수도 있었을 것이다. 그래서 먼저 맛을 본 것일 수도 있다. 하지만, 찬물도 위아래가 있다는 단순한 상식을 빌려서 설화는 이와 같은 합리적 의심을 차단한다. 하지만 문제는 그런 의도에 있지 않고 결과에 있다. 왕이 될 탈해보다 먼저 음식을 취한 것은 사실이기 때문이다. 언젠가부터 탈해의 부하 가운데 백의가 어느 정도 권한을 갖게 되자 따르는 수하들도 적지 않았던 것 같다. 탈해가 그런 백의를 다스리기 위한 계략으로 행했던 것은 아니었을까.

지금 동악 속에 우물 하나가 있어 세상 사람들이 요내정(遙乃井)이라 하는데 이것이 바로 그 우물이다. 전설에는 토함산 석굴암 밑의 감로정(甘露井)이라 한다. 탈해왕의 이 사건이 있었던 후, 지금까지 장유유서(長幼有序)의 훈정(訓井)이라는 별칭으로 불리며, 버릇없는 아이들도 이 약수만은 먼저 마시지 않는다 한다. 참으로 유교적인 해석이지만, 이미 일연 시대에 그 같은 설화가 전해진 것은 사실일 것이다.

왕위에 빨리 오르고 싶어 남해왕의 딸과 결혼했지만, 아직 탈해는 힘이 아주 많이 부족했다. 그래서 억울하게 남해왕의 아들인 노례왕(弩礼王)에게 왕위계승 순위에서 밀렸다. 사실, 신라 시대 초기에 왕위계승 순서가 무슨 필요가 있겠는가? 처가가 권력을 가지고 있거나, 동맹세력이 권력과 사병이 많거나, 부하가 많으면 되는 거 아닌가? 분하게도 스마트한 탈해에겐 시간이 부족했나 보다. 지지세력들을 규합하고 있는 가운데 갑자기 남해왕이 세상을 떠난다.

유리이사금 즉, 노례왕의 처가는 힘이 있었다. 비(妃)의 이름을 알 수 없는, 일지갈문왕(日知葛文王)의 딸 박 씨, 허루갈문왕(許婁葛文王)의 딸 또는 사요왕(辭要王)의 딸이라는 세 가지 설이 있다. 어쩌면 세 명 다 처첩이었을 수도 있다. 예나 지금이나 혼인정책은 느슨한 관계를 다지는데 유효하다. 결국, 이런 처가 세력이나 권력 있는 신하 즉, 사료에 나오는 '국인(國人)'의 힘이 중요했을 것이다. 그리고 이런 국인들을 '치아'로 해석했나보다. 지금의 의미와는 다르게 역시 '치아'가 튼튼한 게 유리했을 것이다. 그렇게 유리이사금은 치아 수 경쟁 즉, 선거와 같은 투표에서 이겨 탈해보다 왕위에 먼저 즉위했다.

이때에도 '피는 물보다 진하다'가 있었을 것이다. 하지만 유리이사금이 재위 34년 되던 해에 상황은 바뀌었다. 분하게 왕위를 놓친 탈해왕은 어느덧 그 많은 '잇금'들을 자기 수하로 거느렸다. 탈해와 선거를 해 봤자 아들들이 질게 뻔하다 여긴 노례왕은 탈해(脫解)의 재능이 그의 두 아들보다 뛰어나다며 그에게 왕위를 잇게 하고 죽었다. 분하지만 어쩔 수 없다. 하지만 이런 분함을 먼저 겪은 탈해는 '와신상담(臥薪嘗胆)'했다.

결국, 34년 만에 노례왕과 탈해왕의 '오월동주'(吳越同舟)는 막을 내린다. 하지만 탈해왕의 즉위는 그다지 성공한 쿠데타는 아닌 듯하다. 그의 사후에 유리이사금의 둘째 아들로 태자 일성(逸聖)보다 인물이 뛰어난 파사왕이 즉위하기 때문이다. 엎치락뒤치락하던 박 씨와 석 씨의 전쟁은 그것으로 그렇게 맥없이 끝났다.

노례왕이 세상을 떠나자 후한 광호제(光虎帝) 즉, 광무제 중원(中元) 2년 정사(丁巳) 6월에 탈해가 왕위에 올랐다. 여기서 광호제를 광무제라고 한 것은 앞서 말했듯 고려 2대 임금인 혜종(惠宗)의 이름이 무(武)이기 때문에 이를 피휘하기 위한 것이다. 이렇게 서책에 남은 흔적들을 찾아서 역사적 고증을 하는 것을 사료비판이라고 하는데 요즘은 한문하는 이가 적고, 또 이것까지 알기가 어려운 세상이 되어가는 듯해 참으로 아쉽다.

옛날에 자기 집이라 하여 남의 집을 빼앗은 까닭에 성을 석(昔)씨로 하였다. 혹은 까치 덕분에 상자를 열 수 있었기 때문에 새 조(鳥)를 떼고 성을 석(昔)씨로 삼았다고도 한다. 그리고 궤를 열어서 알을 깨고 태어났기 때문에 이름을 탈해(脫解)라 했다고 한다.

'옛날에'라는 뜻으로 '석' 씨를 사용했다는 것은 우스갯소리에 불과하다. 지금도 정치판에 '왕년에' 잘 나가지 않은 사람은 없다. 국회의원 되기도 힘들지만 한 번 되고 못되면 참으로 폐인이 되는 세상이다. 옛날 정치도 크게 다르지 않다. 그런데 '옛날' 운운하면서 석 씨를 성으로 삼았다는 것은 난센스일 따름이다. 까치 이야기도 그렇다. 지금에 와서 아무리 길조라 하나, 새의 이름을 빌렸다는 것은 왜곡된 이야기다. 누구나 위기를 겪고 큰 인물이 되므로 탈해라는 이름은 충분히 수긍이 가는 것과 대조적이다. 아마도 '석 씨'는 맞지만, 그 의미에 대해서는 파사이사금 이래의 유리이사금 즉, 노례왕 후손들이 역사를 왜곡한 것이 아닌가 한다.

그러고 보면 백의와 관련해서 추정해본 석탈해의 신분은 제사장적인 승려였다. 승려라면 그는 부처님의 제자이므로 석가모니 부처님의 한자식 표현인 '석'(釋) 자를 성으로 쓴 것은 아닐까? 석 씨(釋氏)는 남방불교의 전래, 그리고 철기문화의 전래와 관련하여 생각해 볼 수 있다. 조선 시대의 이야기지만 정도전이나 유학자들은 "석 씨의 도는 부모도 몰라보고, 세상을 등지는 이단"이라고 비판한 이도 있다. 그런 맥락에서 승려 출신인 탈해를 매도하고 비하하기 위해서 '석 씨'의 성을 '아, 옛날이여' 또는 '아침 까치'에 비유한 것이라고 하면 너무 지나친 해석일까?

탈해왕은 남해왕의 사위가 된 후 서기 10년에 국무총리격인 대보의 자리에 올랐다. 하지만 나이와 치아 수가 적다는 이유로 유리이사금의 즉위 때 왕위를 양보해야 했다. 그런 서기 48년 탈해왕은 즉위한 후 집을 빼앗은 호공을 대보로 삼았다. 64년에는 백제군이 와산(蛙山)·구양(狗壤) 두 성을 공격한 이후 4~5회 침략을 받았다.

60년 또는 65년에는 시림(始林)의 흰 닭이 우는 나무에 걸린 금궤(金櫃)에서 김알지(金閼智)가 나왔다. 김알지라는 새로운 세력이나 새롭게 권력을 얻은 집단이 정치무대에 등장한 것이다. 박힌 돌인 박 씨가 아닌, 굴러들어온 돌인 석탈해로서는 예우하지 않을 수가 없었다. 탈해왕은 시림의 이름을 계림(鷄林)이라 고쳐주고 국호로 삼았다. 아무 이유 없이 그런 게 아니다. 나라 이름까지 바꿀 정도로 예우를 받을 만큼, 김알지를 중심으로 한 세력은 석탈해에게 큰 힘이 되어주었을 것이다.

67년에는 박 씨의 인척(姻戚)에게 주 · 군(州郡)을 나누어 다스리게 하고 주주(州主) · 군주(郡主)라 이름하였다. 지방 세력의 분권을 인정한 것이다. 어쩌면 식민지 나눠 먹기로도 볼 수 있다. 77년에는 가야의 군사와 황산진(黃山津)에서 싸웠다. 그로부터 얼마 되지 않아 탈해왕은 재위 23년만인 건초(建初) 4년 기묘(己卯) 즉 서기 80년에 세상을 떠났다. 아무래도 피살된 듯하다. 탈해왕이 재위 기간에 크게 잘한 일은 역사상으로는 보이지 않는다. 하지만 23년을 왕으로 있었으니 그만큼 만만하지는 않았던 왕이다. 후대에 자손들이 왕이 못되어서 역사가 그렇게 고쳐졌을 수도 있다.

소천구(疏川丘) 속에 장사를 지냈는데 그 후 신(神)이 명령하기를 "내 뼈를 조심스럽게 묻어라." 했다. 소천이 어딘지 모르나 누구는 물속 작은 언덕에 매장하는 것으로 이해했나 보다. 그것이 맞는다면 암살 후에 법의학상의 조사가 있을까 두려워 임시로 매장한 것이다. 문무왕처럼 아무런 유언도 없이 물속에 수장시킬 이유가 어디 있겠는가? 그것도 승려였을 가능성이 있는 왕을 화장도 아닌 수장시킨 것이 아무래도 수상하다.

시간이 흘러 귀신 혹은 대력귀를 지나 산신 정도의 '신'이 된 탈해는 "내 뼈를 이장해서 잘 모시라"고 한다. 탈해왕은 앞선 왕인 유리왕을 사릉에 매장해 주었는데 일국의 왕이었던 탈해왕에게 해도 해도 너무한 박정한 박 씨들이다. 하지만 아무리 그래도 역사상에서 탈해를 완전히 지울 수 없는 일이다. 그런 가운데 신이 밤에 와서 말했기 때문인지, 쿠데타를 일으킨 파사왕이나 다른 주모자들이 두려워서 그랬는지 이장(移葬)한다.

이장할 때 물에서 꺼내 보니, 그 두개골의 둘레는 3척 2촌이고 몸뼈의 길이는 9척 7촌이나 되었다. 치아[齒]는 서로 붙어 마치 하나가 된 듯하고, 뼈마디 사이는 모두 이어져 있었다. 이는 소위 천하에 당할 자 없는 역사의 골격이었다. 시쳇말로 가방이나 뒤주 속에 넣어서 수장시켰나 보다. 치아가 거의 붙어 있었다는 것은 독살을 의미한다. 무슨 독을 사용하면 치아가 그렇게 엉겨 붙을 수 있을까? 9척 어쩌고저쩌고하는 것을 보니 탈해왕은 대단한 체격이었나 보다. 이런 이상한 모습을 남들에게 보일 수 없어서 아마도 파사왕계는 증거 인멸을 꾀할 수밖에 없었을 것이다.

그 결과 "이것을 부수어서 소상(塑像)을 만들어 궐 안에 안치하자 신이 다시 말하기를, '내 뼈를 동악에 안치하라.' 하였다. 그런 까닭에 영을 내려 그곳에 모시게 하였다."라는 기사가 나오게 된 것이다. 하지만 이 일은 언제 이뤄졌을까?

탈해왕이 돌아간 이후 제27세 문호왕(文虎王)대인 조로(調露) 2년 경진(庚辰) 3월 15일 신유(辛酉) 밤에 태종무열왕의 꿈에 외모가 매우 위엄있고 용맹한 노인이 나타나 '내가 바로 탈해다.'라고 하며 '소천구에서 내 유골을 파내어 소상을 만들어 토함산에 안치해 달라!' 하니 왕이 그 말을 따랐다. 그런 까닭에 지금까지 국가 제사가 끊이지 않으며 바로 동악신(東岳神)이라 부른다.

태종무열왕이 아닌 아무래도 문무왕 때의 일인듯하다. 아이러니하게도 바다에 수장을 원한 문무왕의 꿈에 동악신이 된 탈해가 나타난다. 그리고 소천구에서 이장해서 토함산에 안치해 달라고 부탁한다. 기록대로라면 공식적으로 탈해가 복권된 것은 무려 500년이나 지난 문무왕때란 말인가? 참으로 대단한 박 씨들의 뒤끝이다. 이런 추정이 만일 사실이라면 앞으로 역사책에서 신라 경주 박씨들과는 절대로 원한을 맺으면 안 된다고 가르쳐야 하지 않을까? 혹시 문무왕이 수중릉에 들어간 것은 동해 유력세력인 석탈해 측에 대한 속죄 또는 반대급부인가?

경주 김 씨 시조 김알지

『삼국유사』「기이(紀異)」권제일에서 신라의 역사가 시작된 것은 '진한'과 '우사절유택(又四節遊宅)' 다음이다. '사절유택' 조가 나중에 앞으로 재배치된 것일 수 있으니, 신라의 전신으로 보이는 진한이 먼저 나오는 것은 그리 이상하지 않다. 하지만 '신라 시조 혁거세왕(新羅 始祖 赫居世王)', '제2대 남해왕〔第二 南解王〕', '제3대 노례왕

〔第三 弩礼王〕', '제4대 탈해왕〔第四 脫解王〕'에 이어서는 '제5대 파사이사금', '제6대 지마이사금', '제7대 일성이사금', '제8대 아달라이사금'이 이어지지 않는다.

오늘 여기서 살펴볼 '김알지 탈해왕'이 이어진다. 김알지는 왕도 아니고 그 역시 탈해왕 때 등장한 인물이다. 굳이 김알지를 끄집어내서 탈해왕을 강조한 이유는 무엇일까?

『삼국유사』 기이 권제일의 다음 순서에는 김 씨들의 이야기인 제13대 '미추왕 죽엽군(未鄒王 竹葉軍)' 조와 '내물왕(奈勿王) 김제상(金堤上)' 조에 앞서 '연오랑 세오녀(延烏郎 細烏女)' 조가 나온다. 이 조목에서 제8대 아달라왕 대의 연오랑과 세오녀가 일본으로 건너간 이야기를 전하고 있다.

또한, 석 씨 계열인 제9대 벌휴이사금, 제10대 내해이사금, 제11대 조분이사금, 제12대 첨해이사금의 기록도 생략되어 있다. 탈해왕 이후에 박 씨 계통의 왕 4명과 석 씨 계통의 왕 4명에 대한 기록 없이 굳이 왕의 이야기도 아닌 '연오랑 세오녀' 조를 끄집어내어 기록한 것은 왜일까? 일본의 왕이 되었다는 그들을 일연스님이 굳이 강조할 필요를 느낀 것은 왜일까? 몽고 난과 왜구의 침입에 고통 받는 고려인들의 아픔을 전하고자 한 '민족주의적'인 처사일까?

8명의 왕을 생략하고 『삼국유사』 기이 권제일에는 미추왕 때 죽엽군 이야기를 전한다. 재미있는 것은 미추이사금의 아버지인 구도(九道)가 파진찬(波珍飡)이 된 사실을 친석 씨계(親昔氏系)의 부상으로 보는 견해가 학계에 제시된 바 있다. 아달라왕 재위 21년부터

31년 사망할 때까지 기록의 공백이 있는 것도 박 씨에서 석 씨로 왕실 세력의 교체와 관련하여 설명하고 있다.

『삼국사기』에도 미추왕의 아버지로 등장하는 구도갈문왕은 8대 아달라이사금(阿達羅尼師今) 때 파진찬(波珍飡)에 등용되었으며 석 씨계인 9대 벌휴이사금(伐休尼師今) 때까지 활약하였다. 특히 벌휴이사금 초기에 소문국(召文國) 정벌이나 백제와의 전투에서 구도의 군사적 활동이 두드러진다. 그러므로 학계에서는 구도의 세력 근거지를 소백산맥 일대 중부지역으로 보고, 구도계는 경주의 석 씨족(昔氏族)과 통혼함으로써 연맹을 맺어 세력을 키워 나갔다고 이해하고 있다. 그리고 그 구도의 선조가 김알지이다.

알지의 아들은 세한(勢漢 또는 熱漢)이며, 그 뒤로 아도(阿都)-수류(首留 또는 水留)-욱보(郁甫 또는 郁部)-구도(俱道 또는 仇刀)로 이어지며, 김 씨로서 처음 왕위에 오른 미추이사금(味鄒尼師今)은 알지의 7대손이 된다. 그러한 계보 의식을 가지고 일연은 탈해왕 때 활약했던 김알지를 김 씨계의 시조로서 하나의 조목을 열어 설명했다. 아울러 연오랑 세오녀의 경우는 우리나라, 특히 신라의 방계가 바다를 건너가 '일본'을 건국한 것으로 이해한 게 아닐까 싶다. 『삼국유사』 기이 권제일이 주로 왕조의 개창에 대한 설명을 중점적으로 다루고 있는 것이 이와 같은 추정의 개연성을 높여준다.

영평(永平) 3년 경신(庚申)년 8월 4일 호공(瓠公)이 밤에 월성(月城) 서리(西里)를 지나갔다. 누구는 이때가 중원(中元) 6년(61년)이라 하나 중원은 총 2년으로 끝이나므로 잘못인 듯하다. 여하튼 구림(鳩

林)이라고도 하는 시림(始林)에서 크고 밝은 빛이 나고 하늘에는 자색 구름이 땅에 뻗쳐 내려온 것을 보았다.

탈해왕의 즉위를 도와 대보에 오른 호공이 호기심이 생겨 다가가 자세히 보았을 것이다. 구름 속에 황금 상자가 나뭇가지에 걸려 있었다. 빛은 상자로부터 나오며 흰 닭이 나무 밑에서 울고 있었다.

호공이 직접 열어보고자 하는 마음도 있었으나, 혹시 잘못될까 두렵기도 했을 것이다. 혼자 다닌 것도 아니니 일행 중에 누가 왕에게 아뢸 가능성도 있었을 것이다. 사실 몰래 열어 '아이'가 들어 있는 것을 보고는 못 본 척 아뢰었을 가능성도 있다. 하지만 전에 백의가 물을 먼저 먹다가 입이 달라붙은 일도 그리 얼마 되지 않았을 시점일 것이다. 그래서 『삼국유사』에는 호공이 사실 그대로 왕에게 가장 먼저 아뢴 것이 아닐까?

황금 상자에서 나온 김알지를 보고 호공이 바로 탈해왕에게 아뢴 것과 이전에 백의가 탈해왕에게 올릴 물을 먼저 먹어 잔에 입이 붙은 것은 아무래도 지나치게 연관성이 짙다. 특별히 드라마틱하게 뭔가를 따로 연출한 것이 아니라면 '탈해왕'이 매우 의심이 많은 사람이었음을 알려준다.

그런 탈해왕이 국무총리나 국정원장이라고 할 수 있는 호공이 뚜껑도 열지 않고 보고했다는 말을 듣고 무슨 생각을 했을까? 모르고도 속지만, 알고도 속을 수 있는 게 탈해왕이었다. 호공은 그만큼 그에게 심복이었을 것이다.

거꾸로 말하자면, 과거 숯을 묻은 것처럼 호공이 기획하고 연출한 또 하나의 드라마에 알지를 등장시켰고 탈해왕이 추인하는 형식을 취했을 것 같다. 그래서 모양을 제대로 갖춰야 하기에 박 씨의 시조인 혁거세와 같은 고사의 형식을 취한다. 박 씨들 처지에서는 무척이나 열 받을 만한 일이다. 결국, 박 씨와 동등한 권위를 빌리자는 뜻에서 시작했지만, 결국 박 씨들의 시조신화를 패러디함으로써 그들을 멸시하는 효과도 얻었을 것이다.

탈해왕이 그렇게 똑똑했을까? 요즘 그 누구처럼은 아니지만, 수행을 제대로 해서 한 소식하는 승려였다면 충분히 가능하다. 그런 이가 수행에서 '정치'로 관심을 돌렸다면 한참 후의 궁예만큼 못할 것도 없을 것이다. 그런 똑똑한 탈해왕이 알고도 모른 척하면서 친히 숲에 나가서 그 상자를 열어보니 사내아이가 있었다.

그런데 기다렸다는 듯이 누워 있던 아이가 바로 일어났다. 이것은 마치 혁거세의 고사와 같았다. 승리한 자의 기록이라고 하지만, 이 부분은 신라의 기록이기보다는 일연의 기록이 아닌가 싶다. 이런 내용은 이미 왜곡되고 삭제되고 인멸되었겠지만, 기록이 비슷해서 일연스님이 '어, 매우 비슷한데!'라는 생각에서 넣은 기사였을 것 같다.

'이 아이도 혁거세처럼 알에서 태어난 것을 우린 알고 있지'라는 뜻에서 그랬는지, 그 아이 이름을 알지(閼智)라 하였다. 알지는 우리말〔鄕言〕로 아이〔小兒〕를 일컫는 말이다. 그냥 우리말에 '얼라'라는 뜻에서 '아이'라는 의미도 있겠지만, 원래 얼이 알과 상통하므로 알에서 태어난 의미도 있었을 것이다.

왕이 그 아이를 안고 궁으로 돌아오니 새와 짐승들이 서로 따르며 기뻐하면서 춤추고 뛰어놀았다. 새와 짐승들이 감응한다는 것도 사실일 수 있다. 하지만, 오히려 탈해왕이 궁에 수많은 짐승을 길렀다는 뜻으로 이해할 수도 있다. 과거 '창경원'처럼은 아니지만, 궁궐 안에 동물원을 두었을 가능성이 크다.

호랑이나 표범 그리고 곰 같은 것들을 기르진 않았을 것이고 기껏해야 개, 고양이, 오리나 닭 정도의 애완동물을 길렀을 가능성이 충분하다. 이들이 왕의 뒤를 뒤뚱뒤뚱 따라 걸었고 조련사를 통해 이들을 춤추듯이 뜀박질시켰을 수도 있다. 그걸 입방아치고 소문내서 그런 이야기를 만들었을 것이다.

이렇게 사건과 사고를 조작한 호공과 탈해왕은 길일을 택하여 알지를 태자로 책봉했다. 이런 일련의 일을 꾸민 것은 다름이 아니라 왕위계승을 위한 것이었다. 다음 왕위를 석 씨에게 줄 수 없게 되자 김 씨 세력과 연합해서 박 씨에 대항하고자 했을 것이다. 그래서 호공의 자리를 알지에게 물려줬으나 역시 역부족이었다.

후에, 알지는 그 자리를 파사(婆娑)에게 물려주고 왕위에 오르지 못했다. 제5대 파사이사금', '제6대 지마이사금', '제7대 일성이사금', '제8대 아달라이사금' 모두 박 씨 왕이 계승했다. 그 이후로는 김 씨가 아니라 석 씨 계열인 제9대 벌휴이사금, 제10대 내해이사금, 제11대 조분이사금, 제12대 첨해이사금이 즉위했다. 알지의 후예인 미추왕이 즉위한 것은 제13대의 일로 8대를 기다린 뒤에 이루어졌다.

왕위계승을 중심으로 '김알지 탈해왕대' 조를 보고 있노라면 왕위를 둘러싼 집착과 욕심으로 점철된 세상에 질려서 속세를 떠나고 싶은 '염리심'이 저절로 난다. 일연 스님이 「기이편」을 『삼국유사』에 담았다면 그 담은 이유는 바로 이런 것이 아닐까? 결국 권력무상을 느끼게 하려고?

김알지가 등장한 계림(鷄林)은 역사상 자주 나온다. 최치원의 『사산비명(四山碑名)』에도 나오며, 박제상(朴堤上)이 왜왕(倭王)에게 "계림운운(云云)"한 적도 있다. 당서(唐書)인 『백거이전(白居易伝)』에도 나오고 송대(宋代) 손목(孫穆)의 『계림유사(鷄林類事)』, 오식(吳植)의 『계림지(鷄林誌)』 왕란(王亂)의 『계림지(鷄林誌)』 등의 제목으로도 등장한다.

이런 점들 때문만은 아니지만, '계림(鷄林)'이 신라의 국명(國名)으로도 쓰인 것이 사실이고, 우리나라를 지칭할 때도 있다. 그런 국명이 계속 쓰일 수 있었던 것은 신라-고려-조선-대한민국이라는 정통성의 계승 측면에서 볼 필요도 있다. 즉, 경주를 포함한 경상도 지역인 영남의 위상을 보여줄 수 있는 '이름'이 은유하는 기제로, 마치 경상도가 우리나라인 것 같이 보이려고 했던 의도가 전혀 없었던 것은 아닐 듯하다.

하늘에서 자줏빛 구름이 드리워지고, 알 대신 금궤(金櫃) 속에서 꼬마 알지가 등장한다. 이는 김알지의 신화(神話)가 천손강림설화(天孫降臨說話)이자 난생설화(卵生說話)의 일종이라는 해석도 있다. 알 대신에 궤에서 나오지만, 난생설화로 볼 수 있는 점이 있다.

한편, 하늘에서 단군처럼 천신의 자손을 내려준 것으로 인간 생명의 강하(降下)라는 측면에서 천생관(天生觀)을 가진다. 아울러, 알에서 낳든가 어떻든 간에 인간 생명의 용출(湧出)로서의 지생관(地生觀)도 포함하여 등장한다는 해석도 있다. 하늘과 땅 사이에 우리 인간의 시조가 태어난다는 천지인(天地人)의 사상도 느껴지는 대목이다.

우리 신화에서는 천생관에 의한 천강시조신화(天降始祖神話)는 「동명왕 신화」·「단군신화」와 같이 신성혼(神聖婚)에 의하여 의신화(擬神化)되는 것과, 「박혁거세 신화」·「김수로 신화」와 같이 알의 형상으로 강천한다는 난생설화와 「김알지 신화」처럼 처음부터 인간의 모습으로 강천하는 것으로 나눌 수 있다고도 한다. 결국, 알 대신 궤가 등장한 것과 크게 다르지 않은데 박혁거세 신화와 너무 비슷하여 조금 바꾼 것에 불과한 것이 아닐까.

알지가 등장한 계림, 즉 시림(始林)은 당시 신라(新羅)의 신성림(神聖林)으로 오늘날까지 잘 보존되어 있다. 현재 계림에는 약 100여 주의 고목(古木)이 우거져 있다고 하지만, 숲이라고 할 만하지는 않다. 당시의 계림이 지금과 같은 인공적인 곳은 아니었을 듯하다. 신라 신을 모시는 일본 신사들의 '신성림'과 비교해 보면 매우 쉽게 알 수 있다. 예를 들면, 우리에게 칠지도로 잘 알려진 천리시에 있는 석상신궁(石上神宮) 주변의 수풀을 보면 우리 신라의 '계림'이 어떤 모습이었을까 상상할 수 있다.

알지의 성은 무엇이었을까? "금 상자에서 나왔으므로 김(金) 씨를 성으로 삼았다."라고 한다. 김 씨는 결국 금 씨라는 의미가 된다. 황금이라는 것이 은유하는 부와 권력 등을 생각해 보면 'Gold'로 상징되는 '김'은 성씨로 충분히 가치가 있는 것일 듯하다.

다음 알지의 자손의 이야기는 마치 『구약성서』를 연상케 한다.

알지는 열한(熱漢)을 낳았고, 열한은 아도(阿都)를 낳고 아도는 수류(首留)를, 수류는 욱부(郁部)를 낳았고 욱부는 구도(俱道, 仇刀)를 낳았다. 구도는 미추(未鄒)를 낳았는데, 미추가 왕위에 즉위하니 신라 김 씨는 알지로부터 시작된 것이다.

알지가 왕도 아닌데 「기이편」에 왜 이 대목이 들어갔는지를 보여주는 부분이다. 신라 김 씨의 시조이자, 미추왕 이후 김 씨 왕들의 선조로서 알지가 등장하는 것이다. 한편 『삼국사기』 「신라본기」에서는 미추왕의 가계에 대해 "알지는 세한을 낳고 세한은 아도를 낳고 아도는 수류를 낳고 수유는 욱보를 낳고 욱보는 구도를 낳고 구도는 곧 미추의 아버지다(閼智生勢漢 勢漢生阿道 阿道生首留 首留生郁甫 郁甫生仇道 仇道則味鄒之考也)."라고 하여 세한과 열한은 이름이 다르다. 또 아도와 욱보는 글자의 차이를 보인다. '뜨거운 남자' 열한과 '힘 있는 남자' 세한의 경우는 문제가 없지만, 있다고 해도 이름의 음이 아닌 표기상의 단순한 잘못으로 보여 진다.

제8대 아달라왕대 연오랑과 세오녀

탈해왕의 자손인 석 씨 왕들의 계승을 막고 등극한 제5대 파사이사금, 제6대 지마이사금, 제7대 일성이사금, 제8대 아달라이사금 등 박 씨 왕들에 대해서 『삼국유사』는 침묵한다. 대신 제8대 아달라왕(阿達羅王) 즉위 4년에 동해 바닷가에 살던 연오랑과 세오녀 부부에 대한 전설을 전한다. 아달라왕 대에 이르러 신라 상대 박 씨 왕들의 왕위계승이 끊어진다. 이후 석 씨 왕들이 왕위를 계승한다.

『삼국사기(三國史記)』를 보면, 아달라왕은 156년(아달라이사금 3)과 158년에 계립령(鷄立嶺; 문경새재 동쪽 고개)과 죽령(竹嶺; 풍기 북쪽 고개)을 각각 개통하여 소백산맥 이북까지 세력을 뻗었다. 167년에는 군사 2만 명과 8,000명의 기병을 동원해 백제를 공격하고 서북쪽으로 영토를 개척했다. 미추이사금의 아버지인 구도(九道)가 파진찬(波珍飡)이 된 사실을 친석 씨계(親昔氏系)의 부상으로 보는 견해도 있다. 재위 21년부터 31년 사망할 때까지 기록의 공백이 있어 왕실 세력의 교체와 관련하여 해석이 분분하다. 원래 10년 정도의 기간인 것을 보면, 김 씨계와 석 씨계의 야합으로 결국, 박 씨계가 왕위계승에서 축출된 것 같다.

어느 날, 연오가 바닷가에 나가 해초를 따고 있었는데, 갑자기 바위 또는 물고기 한 마리가 연오를 태우고 일본으로 가 버렸다.

여기에 나오는 일본이 지금의 그 일본인지는 잘 모르겠다. 바위 같은 물고기라면 고래를 말하는 것인지 아니면 포경선을 말하는 것인지도 알 수 없다. 다만, 지역 공간적 배경이 영일만 일대이므로 그곳이 고래가 많은 곳임은 이미 알려져 있다. 따라서 고래잡이 어선 정도를 얻어타, 먼저 일본으로 건너간 것으로 해석하는 게 맞다. 일본으로서는 연오가 바다를 넘어왔으니 도래인(渡來人)이라고 할 수 있다. 일본에는 신라에서 도래한 신라 신을 모신 신사들이 매우 많다. 그 가운데 연오랑 세오녀도 있었던 것은 아닐까?

일본 사람들이 연오를 보고 "이 분은 범상한 인물이 아니다."하고 옹립하여 왕으로 삼았다. 『일본제기(日本帝記)』를 보면 전후, 시기에 신라인을 왕으로 삼은 적이 없다. 이것은 변방 읍의 소왕이고 진짜 왕이 아닐 듯하다.

애초부터 연오는 아달라왕의 자손으로 먼저 일본을 통치하러 건너간 박 씨 세력들을 만나러 간 것이라고 할 수 있다. 따라서 '연오랑 세오녀' 조는 아달라왕 때 이뤄진 박 씨 세력들의 일본 망명기로 해석할 수 있다. 아무래도 왕위계승과 무관하지 않게 아달라왕의 차기 왕위계승권을 가진 아들 부부의 이야기인 듯하다. 『일본제기(日本帝記)』가 현존하지는 않지만, 일본 황제들의 계통을 기록한 것으로 아마 남아있었다면 온통 신라, 백제, 고구려 우리 삼국의 후예들로 가득 차 있었을 것이다.

세오는 남편이 돌아오지 않음을 괴이하게 여겨 바닷가에 가서 찾다가 남편이 벗어놓은 신이 있음을 보았다. 그녀 역시 바위에 올라가니 바위는 다시 그 전처럼 세오를 태우고 갔다. 그 나라 사람들이 이를 보고 놀라면서 왕에게 나아가 아뢰니 부부가 다시 서로 만나고 세오는 귀비(貴妃)가 되었다.

남편인 연오랑이 일본 왕위에 즉위하고 나서 부인인 세오녀를 부른 것이다. 고래잡이 포경선을 보내서 세오녀를 맞이한 것을 설화화한 것이다. 남편의 신은 부인을 안심시키기 위한 상징물이다. 다만 여기서 부인이니 남편이니 나오지만 실제로는 선발대가 일본에 정착한 후에 후발대 또는 본대가 합류한 것으로 이해하면 된다. 이 기간이 아달라왕 붕어 직전 10년 사이에 해당할 것으로 보인다.

연오랑 세오녀 설화는 일본사에 전하는 신라왕자 천일창(天日槍; 아메노히보)의 설화와 비슷하다. 천일지모(天日之矛)라고도 하는 천일창은 기원전 1세기경에 일본에 건너갔다는 신라계 인물이다. 신라왕자로서 처음 일본의 번마국(播磨國) 육속읍(宍粟邑; 지금의 兵庫縣 播粟郡)에 상륙해 근강국(近江國; 지금의 滋賀縣 坂田郡)·약협국(若狹國; 근강국의 북부지역) 등을 거쳐 단마국(但馬國; 지금의 兵庫縣 북부지방)에 정착하게 되었으며, 왕에게 옥(玉) · 일경(日鏡; 청동거울) · 창 · 칼 등 8가지 물건을 바쳤다. 이러한 단마국의 신물(神物)을 소장하였다는 내용이 『일본서기』 '스이닌천황(垂仁天皇) 3년' 조에 실려 있다.

『고사기(古事記)』 '오진천황(応神天皇)' 조에는 이와 달리 천지일모라는 이름으로 기록되어 있으며, 그가 일본에 귀화하게 된 동기와 경로에 대해 다른 설화적인 내용이 첨가되어 있다.

신라에 있을 때 적옥(赤玉)을 얻게 되었으며, 이것이 동녀(童女)로 변하여 아내로 삼았다. 그녀가 일본으로 도망을 가자, 아내를 찾아 그녀가 숨어 있는 난파(難波; 지금의 大阪 지방)에 이르렀다. 그러나, 신(神)의 저지로 상륙하지 못하고 돌아서 다지마국(多遲摩國; 단마국)에 정착해 살게 되었다는 것이다.

결국, 선발대인 남편과 후발대인 부인의 순서가 바뀐 구조에 불과하다. 아무래도 선 이주와 후 이주 세력의 대립과 충돌이 전혀 없었을 리 없으니, 그런 식의 갈등이 설화의 구조를 뒤바꾼 것이라고 보면 쉽다.

이러한 설화는 단마 지방의 호족(豪族)이었던 다지마모리(田道間守)라는 인물의 선조설화 형태로 전승되어왔다. 천일창은 "삼택련(三宅連)과 계정조(系井造)의 조(祖)"라고도 하는데, 이것은 부인과 자녀들이 많았다는, 즉 후세가 번창했다는 것으로 이해하면 된다. 아니면, 천일창이 워낙 유명하니 여러 씨족이 자신들의 조상이라고 '뻥'을 치고 다녔을 가능성이 있거나, 이러한 이야기들이 사료로 정착된 것이라고 보면 어떨까 한다.

신라 왕자 천일창은 연오이며 박 씨 아달라왕의 자손일 가능성이 높다. 아울러 이 조목의 『일본제기(日本帝記)』와는 달리 『삼국유사』 권2 기이 2 '원성 대왕' 조에는 『일본제기(日本帝紀)』로 나온다. 한자는 다르지만 같은 책일 수도 있다. 한편, 일본의 사서인 『고사기(古事記)』 서문에는 『제기(帝紀)』가 확인되기도 한다.

이처럼 책의 이름이나 다양한 사서에서 보이는 『일본제기(日本帝記)』, 『일본제기(日本帝紀)』, 『제기(帝紀)』가 모두 같은 책인지는 알 수 없다. 다른 책이든 같은 책이든 모두 제왕 연대력과 같이 일본 왕실의 뿌리를 기록한 책일 가능성이 많다.

일본에는 천 년 넘게 '신라'라는 이름을 지켜온 신사들이 있다.

이 신사들은 신라에서 건너온 사람들과 그들의 후예가 신과 조상을 기렸던 곳이다. 신라의 신들을 모신 신사는 신라에서 건너간 신라 사람들의 신앙적 중심지였다. 그리고 그 신사는 신라 이주민들의 정치적·사회적·경제적 중심지이기도 했다. 민속적으로 더 나아가면, 제사 전후에 벌어지는 축제의 장소이기도 했다.

신라라는 이름이 천 년이나 변하지 않고 지속한 것은 신라인 스스로 자신들의 정체성을 지키고자 했던 집단의식의 반영이었을 것이다. 닭의 알에서 태어났다는 신라 신화의 내용을 믿고 자신들은 닭의 후손이므로 현재까지도 닭을 먹지 않는 풍습을 지닌 지역이 일본 내에 현존한다.

신라 도래인의 후손들이 사는 일본 쓰루가 지역의 시로기(백목; 白木) 신사가 있는 시라기 마을이 대표적이다. 이 마을 사람들은 시조신의 탄생 내력을 기려 닭도 기르지 않고 달걀도 먹지 않는다. 그들은 자신들의 조상이 알에서 태어났다는 신화를 믿고 지키는 것이다. 따라서 신라신사에 대한 추적은 한민족의 디아스포라(Diaspora·이주)를 연구하는데 커다란 실마리를 제공한다. 다시 말해, 신라신사의 존재를 찾아내면 신라인 거주지의 자취를 찾아낼 수 있게 되어 우리 고대 삼국의 일본 지배 등을 살필 수 있다.

이때 신라에서는 해와 달이 광채를 잃었다. 당시의 기상통보관이자 천문을 읽던 일관(日官)이 왕에게 나아가 아뢰기를, "해와 달의 정기가 우리나라에 있었는데 지금 일본으로 가버렸기 때문에 이러한 괴변이 일어난 것입니다." 하였다.

보통 역사학자들은 해와 달이 빛을 잃었다고 함은 일식·월식 현상을 두고 한 말이다. 실제로 『삼국사기』에 아달라왕 13년에 일식이 있었다는 기록이 있는 것으로 미루어 이 설화는 아달라왕대의 일식 현상을 관찰한 데서 나온 전승이라고 한다. 하지만 없는 자료들도 짜 맞추다 보면 그런 해석이 가능한 것이지, 꼭 그런 것은 아니다. 물론 꼭 그게 아니라는 것도 아니다. 하고 싶은 말은 '자료'에 제한받지 말고 자유롭게 '저자'가 되어서 상상해 보라는 것이다.

일관은 삼국시대에 천문(天文) 관측과 점성을 담당한 관원이다. 고구려에서는 일자(日者)라 했다, 백제에선 일관부(日官部)라는 기관에서 천문과 점성을 담당하였다. 천문과 기상 현상 관측기관 관원이라는 뜻인데 그건 겉모습이고 실제로는 왕의 비서 가운데 기상이나 천문을 운운하며 '홍보담당관'의 역할을 했을 것이다. 굳이 말하자면 천기누설 담당 홍보관이라고 하면 적당할 듯하다.

달의 정기까지 사라졌다면 월식도 포함되는 것인가? 일식, 월식이 있었다면 고대에서 그건 정말 큰 일이다. 까닭에 그 이유를 찾아야 했을 것이다. 그래서 아달라왕은 몰래 일본으로 보낸 자녀들의 안부도 걱정되고 그들에게 왕위계승의 정당성을 부여하려는 '꼼수'이자 '묘수'로 '정기가 사라졌다'라고 일관에게 보고하게 한 것은 아닐까?

거의 2,000년 전의 일이라고 해서 원시사회를 상정하는 것은 '어불성설'이다. 당시의 문화는 이미 왕이 있고, 군사가 있고, 권력도 있었다. 권력이란 게 예나 지금이나 '고도의 정치적인 술수'를 비롯한 책략 없이 되는 일은 없다. 권모술수가 판치는 곳이 왕실이고 최고의 권력이 왕권이었던 시절, 이를 차지하기 위한 절치부심은 '오월동주'의 '와신상담'으로 충분히 알 수 있다. 쉽게 말하자면 적과의 동침에서 군자의 복수는 10년도 늦지 않다며 쓸개를 맛보며 원수를 기억하는 것이다. 앞에서 미소 짓는 이들의 속마음은 곰 쓸개보다 더 쓸 정도로 쓰라릴 것이다.

여하튼 일관이 그렇게 말했으니, 왕은 내친김에 '대통령 특사'와 같은 사절단에 아들과 며느리를 위한 '보디가드' 수십 명을 일본으로 보냈을 것이다. 용돈도 두둑하게 넣었을 것이다.

이에, 왕이 일본에 사신을 보내어 두 사람을 찾으니 연오가 말하기를 "내가 이 나라에 온 것은 하늘이 시킨 일입니다. 지금 어찌 돌아갈 수 있겠소. 그러므로 나의 비(妃)가 짠 고운 명주가 있으니 이것을 가지고 하늘에 제사를 지내면 될 것입니다." 하면서 사신에게 그 비단을 주었다.

누가 봐도 참으로 잘 짜인 정치 각본이다. 여하튼 일본에서 왕으로 대접받는 연오가 '아바마마'가 보내준 용돈과 음식을 보고는 '그냥 이대로 살고 싶다'라는 생각을 굳힌 모양이다. 신라에 돌아가면 왕위에 오르고 싶지만 어려울 듯하고, 가끔 '암살' 위험도 느끼니 일본이 편하다. 돌아가기 싫으니 천명을 운운하며 일본 통치를 잘하고 있을 테니, 걱정하지 말라는 신호를 보낸다. 또, 비단으로 하늘에 제사를 지내라는 '쇼맨십'도 보이지만, 실제로는 비단 안에 서

신을 넣었을 것이다. 천신에게 제사를 지내는 곳에 왕 혼자 들어가서 열어보라는 암시는 아니었을까?

사신이 돌아와서 아뢰고, 연오의 말대로 제사를 지내자 해와 달이 그 전과 같이 되었다. 그 비단을 왕의 창고에 잘 간직하여 국보로 삼고 그 창고를 귀비고(貴妃庫)라 하였다. 또 하늘에 제사를 지낸 곳을 영일현(迎日縣) 또는 도기야(都祈野)라 하였다.

사신도 사람인지라 동해안에서 일본까지 다녀오는데 시간 좀 걸렸을 것이다. 뱃길이 안전하지 않았으니, 운이 좋지 않으면 바다에서 고래밥이 되기 십상이다. 아무리 왕자가 빨리 가라고 해도 "먹고 죽은 귀신이 때깔도 좋다"고 간 김에 포식하고 일본 풍물도 실컷 구경하고 왔을 것이다. 그렇다 보니 왕자도 신라와 경주 그리고, 왕실 소식을 듣고 계책을 세우느라 빨리 사신을 돌려보내려고도 하지 않게 되었다. 또한 시간이 흘러 바닷바람도 기다려야 했으니 못해도 반년은 소요되지 않았을까?

물론, 일본의 큐슈 다자이후 지방이었으면 가까워서 좋지만, 안 그랬을 수도 있다. 오사카 부근의 나니와노미야 부근이었다면 바닷길이 천 리 길이다. 나중에 조선 통신사가 다녔던 그길로 세토나이카이도 지나서 쉬엄쉬엄 올 수밖에 없었을 것이다. 그렇게 목숨을 걸고 일본에 간 사신이 돌아왔다. 너무 늦게 돌아온 원망도 있겠지만, 살아서 돌아온 것만 해도 다행이다. 그만큼 신라의 선박 조선 항해술이 발전한 증거라고 할 수 있다. 그리고 무사 귀환이란 재일본 박 씨 왕족의 건재 및 왕권의 굳건함을 의미하는 것이기도 하다.

왕자의 말을 전한 사신의 뜻대로 몰래 경상북도 포항시 연일읍 바닷가에 서낭당 같은 곳에 들어가서 제사를 지냈을 것이다. 비단에 썼거나 비단 안에 넣어둔 편지도 보았을 것이다. 여하튼 그렇게 하니 해가 떴다고 한다. 일식이 몇 달씩이나 어떻게 진행된 것인지는 아무 말이 없다. 그러니 이런 기사를 일식이니 월식으로 해석하는 것은 당시에 신라와 일본 사이에 직선 노선이 있었다는 가정 아래 가능한 추정일 뿐이다. 아무리 고대사여서 사료가 적다고 하더라도 모든 사료를 결부시키면 "까마귀 떨어지자 배 떨어진다"라는 오비이락(烏飛梨落)과 같은 '아전인수'격인 사료 인용이 될 수밖에 없다. 사료비판이 없는 역사연구는 허구로 사실 성철 큰스님이 말한 '밥도둑'이라고 하면 너무 지나친 걸까?

제사가 끝나자 석 씨 세력이 그 비단 좀 보자고 했을 것이다. 보여주지 않을 수도 없는 처지에서 왕은 이건 제사를 지낸 신물(神物)이니 보여 줄 수 없다고 했을 것이다. 그래서 국립박물관이나 왕실 문서 기록보관소에 넣자고 주장한다. 하지만, 석 씨 세력은 가만히 있을 리가 없다. "치사하게 굴지 말고 우리 좋게 말할 때 보자"고 협박도 했을 것이다.

왕이 창고에 넣기 전에 보는가, 마는가가 문제였을 것이다. 이때 왕의 부인인 귀비가 뭔가 아이디어를 내서 꼼수 아니, 묘수를 보여준 듯하다. 이 한 수로 인해 비단은 무사히 귀비고에 보관되었다. 귀비는 아달라왕의 부인으로 제6대 지마이사금의 딸인 내례부인(內礼夫人) 박 씨(朴氏)였다. 박 씨 부인이 죽기 살기로 안 보여 준 것을 보면 비단을 못 보게 하려고 신성(神性)을 강조한 것을 넘어 '여성'적인 무엇인가를 강조했을 것으로 짐작되나 글로 쓰기는 좀 뭐해서 그냥 독자의 상상에 맡긴다.

한편 『신증동국여지승람(新增東國輿地勝覽)』에 의하면 영일현은 신라의 근오지현(斤烏支縣)이었는데, 신라 경덕왕 때 임정(臨汀)으로 개칭하여 의창군(義昌郡)의 영현으로 삼았다가 고려 때 영일현으로 고쳤다. 또한 지금의 경상북도 포항시 동해면 도구동 근처에 오천면 일월동에 귀비고지(貴妃庫址)인 일월지(日月池)가 있고, 그 일대를 도기뜰이라 불렀다는 전승을 전한다. 사실일 수도 있고 아닐 수도 있지만, 그런 전승이 있다는 것은 사실인듯하다. 물론 그런 전승이 그때부터 전해진 것인지 중간에 만들어진 것인지는 알 수 없다. 사실 알 수는 있지만 그리 오래되었을 리가 만무하다는 생각이 드는 것은 왜일까? 너무 의혹론에 익숙해진 걸까? 대충 포항 근처가 동해 바닷가의 해 뜨는 곳으로 유명하니 그런 전승이 어느 순간에 정착 되었을 것이다.

제13대 미추왕 죽엽군

제13대 미추니질금(未鄒尼叱今)의 이름은 미조(未祖) 또는 미고(未

古)라고 한다. 아마도 미추가 미주가 되고 미조가 되었다가 역구개음화로 그런 것인지 미고도 되었다. 그러니 미추, 미초, 미주, 미조, 미구, 미고 모두 미추왕의 이름이라고 해도 크게 다르진 않다. 별다른 뜻은 없어 보이는 이 이름을 가진 왕이 김 씨로는 정말 오랜만에 '왕위계승'의 숙원을 이루었다. 그래서인지 일본의 마에마쿄사쿠(前間恭作)는 미추는 '원(元)', '본(本)'의 뜻으로 시조왕이란 의미가 있다고 했다. 하지만 미추왕의 능을 시조당이라고 한 것을 보면, 굳이 뜻을 헤아리지 않아도 누구나 추측 가능하다.

김알지(金閼智)의 7대손이다. 대대로 현달하였고 또한 성덕(聖德)이 있었으므로 첨해(沾解)의 자리를 물려받아 왕위에 올랐다.

첨해이사금(沾解尼師今)이 재위 15년에 죽자 미추이사금이 즉위하였다. 이에 대해 『삼국사기』는 첨해왕에게 왕위를 물려 줄 아들이 없는데, 급사하였기 때문에 나라 사람들이 그를 추대하였다고 한다. 말이 아주 다르다. 원래 성공한 쿠데타는 해석이 다를 뿐 모두 '용비어천가'를 부른 것이니 해석상 크게 문제가 되지 않는다. 다만 성공한 '쿠데타'를 포장한 것이 아니라고 말하기는 어렵다.

김 씨로서 처음 왕위에 오를 수 있었던 미추왕은 석 씨 조분이사금의 사위로 부인이 첨해왕의 여동생이나 누나였기 때문에 왕위를 계승할 수 있었다.

전근대 사회에서 '혼인'보다 좋은 왕위계승 참여전략은 없다. '정략결혼'은 신라 사회에서도 상시로 이루어졌다. 여기서 흥미로운 것은 신라의 왕위계승에서 사위가 아들과 같은 대접을 받았다는 것이다. 하지만 선덕여왕 등의 예를 보면, 사위라기보다는 딸이 아들과 같은 대접을 받았다고 보는 것이 맞다. 다만 기혼한 딸도 영국의 현직 엘리자베스 여왕처럼 왕위에 관심이 있으면, '사위'를 제치고 왕에 오를 수 있었다고 보면 어떨까?

미추왕은 즉위하자마자 자신의 아버지인 구도를 갈문왕으로 추봉(追封)한다. 갈문왕이 어떤 뜻이든 대부분 즉위 이후에 책봉되는 것을 보면 '대원군'처럼 아쉽게 왕위에는 오르지 못했지만, 왕위계승에 크게 이바지한 왕의 최측근 가족이 되는 것은 맞는 듯하다. 당시 '왕위계승'으로 인해서 근친혼이 성행했고 아버지가 장인의 동서가 되고 때로는 장인의 아버지가 되는 '멍멍이' 족보에서는 어떤 관계가 더 강했는지 잘 살펴야 한다.

최근 네팔의 구릉족을 조사한 결과, 안나푸르나 산속 오지에 사는 몽고족 계통의 구릉족은 고구려의 유민 같은 느낌이 강하다. 다만 그들의 혼인 관계를 보면 토지와 가옥 등의 '재산상속'을 위해서 형제나 자매 등 가족들끼리의 결혼은 안 되지만, 형제는 자매의 가족들과 결혼이 가능한 집단혼의 모습을 보인다. 이런 측면에서 우리 신라의 왕위계승과 재산상속, 근친혼을 바라보는 것이 바람직할 것이다. 따라서 근친혼은 개족보가 아닌 전 인류적이고 보편적인 혼인형태로 보아야 한다. 근친혼은 특히 왕실 등 지배층에서 성행했기 때문에 오히려 '신성혼' 성격이 더 강했다.

구릉족은 복잡한 가족관계에서 '처' 족보를 매우 중요시한다. '처가'의 재산도 상속할 수 있기에 그렇다. 그런 측면에서 형제는 큰 차이가 없지만 수많은 사촌 중에서 자기와 '자형(또는 매제)'이나 '동서'가 되는 사촌이 매우 가까운 '가족'이 된다.

신라의 제13대 임금으로 재위 기간, 262~284년인 미추왕은 그 유명한 '만장일치' 제도를 시행하여 남당(南堂)을 통해 왕권을 행사했다. 민주적인 듯한 이 제도는 화백회의(和白會議)로 발전하지만 결국 왕이 혼자서 일할 수가 없음을 뜻한다. 이런 집단지도체제에서 왕은 요즘말로 '당대표'에 지나지 않는다.

시쳇말로 누군가 선거법 위반으로 잡혀 들어가면 '책임'을 지겠다고 자의든 타의든 말해야 하는, 불쌍한 '어린왕자'였을 것이다. 그리고 그 남당에는 왕의 친인척과 왕위계승에 관여한 대단한 김 씨, 박 씨, 석 씨의 '왕족'들이 포진해 있다. 물론 그들은 '사촌'이기도 하고 '장인'이기도 하고 '외삼촌'이기도 한, 여러 관계가 얽히고 설켜 있었을 것이다. 여하튼 둘 간에 친숙하게 불렀던 그 '친족용어'가 왕위계승에 가장 크게 작용했을 것임은 당연하다.

김 씨로서 처음 왕위에 오른 미추는 후대 김 씨 왕들이 모두 시조로 삼았다. 왕위에 오른 지 23년 만에 세상을 떠났고, 능은 흥륜사(興輪寺) 동쪽에 있었다.

김 씨 왕들이 왕위에 계속 오르다 보니, 김 씨로서 처음 왕이 된 미추왕의 권위를 올리는 작업도 매번 반복되었을 것이다. 그러니 그의 왕릉 앞에 시조당도 만든다. 하지만 시조라고 하면 '박혁거세'가 맞다. 밝은 빛인 광명의 신인 혁거세의 성은 '박' 씨이니 그걸 부정할 수는 없었을 것이다. 그래서 시조신이 아닌 시조로 미추왕을 추대한 것은 아닐까?

알지(閼智)→세한(勢漢: 熱漢)→아도(阿道)→수류(首留)→욱보(郁甫)→구도(仇道)→미추(味鄒)로 이어지는 계보는 사료에 전하는 내용이다. 그러나 「문무왕릉비문(文武王陵碑文)」을 비롯한 금석문 자료에는 김 씨(金氏) 왕실의 시조를 성한(星漢 : 聖漢)이라 한다. 금석문이 더 당대의 생생함을 전하는 '말랑말랑한' 사료임을 고려해 보면, 성한이 세한이든 아니든, 미추가 아니라는 것은 사실이다. 그런데도 사료에서 '시조'가 '미추'라고 한 것은 문무왕 이후의 역사적인 사실을 반영한 것이 된다. 신라가 삼국을 통일한 이후 고려까지의 기간 가운데 김 씨의 족성이 강화되는 시기가 있었고, 그런 측면에서 '미추'왕의 시조 성격이 더욱 부각된 것으로 보면 어떨까? 좀 더 두고 봐야 할 부분이다.

흥륜사는 신라의 불교 전래 및 공인 과정과 연관되어 가장 일찍 국가적 사찰로 창건된 사찰이다. 미추왕 때는 불교 전래 이전이므로 신라 왕경 내 칠처가람(七處伽藍) 터 중의 하나인 천경림(天鏡林) 동쪽에 건립되었다는 표현이 더 적확한 표현이다. 여하튼 흥륜사는 신라 최초의 승려 아도(阿道)가 창건한 사찰이라 전하며 법흥왕 14년(527) 이차돈의 순교가 있었던 왕실사찰이자 국가사찰이었다.

제14대 유리왕(儒理王) 대에 이서국(伊西國) 사람들이 와서 금성(金城)을 공격하였다. 우리가 크게 막으려 했으나 오랫동안 견딜 수 없었다. 홀연히 나타난 이상한 병사들이 있어 와서 도와주었는데 모두 댓잎[竹葉]을 귀에 꽂고 있었다. 우리 병사와 힘을 합쳐 적병을 공격해 격파했다. 적군이 물러간 후에 이상한 병사들이 돌아간 곳을 알 수 없었다. 다만 대나무의 잎이 미추왕의 능 앞에 쌓여 있음을 보고 그때에야 선왕에 의한 음덕의 공이 있었음을 알았는데, 이로 인하여 죽현능(竹現陵)이라 하였다.

제14대 유리왕(284~298)은 석 씨로 『삼국사기』의 주(註)에서는 『고기(古記)』를 인용해 제3대 유례(儒礼)왕과 이름이 같다고 전한다. 아마도 『삼국유사』「기이」 권제일 '노례왕' 조에 유리왕 19년(서기 42) 신라에 의하여 이서국이 멸망되었다 하는 부분이 중복되어 생긴 착오는 아닐까?

유례왕은 제11대 조분이사금의 맏아들이다. 그의 어머니는 내음갈문왕의 딸로, 별빛이 입속으로 들어와 유례왕을 잉태했다는 전설을 전한다. 미추왕이 네 명의 석 씨 왕에 이어 조분이사금의 사위 자격으로 왕위에 올랐으므로 왕위는 다시 석 씨인 유례에게로 돌아왔다. 하지만, 이런 석 씨 유리왕이 이서국에게 혼이 나던 시기도 있었나 보다. 이서국은 현재의 경상북도 청도군 이서면에 있던 소국인데, 이 나라가 금성에 쳐들어갔다.

미추왕의 죽엽군이 와서 도와주는 것을 보면 대충 어떤 상황인지 파악이 된다. 왕위계승을 도둑질 맞았다고 생각하며 유리왕에게 비호감을 표시했던 김 씨들이 이서국이 쳐들어와도 나 몰라라 했을 것이다. 맨 처음 '너희들 마음대로 해라'고 했던 유리왕도 농성하면서 사태가 심각해지자 반성의 기미를 보였다.

그때 비로소 팔짱을 끼고 있던 김 씨들, 특히 남당정치로 미추왕 때 한몫씩 잡았던 세력들이 사병들을 동원해서 포위하고 있던 이서국 군인들을 후방에서 쳤다. 금성을 몰아넣고 먹으려던 이서국이 후방의 덜미를 잡혔으니 보나 마나 싸움은 싱겁게 끝났다. 전쟁에서도 왕위계승을 둘러싼 석 씨들과 김 씨들의 대립이 엿보이니 유리왕 이후 석 씨들의 고전이 예상되는 부분이다.

이서국은 경상북도 청도군 이서면에 있던 소국(小國)으로 비정되는 나라다. 『삼국유사』 권1 「기이」 1 '노례왕' 조 기록에 따르면, 분명히 유리왕 19년(서기 42) 신라에 의하여 멸망되었다. 그런 나라가 255년만인 유례왕 14년(297)에 다시 등장한다. 이 이서국 사람들이 신라를 침공한 사실은 여기 이외에도 『삼국유사』 권1 「기이」 1 '이서국' 조에도 나오는 걸 보면 그냥 잘못된 기록이라고 할 수는 없다.

이서국의 옛 주민들을 동원한 세력이 있었던 것은 아닐까? 서기 42년이면 박 씨 3대왕 때의 일이다. 따라서 이서국을 정복해서 지배하고 있던 세력은 박 씨계라고 할 수 있다. 이들이 석 씨 유례왕 세력이 약한 것을 알고 '김 씨'의 묵인하에 금성을 공격한 것은 아닐까? 둘의 힘을 다 빼놓은 후에 김 씨 세력들은 '거저먹기'를 시도한 것으로 보면 너무 전략적인가?

이 싸움 이후 1년 지나서 바로 유례이사금은 죽고, 그의 아들인지 손자인지 증손인지 알 수 없는 제15대 기림이사금이 즉위한다. 16대 흘해이사금을 거쳐 17대 내물마립간부터는 김 씨의 왕위 세습이 독점적으로 이뤄진다. 따라서 이서국 사건을 계기로 정국의 주도권을 김 씨가 쥐게 되었다. 50여 년 만에 왕위승계 독점을 이룬 것이다.

여기서 등장하는 금성은 '금빛으로 반짝이는 성'이라는 뜻일까? 금성은 신라의 왕성으로 『신증동국여지승람』과 『동경잡기(東京雜記)』에 의하면 토성이라고 하나, 소지마립간 22년(500) 이후에는 등장하지 않는 곳이다. 밝은 왕인 혁거세가 즉위 21년(기원전 37)에 남산 서쪽 기슭에 경성(京城)을 세워 금성(金城)이라 하였고, 혁거세 26년(기원전 32)에는 금성에 궁실을 조영하라 한다. 이게 도성인지 궁성인지, 나아가 남산 서쪽인지 창림사 근처인지 아니면, 월성인지 여러 견해가 제시된 적이 있다.

중요한 것은 금성의 '금'이 한자로 '김'이라는 점이다. 김 씨와의 관련성은 차치하고서 금빛과 밝음의 '이름'이 많다는 것은 다른 측면에서 봐야 할 것이다. 유례나 노례 등도 '누리'라는 세계, 하늘과 닮은 의미가 있다. 얼마 전 새누리와 신천지의 이름이 같다는 의혹이 제기된 것처럼, 노례왕이나 유리왕과 음이 비슷한 누리는 '천(天)'을 의미한다. 따라서 이들 왕의 이름은 '하늘에서 내준 왕' 또는, '하늘에 제사 지내는 제사장'이라는 뜻의 천군(天君) 의미가 있다. 이와 마찬가지로 금성이나 김 씨 물론 박 씨까지도 모두 '밝은 성' 또는 '빛나는 종족'이라는 의미가 있다. 강조하면 앞으로 '황금 귀족' 또는 '황금 왕족'이라는 점을 염두에 두고 사료를 이해할 필요가 있다.

오래 지나 제36대 혜공왕(惠恭王) 때인 대력(大曆) 14년 기미(己未) 4월에 갑자기 회오리바람이 유신공(庾信公)의 무덤에서 일어났다. 그 속에 한 사람이 준마를 타고 있었는데 모습이 장군과 같았다. 또한, 갑주를 입고 무기를 든 40여 명의 군사가 그의 뒤를 따라와서 죽현능으로 들어갔다.

위의 신라 제36대는 실제로 사료에는 '제37대'라고 되어 있다. '六'과 '七'의 판각상의 잘못일 따름이다. 글을 쓴 사람과 목판을 새긴 사람이 달라서 생기는 교정 상의 오류일 수도 있다. 여하튼 『삼국유사』는 이런 작고 큰 오류가 적지 않다.

하도 많으니 결국 『삼국유사』 공동저작설과 후대 간행설의 근거가 되기도 한다. 공동저작설은 일연 이외 그의 제자인 무극 등이 함께 만들어 차츰 완성해 간 서책이라는 설이다. 후대 간행설은 일연이나 그의 제자 무극 시절에 간행하지 못하고 조선 초기에 처음으로 간행되었다는 설이다. 둘 다 『삼국유사』에 나오는 내적, 외적 사료 비판에 대한 검토이지만, '일연 스님 단독 저작설'이 학계에서는 받아들이기가 편한가 보다. 사실 일연 스님이 혼자 쓴 거나 다름없기에 그렇게 봐도 크게 틀린 것도 아니다.

언젠가부터 정확한 사료 비판보다는 '대세론'에 따르거나, '대가'의 의견을 좇는 것이 '상식'이나 '예의'가 된 사회가 되었다. 일제강점기와 한국전쟁으로 인해 단절된 학맥이어서 그런지, 요즘 '인문학'의 위기는 이미 SKY 등 우리 학계 중심이라고 착각하는 패거리들과 지방의 호족쯤 되는 일부 국립대학들이 자초한 위기는 아닌지 모르겠다.

경덕왕의 태자로서 즉위한 혜공왕(재위 765~780)은 8세의 어린 나이로 왕위에 올라 어머니인 만월부인이 섭정하였다. 혜공왕은 태종무열왕의 직계손으로 계승된 신라 중대왕실(中代王室)의 마지막 왕이다. 이 왕대에 귀족세력들이 정치 일선에 등장해 정권쟁탈전을 벌여 재위 16년 동안 많은 반란이 있었다.

일길찬(一吉飡) 대공(大恭)과 그의 동생 아찬(阿飡) 대렴(大廉)이 768년(혜공왕 4)에 반란을 일으켰으며, 770년에는 대아찬 김융(金融)이 반란을 일으켰다. 반 혜공왕 귀족세력의 중심이라고 할 수 있는, 시중이었다가 실각되었던 김양상(金良相)이 774년에 상대등에 임명된 이후 정치는 더욱 혼란스러워졌다. 친당적(親唐的)인 혜공왕과 그 세력은 11회의 조공(朝貢)·하정(賀正)·사은(謝恩)을 위한 외교사절을 중국에 파견하며 당나라를 정략적으로 이용했지만, 역부족이었다. 780년에 김양상 일파를 제거하려는 이찬 김지정(金志貞)의 반란 와중에 죽음으로써 결국, 김양상이 제37대 선덕왕으로 즉위하였다.

이 혜공왕 14년(778)에 유신공 즉 김유신의 유령이 나타났다. 신으로 추앙받던 그의 등장은 무엇을 의미할까?

김유신은 신라의 삼국통일에 중심적인 역할을 담당한 장군·대신(大臣)으로, 증조부는 532년(법흥왕 19) 신라에 투항한 금관가야의 구해왕이며, 할아버지는 무력(武力), 아버지는 서현(舒玄)이다. 어머니는 만명부인(万明夫人)이다. 어머니의 증조부는 지증왕, 할아버지는 진흥왕의 아버지인 입종갈문왕(立宗葛文王), 아버지는 숙흘종(肅訖宗)이다. 숙흘종은 만명을 감금하면서까지 서현과의 혼인을 반대한 바 있다. 까닭에 신라에서 금관가야 왕족의 후예들은 신라 왕족의 김 씨(金氏)와 구별하여 신 김 씨(新金氏)라 칭하였다.

『삼국사기』는 서현과 만명이 야합(野合)한 사실과 함께 김유신이 누이를 김춘추(金春秋; 태종무열왕)와 혼인시킬 때 화형(火刑)하려 한 사실을 전한다. 선덕여왕이 나서서 극적으로 혼인은 성사되었지만, 이 모두가 김유신의 뛰어난 계략과 함께 신김씨와 김씨의 대립 양상을 극명하게 보여준다. 여하튼 이 누이가 바로 문무왕과 김인문(金仁問) 등을 낳은 문명왕후(文明王后)이며, 김유신의 아내인 지소부인(智炤夫人)은 태종무열왕의 셋째 딸로 당시 근친혼이 왕위계승과 함께 귀족들의 세력 확장에 적극적으로 사용된 '정략혼'의 의미가 있음을 다시 한번 알려준다.

595년 감금에서 탈출한 만명은 만노군(万弩郡; 충청북도 진천)의 태수로 부임하는 서현을 따라갔고 김유신은 그곳에서 태어났다. 지금의 진천 길상산(吉祥山)은 고려 때 태령산(胎靈山)으로 불렸고, 김유신의 태를 안치했다 하여 신라 이래로 김유신사(金庾信祠)를 세웠다.

김유신은 15세에 화랑이 되어 용화향도(龍華香徒)라 불리던 낭도(郎徒)를 이끌었다. 629년 34세 때 고구려 낭비성(娘臂城)을 공격할 때, 중당당주(中幢幢主)로 공을 세웠다. 642년 김춘추가 고구려를 향해 떠날 때 압량주(押梁州; 경상북도 경산)의 군주가 되면서부터 김유신의 활약이 시작되었다. 647년에는 반란군인 귀족회의 의장인 상대등 비담(毗曇)과의 결전에서 승리하였다.

『삼국유사』에는 중요한 나랏일을 결정하던 4영지회의(四靈地會議)의 구성원으로서 알천·임종(林宗)·술종(述宗)·호림(虎林)·염장(廉長)·유신이 열거되어 있다. 고구려를 평정한 직후에는 '태대서발한(太大舒發翰)'이 제수되었다. 그가 죽자 왕은 성대한 의장을 갖추어 금산원(金山原; 경주시 송화산 기슭으로 추측됨)에 장사지내고, 비를 세워 공적을 기록했다. 뒤에 흥덕왕(『삼국유사』에서는 경명왕 때라 함)은 그를 흥무대왕(興武大王)으로 추봉했다.

사적 제21호로 지정된 김유신의 무덤은 경상북도 경주시 충효동 산7-10에 있다. 송화산(松花山) 줄기가 동쪽으로 뻗어내린 전망 좋은 구릉 위 울창한 소나무숲 속에 자리하고 있다. 무덤 둘레에는 십이지신상을 새긴 신상석(神像石)을 교대로 배치하였다. 다른 왕릉이 갑주무장상(甲冑武裝像)을 하는 것과는 달리 평복에 무기를 들고 있다. 모두 오른쪽을 향하고 있고 몸(身部)은 '을(乙)'자형으로 틀었다. 그만큼 무술에 자신이 있으니 무장할 필요가 없고 호위무사들도 '빨리 칼을 뽑을 수 있는' 기술을 가지고 있었음을 뽐내고 싶었나 보다.

학계 일각에서 이 무덤은 김유신묘가 아니고 신무왕의 무덤이라는 설도 있다. 세월이 하도 지나서 알기 어려운 부분이 많다. 예전에는 이 무덤 아래에 묘를 지키는(守墓) 금산재(金山齋)가 있었지만, 현재는 없어졌다. 한편 '태대각'이라 새긴 신라비편(新羅碑片)이 경주

교동에서 발견되어 김유신의 기공비편(紀功碑片)으로 추정하기도 했으나 확실하지는 않다. 여하튼, 이 무덤에서 나온 김유신 공이 40여 명의 군사를 이끌고 죽현능으로 찾아갔다.

경상북도 경주시 황남동 고분군, 즉 대릉원(大陵苑) 내에 신라 제13대 미추왕의 능이 있다. 죽장릉(竹長陵) 또는 죽현릉(竹現陵)으로 불리기도 한 이 능의 이름은 미추왕이 승하한 뒤 대릉(大陵)이라 하였다. 또 왕을 제사하기 위해 마련된 숭혜전(崇惠殿)이 있다. 이 숭혜전은 임진왜란 때 불탄 것을 1794년(정조 18)에 다시 세운 건물로 알려져 있다.

이 능 속에서 우는 소리, 혹은 호소하는 듯한 말 소리가 들렸다. "신은 평생에 난국을 구제하고 삼국을 통일한 공이 있습니다. 지금은 혼백이 되어 나라를 진호하고, 재앙을 없애고, 환란을 구제하는 마음을 잠시도 가벼이 하거나 바꾸지 않았습니다. 그런데 지난 경술년(770)에 신의 자손이 죄도 없이 죽임을 당하였으니 군신들은 저의 공훈을 생각지 않습니다. 신은 다른 곳으로 멀리 가서 다시는 힘쓰지 않으려니 왕께서 허락하여 주십시오." 왕이 대답하여 이르기를 "오직 나와 공이 이 나라를 지키지 않는다면 저 백성들은 어떻게 해야 한다는 말이오. 공은 전과 같이 노력해주시오." 유신공이 세 번 청하였으나 미추왕은 세 번 모두 허락하지 않았다. 회오리바람은 이내 돌아갔다.

혜공왕 6년(770)에 김유신의 자손이 죄도 없이 죽었다고 한다. 혜공왕 4년에 일어난 대공(大恭)의 난 이후 2년 뒤 8월에 "대아찬 김융이 반하여 복주(伏誅)하였다."는 『삼국사기』 기사가 있다. 김융이 어떤 사람인지에 대해서는 정확히 알 수 없다. 반란을 일으킨 동기도 뚜렷하지 않다. 『삼국사기』「김유신전」에 보면 김유신의 적손인 윤중(允中)이 성덕왕 때 일반 귀족들로부터 왕따를 당했다. 신 김씨에 대한 대우가 좋지 않은 때도 있었던 것이다.

왕따를 당하던 김유신의 후손인 김융을 무고하여 죽인 것이라는 '암시'를 김유신의 혼령은 신라 김 씨 시조신 가운데 한 명인 미추왕에게 이야기하는 것이다. 나중에 무덤을 찾아온 김경신이 김융을 무고한 원흉일 가능성이 있다고 하는 대목이다. 김경신은 김양상 다음에 원성왕으로 즉위했다.

김융이 김유신의 자손이라면 미추왕은 신라 김 씨의 우두머리이다. 따라서 말은 '허락'을 원했지만, 결국 '원망'을 전한 것은 아닐까?

귀신은 대개 지박령 수준에 머문다. 그래서 자기가 생전에 살던 집이나 무덤에 사는 경우가 많다. 김유신이나 미추왕이 진정으로 신이 되었다면 자신의 무덤에 구속되어 지내지 않는다. 그 예 가운데 하나가 김유신이 자신의 능에서 나온 것일 수 있다. 아울러 김유신은 미추왕의 무덤까지 찾아가서 그 안까지 들어간다.

결계는 도사나 술사만 치는 것이 아니다. 기문둔갑을 비롯한 '진법'은 후손의 힘을 빌려 '선조'들이 한다. 후대의 사람들을 이용해 작은 돌, 들꽃, 나무 등을 무덤 주위에 배치하면서 또 하나의 '진시황릉'과 같은 사후의 왕궁을 건립한다. 까닭에 그런 결계가 쳐져 있는 미추왕의 무덤을 자유롭게 들어간다는 것 자체가 김유신이 미추왕보다 힘의 우위를 드러낸다. 지금까지의 이 죽엽군 조의 해석은 이 점을 간과한 듯하다.

혜공왕이 이 소식을 듣고 두려워하여 바로 상신 김경신(金敬信)을 보내어 김유신 공의 능에 가서 사죄하였다. 또한, 공을 위하여 공덕보전(功德宝田) 30 결을 취선사(鷲仙寺)에 내려 명복을 빌게 하였다. 이 절은 김 공이 평양을 토벌한 후 복을 빌기 위해 세운 곳이다. 미추왕의 혼령이 아니었더라면 김유신 공의 노여움을 막지 못했을 것인즉, 왕이 국가를 보호하려는 노력이 참 많다. 그러므로 나라의 사람들이 그 덕을 기리며 삼산(三山)과 함께 제사 지내기를 게을리하지 않고 서열을 오릉(五陵) 위에 두어 대묘(大廟)라 했다.

혜공왕이 두려워서 김경신을 보냈다고 한다. 결국, 혜공왕이 직접 가지 않은 것은 김융을 죽인 일과 무관하지 않다는 이야기다. 그리고 군이 김경신을 보낸 것은 결국 김경신이 무고해서 김융을 죽였을 가능성이 크다는 것이며, 결자해지의 방식으로 김경신이 해결하라고 한 것일 수 있다. 여하튼 김경신이 김유신 공의 능에 가서 참회하고 용서를 빈 후, 취선사에 가서 명복을 빈다. 그렇다고 김유신 공의 화가 풀렸을까? 재미있는 것은 이후에 김유신 공이 용서했다는 내용은 전하지 않는다. 김유신 공의 노여움을 막은 것은 김경신이 아니라 미추왕이라는데 역시 꿈보다 해몽이 좋다.

신라 시대의 보(宝)는 시납(施納)된 전곡(錢穀)이나 토지를 자본으로 하여 이식(利息)을 얻어 특정 목적에 사용한다. 보통 사원의 재정을 마련하기 위해 펀딩한 것이고 사찰은 이를 기반으로 은행업을 했다고 이해하면 쉬울 듯하다. 요즘의 해지펀드나 고리대금업이었을 가능성도 없지 않은 듯하다. 승려들이 국가의 승인 아래 이자 수익을 올렸다고 보면 쉽다.

취선사는 신라 문무왕 때 김유신이 고구려, 백제 두 나라를 평정하고 세운 절이다. 이 절에 김유신 공을 모시는 사당이 있는 게 어쩌면 당연한 일이다. 나아가 김유신의 후손들이 이 절을 원찰로 삼아서 유지해 왔을 것이다. 집도 절도, 아니 일단은 집만 빼앗긴 김융의 가족들이 이 절에 피신해 있었을 가능성도 있다. 그러다가 김유신 공이 신통력을 부려서 미추왕(계)의 체면이 땅에 떨어지자 울며 겨자 먹기로 그들에게서 뺏은 토지 가운데 30 결을 돌려줬다고 보는 게 쉬운 해석이다. 어마어마하게 빼앗고는 30 결만 돌려준 걸 보면 참 작아도 정말 매우 작은 그릇이 아닐 수 없다. 그러니 김유신 공이 화를 풀 리가 없었을 것이다.

그럼에도 미추왕계 김 씨들의 속이 뻔히 보이는 작은 '선행'에 대한 자화자찬은 계속한다. 역시 역사는 이긴 자들의 '해석', 즉 왜곡의 잔치란 말인가? 김유신 공의 노여움을 막았다고는 하나, 실제로 김유신 공의 혼령은 옛 고구려 땅이 있었던 만주벌판에서 말달리고 있었을 가능성이 더 크다.

호국령인 김유신 공의 자손을 주살한 결과는 이후 신라 중대 문무왕계의 종말과 함께 신라의 멸망도 무관하지 않을 듯하다. 이렇게 해석해 보면 김 씨들이 신김 씨인 김유신 공 계를 농락해도 이만저만이 아니었다.

『삼국사기』 권32 「잡지」 1 '제사' 조에는 신라가 삼산(三山)과 오악(五岳) 이하 명산대천을 나누어 대사·중사·소사로 삼았다는 기록이 있다. 이중 삼산(三山)에 지내는 제사는 대사에 해당하였는데, 나력(奈歷)·골화(骨火)·혈례(穴礼)가 바로 그 세 산에 해당한다. 오릉은 신라 시조인 박혁거세의 무덤을 가리킨다.

원래 중국의 묘제에서 천자(天子)는 7묘제이고 제후(諸侯)는 5묘제인데, 신라는 제후의 입장에서 5묘제를 받아들인 듯하다. 그전에 신라는 서기 6년(남해차차웅 3) 시조 박혁거세(朴赫居世)를 모시는 시조묘(始祖廟)를 처음 설치했으며, 487년(소지마립간 9) 시조의 탄생지인 나을(奈乙)에 신궁(神宮)을 설치한 적이 있다. 5묘제의 시작은 신문왕 대이다. 신문왕은 대신을 조묘(祖廟)에 보내 제사를 지냈다. 문무대왕이 고(考), 태조대왕(태종무열왕)이 조(祖), 문흥대왕(김용춘)이 증조(曾祖), 진지대왕(진지왕)이 고조(高祖)였다. 이후 혜공왕 이래로 미추이사금을 시조로 중앙에 배치하고 삼국통일의 영주인 태종무열왕과 문무왕은 바꿀 수 없는, 즉 천훼(遷毁)할 수 없는 것으로 고정하고, 나머지 2위는 조부를 모셨다.

결국, 삼산과 대묘, 오릉에 제사 지냈다는 기록은 호국령인 김유신 공을 교묘하게 숨기고 삼산으로 대체하려던 '꼼수'나 왜곡적인 서술이 아닌가 싶다. 신이 된 김유신 공의 활약은 이후로도 무속적인 설화에 계속 등장한다.

제17대 나물왕 대 김제상

서기 356년부터 402년까지 재위한 김 씨 내물마립간은 구도갈문왕(仇道葛文王)의 손자이며, 각간(角干) 말구(末仇)의 아들이다. 어머니는 휴례부인(休礼夫人) 김 씨이고, 왕비는 죽엽군을 부린 미추이사금의 딸 보반부인(保反夫人) 김 씨이다. 까닭에 '미추왕 죽엽군' 조 다음에 '나물왕' 조가 나오나 보다.

『삼국사기』에는 미추이사금의 사위라고 하고, 『삼국유사』「왕력(王暦)」에는 미추이사금의 아버지인 구도갈문왕의 아들, 또는 미추이사금의 동생인 각간 말구의 아들이라고 한다. 미추이사금의 동생 또는 조카로도 알려져 있다. 하지만 당시 근친혼 관계를 고려해 보면 무엇이 맞고 무엇이 틀리다 할 필요가 없다.

미추왕의 어린 동생이었지만 양자가 될 수도 있고, 말구 각간의 계보에 속하는 사람들이 움직였을 수도 있다. 또한, 미추왕의 조카로서 동생으로 인정되고 또 그러다 사위가 될 수도 있다. 굳이 지금의 관념으로 들여다볼 필요가 없다.

왕호는 『삼국사기』에는 '이사금(尼師今)'으로, 『삼국유사』에는 '마립간'이다. 마립간은 수석장(首席長) 또는 후세의 군장(君長)에 대한 존칭어인 상감(上監)에 해당한다. 사로국이 발전했다고는 하나 왕호만 좋아진 것일 수도 있다. 정말 명실상부하다면 굳이 '호칭'에 연연하지 않기 때문이다.

내물마립간은 신라 귀족인 대등(大等)으로 구성된 귀족회의의 중앙정청(中央政廳)인 '남당(南堂)'에서 정사를 주재하는 명실상부한 최고 통치자로서 군림하게 되었다. 허나 그것은 잘못된 해석이다. 김 씨에 의한 왕위의 독점적 세습이 가능해졌다는 것도 결과적인 해석일 따름이다. 언제든지 뒤집힐 수도 있고 굳이 뒤집을 필요가 없었을 수도 있다.

377년과 382년 두 차례 고구려 사신의 안내를 받아 부견(苻堅)의 전진(前秦)과 외교 관계를 수립하였다. 백제와 왜의 연합세력이 맹위를 떨치자 392년에는 내물왕이 이찬(伊飡) 대서지(大西知)의 아들 실성(實聖)을 고구려에 볼모로 보냈다. 399년에 내물마립간의 요청으로 고구려의 광개토왕은 이듬해 5만 명의 보병·기병 군사를 신라의 국경지대로 파견해 백제군과 연합한 왜군을 크게 격파하였다. 401년에 고구려에서 귀국한 실성이 내물마립간이 죽은 뒤, 여러 후계자를 배제하고 왕위를 계승할 수 있었던 것은 고구려의 압력이 배후에서 작용했을 것이라는 의견이다. 하지만 그건 대외적인 이야기고, 대내적인 근친혼의 세력 관계는 또 달리 해석될 여지가 있다.

제17대 나밀왕(那密王) 36년에 해당하는 경인(庚寅)년에 왜왕이 사신을 보내 "우리 임금이 대왕께서 신성하다는 말을 듣고 신 등을 시켜 백제가 지은 죄를 대왕에게 아뢰게 하는 것이오니, 원하옵건대 대왕께서는 왕자 한 분을 보내어 우리 임금에게 성심을 나타내시기 바랍니다."라고 하였다. 이에 왕은 열 살밖에 안 된 미토희(未

吐喜) 또는 미해(美海)라 불리는 셋째 아들을 왜국에 보냈다. 말과 행동이 아직 익숙지 않았으므로 내신(內臣) 박사람(朴娑覽)을 부사로 삼아 왜국에 보냈다. 왜왕은 이들을 억류하여 30년 동안이나 보내지 아니하였다.

'나밀왕'이나 '내밀왕'이라고 하면 '안으로 비밀이 많다'는 뜻으로도 해석된다. 그만큼 구린 사람으로 마치 능구렁이 같은 뉘앙스를 풍긴다. '나물'이라는 것도 '그 나물에 그 밥'이라는 말이 연상될 정도로 그다지 신통치 않다. 집권하기 전의 대원군의 모습이 왜 눈에 선한 것인지 모르겠다.

여하튼 '나물'이란 '혼내다'라는 뜻도 있고 '혼나야 한다'는 뜻도 있는 중의적인 표현이다. 참으로 다사다난한 한 시대를 풍미했다는 느낌이 든다. 실성을 고구려로 보낸 것도 왕위계승의 경쟁자였던 실성을 축출한 의도도 있었을 것이다. 하지만 실성의 세력과 왕의 반대세력, 그리고 고구려 세력의 합작으로 왕위가 실성에게 돌아간 것을 보면 왕권이 강력했다고는 믿기 어렵다.

여기서 나오는 미토희(未吐喜)는 『삼국유사』「왕력」'자비마립간' 조에서 미흔(未欣)으로 등장한다. 『삼국사기』 권3「신라본기」3 '실성이사금 원년 3월' 조에는 미사흔(未斯欣)이라고도 한다. 『삼국사기』에는 미해가 눌지마립간 2년(418)에 왜로부터 돌아왔고, 17년(433)에 죽어 서불감(舒弗邯)으로 추증되었다.

기사를 보면 왕이 공손하지만 "인질 한명 주면 안 잡아먹겠다"라는 뜻의 협박에 굴해서 어린 아들을 백제와 왜의 손에 맡긴 것 역시 왕권이나 신라의 국력이 그리 크지 않았음을 알려준다. 실성과 같은 사촌을 더는 보낼 수 없었던 것이고 그만큼 대의명분을 찾는 데 실패했다는 것을 의미한다.

'박사람'은 고유명사가 아닌 신라 사람의 뜻인 '사'의 음을 한자화한 것으로 보는 설도 있다. 즉 박→(光明)→시→서라벌→신라, 사람→사람(人)으로 풀이한다는 양주동 선생님의 학설인데, 여기서는 박 씨 사람이라고 보는 게 맞을 듯하다. 나밀왕의 뒤에서 일부 박 씨들이 지지하고 있었다고 보면 어떨까?

눌지왕(訥祇王) 3년인 419년 기미(己未)에, 고구려 장수왕(長壽王)이 보낸 사신이 왔다. "우리 임금님께서 대왕의 아우 보해(宝海)가 지혜와 재주를 갖추었다는 소식을 듣고 서로 가깝게 지내기를 원하여 특별히 소신을 보내 간청하기에 이르렀습니다."라고 하니, 왕은 이 말을 듣고 매우 다행스럽게 생각했다. 이로 인해 화친을 맺기로 하고 아우 보해에게 명하였다. 이때 내신 김무알(金武謁)이 보좌로 함께 갔다. 그러나 장수왕도 또한 억류하고 돌려보내지 아니하였다.

좀 찌질했던 사람은 아닐까 의심스러운 내물마립간 이야기도 다 건너뛰고 바로 눌지왕의 이야기가 나온다. 눌지왕은 417년부터 458년까지 재위한 제19대 왕이다. 눌지왕은 『삼국유사』「왕력편」에는 내지왕(內只王)이라 하였고, 영일 냉수리 신라비에는 '내지왕(乃智王)'이라고 했다. 어머니는 미추이사금의 딸인 보반부인(保反夫人)이며, 비는 실성이사금의 딸이다. 미추왕의 손자이자, 실성왕의 사위라는 뜻이다. 앞서 내물왕이 실성을 고구려에 볼모로 보냈는데, 401년에 귀국해 왕위에 올랐다. 기분이 좋을 리 없었던 실성왕은 내물왕의 아들 눌지를 해침으로써 원수를 갚으려고 했다. 그런데 거꾸로 고구려의 지원을 받은 눌지에게 살해당했다.

참으로 이상한 일이다. 대충 이런 스토리는 약간 안목을 넓혀서 생각해 볼 필요가 있다. 신라만 볼 것이 아니라 고구려도 시야에 넣고 봐야 한다. 실성왕을 지원한 고구려 세력보다, 눌지왕의 다급한 요청을 받아 들어준 고구려의 다른 세력이 더욱 강력한 정치적 기반을 갖추고 있었다고 보면 이해하기 쉽겠다. 이런 이이제이(以夷制夷)를 통해서 이득을 보는 것은 고구려일 따름이다. 당시 신라가 이렇게 고구려의 입김에 좌지우지되었다고 보면 어떨까?

여하튼 눌지왕 역시 즉위 후 동생 복호를 고구려에 보내야 했다. 하지만 동생 구출에 있어서 아버지 내물왕과는 다른 모습을 보였다. 미래의 위협이 될 수도 있는 동생 복호(卜好)를 '형제애'로 고구려에서 탈출시켰다. 또 실성이사금 때 볼모로 보내졌던 동생 미사흔(未斯欣)도 귀국시켰다. 고구려의 평양천도 이후, 남진 정책에 대항하기 위해 433년에는 종래 적대적 관계에 있던 백제와 동맹을 체결하였다. 455년에는 고구려가 백제를 공격하자 눌지왕은 나제동맹(羅濟同盟)에 입각해 군사를 파견, 백제를 지원한다. 미사흔을 귀국시킨 뒤, 왜국이 431년, 440년, 444년 등 여러 차례에 걸쳐 신라를 침범하자 이를 모두 막아내었다. 신라가 명실상부한 독립국가로서 당당하게 외교를 하게 된 것이 바로 이 눌지왕 때부터라고 보면 크게 틀리지 않을 것이다.

그렇지만 눌지왕은 장수왕 사신이 와서 동생을 달라고 하는데, 불행이 아니라 '다행'이라고 생각했다는 것이 흥미롭다. 실성을 죽이고 등극하여 '명분'이 없다며 '왕위'를 찬탈한 것을 꾸짖기라도 할 줄 알고 지레 겁을 먹었을까? 즉위한 지 얼마 안 된 눌지왕은 그렇게 허약하기만 했다.

아버지 내물왕이 그랬듯 눌지왕도 동생을 너무 쉽게 볼모로 고구려에 보냈다. 하지만 고달픈 인질살이를 좋아할 왕자가 어디 있을까? 동생인 보해가 형인 눌지왕이 좋게 말을 했는데도 전혀 말을 듣지 않았다. 눌지왕은 결국 '왕명'으로 보해를 고구려에 보낸다. 울고불고 원망하고 별짓을 다 했는지 아니면 고구려에 가서 '실성왕'이 그랬듯이 자신의 힘을 키웠을지도 모른다. 그러나 눌지왕은 얼마 안 가 보해를 '보고 싶다'라는 이유로 위험을 감수하면서까지 데리고 온다. 물론 그만큼 눌지왕은 '절치부심'하며 국력을 키우는데 무척 노력했을 것이다. 마립간은 아무나 되는 것이 아닌가 싶다.

광개토왕의 뒤를 이어 고구려를 강대한 국가로 성장시킨 장수왕과 맞짱 뜰 정도로 눌지왕은 정말 짧은 시간에 신라를 비약적으로 발전시켰다. 그런데 보해가 한 명이 아니었나? 『삼국사기』는 실성이사금 11년(412)의 일로 기록하고 있어 차이를 보인다. 아무래도 중간에 잘못 보냈다고 하면서 새로 다른 이복동생이라도 보냈나? 아니면 골품이 없는 귀족 자제 한 명을 대신 보낸 것인지 모르겠다. 실성왕 때 또는 눌지왕 때 왕자와 귀족 몇 명을 보낸 것은 사실인듯하다.

서기 426년에 해당하는 눌지왕 10년. 즉, 을축(乙丑)년에 왕이 여러 신하와 나라 안의 호걸을 모아 잔치를 베풀었다. 다시 말해서 꽤 잘나가는 사람들을 모았다는 이야기 같은데 알고 보면 그렇게 올려주고 받아낼 것이 있어서 그렇게 눌지왕이 자리를 만든 것 같다. 이날, 이 잔치에 모인 사람들은 술에 취해서 무시무시한 고구려에가 왕의 동생을 데려올 사람을 자의 반 타의 반으로 인정하게 된다. 결국, 술 한 잔 잘못 먹고 이미 신라에도 진출했던 고구려 세력들에 책잡힐 일을 하게 된다. 이를 보면 신라에 대한 고구려의 지배는 그리 강력하지도 약하지도 않았던 것 같다.

각 계파 모임이 잔치 전에 있었던 듯, 왕이 불렀는데도 연회장에 좀 늦게 온 사람들이 있었다. 평소에 쩨쩨했던 왕이 갑작스럽게 술을 내리고 잔치 벌인다고 하니 각 파의 리더들의 소집이 있었을 것이다. 여하튼 갑론을박해도 잘 모를 지경이던 신하들은 대충 시간관념이 무뎌져서 지각했다. 왕이 늦게 온 사람들에게 술 세 잔을 마시게 했다.

술이 세 순배 돌자 노래하고 춤을 춰서 모두 흥겨운데 그제야 왕이 판을 깬다. 아예 진즉부터 준비한 생쇼를 시작한다. 물론 이 연극판의 예술감독은 박제상인지 김제상인지 아버지가 좀 불투명했던 사람인 듯하다.

왕이 눈물을 흘리면서 여러 신하에게 물었다.

"옛날 아버님께서는 성심으로 백성의 일을 생각하셨기 때문에 사랑하는 아들을 동쪽의 왜로 보냈다가 다시 못 보고 돌아가셨습니다. 내가 왕위에 오른 후에도 이웃 나라의 군사가 강하여 전쟁이 그치지 않고 있습니다. 고구려만이 화친을 맺자고 하여 내가 그 말을 믿고 아우를 고구려에 보냈습니다. 그런데 고구려도 아우를 억류해 보내지 않고 있습니다. 내가 비록 오늘과 같이 부귀를 누린다 하여도 예전부터 하루라도 이들을 잊지 않은 날이 없었고 그래서 울지 않는 날이 없었습니다. 만일 두 아우를 만나 함께 선왕의 사당에서 마주 볼 수만 있다면, 나라의 동량들인 여러분께 은혜를 갚겠습니다. 누가 능히 이 계책을 이룰 수가 있겠습니까?"

동생들이 없어서 순탄하게 왕위에 올라 매일 혼자서 술을 먹은 것으로 알고 있었던 신하들은 많이 당황했다. 이게 무슨 일인지 사태파악이 안 되어 수군거렸을 것이다. '이 왕이 미쳤나? 지가 동생을 인질로 보내고는, 10년이 지난 지금까지 찾지 않다가…. 왜 그러는 거지?'라는 소리가 여기저기서 들려왔을 것이다.

이 말이 끝나자마자 기다렸다는 듯이 심복이라고 할 수 있는 몇몇이 웅성거리는 신하들 사이를 비집고 나와서 여기저기서 큰소리로 외쳤을 것이다. "김제상! 김제상! 김제상!" 그제야 눈치를 챈 신하들이 현재 불보종찰 통도사가 있는 양산 태수 김제상을 찾았다. 이 자리에 오기에는 '머리에 피도 안 말랐을 것 같은' 낮은 자리인 태수는 신라 말에는 전국에 115명이나 있는 그냥 그런 지방의 관리였다. 사지에서 중아찬에 이르는 사람들이 임명되는 그런 낮은 지방 호족인 김제상이 왕의 옆에 당당하게 서서 큰 칼을 옆에 차고 있는 것을 보고는 모두 놀랐을 것이다.

'아, 이거구나. 잘못하면 죽겠구나!'를 감지한 신하들은 서로를 쳐다보고는 한결같이 아뢰었다.

"이 일은 결코 쉬운 일이 아닙니다. 반드시 지혜와 용맹이 있어야 가능합니다. 신들의 생각으로는 삽라군(歃羅郡) 태수(太守)로 있는 제상(堤上)이 가할까 합니다."

다른 사료에 보면 수주촌간(水酒村干) 벌보말(伐宝靺), 일리촌간(一利村干) 구리내(仇里迺), 이이촌간(利伊村干) 파로(波老) 등 세 사람이 양산(梁山) 지방의 토호 세력으로서 삽량주간(歃良州干)이라는 직책에 있었던 김제상을 추천한 것으로 나와 있는 것이 다르다.

모든 것이 각본대로 진행되자 왕은 다시 주연배우로서 마지막 피날레를 장식한다. 왕이 불러서 의향을 묻자 제상은 두 번 절한다. 죽은 사람도 아닌데 왜 두 번 절을 했을까? 죽을 각오로 한 걸까? 원래 왕한테는 두 번 하는 것인가? 잘 모르겠다. 하지만 뒤의 내용을 보면 둘 다 맞을 듯하다.

여하튼 김제상은 왕에게 말했다.

"신은 임금에게 근심이 있으면 신하는 욕을 당해야 하며, 임금이 욕을 당하면 그 신하는 죽어야 한다고 들었습니다. 그런데 신하가 일의 어려움과 쉬운 것을 헤아려서 행한다면 이는 불충이고, 죽고 사는 것을 생각하여 행한다면 이는 용맹이 없다고 할 것이니, 신이 비록 불초하나 명을 받들어 행하기를 원합니다."

왕은 그를 매우 가상하게 생각하여 술잔을 나누어 마시고 손을 잡아 작별했다.

제상이 들은 이야기란 사마천의 『사기(史記)』「월세가」에서 범려(范蠡)가 월왕 구천을 떠나면서 한 말에서 유래한다고 한다. 당시에 한문이 유행해서 그런지 김제상은 노랫말처럼 유명한 범려의 말을 인용하며 자기의 충성심을 노래했다. 그리고 준비되었다는 듯이 술 한 잔을 받아 마시고 고구려로 출발한다. 어쩌면 이날 파티는 처음부터 김제상 고구려 출정식을 위한 환송회로 기획된 것인지도 모른다. 이미 눌지왕의 주관으로 김제상 환송회가 조직되었고, 모두 군이 가고 싶지 않았던 김제상의 어깨를 떠밀었던 것인지도 모르겠다.

여기서 잠시 범려가 누군지 찾아본다. 월나라의 충신이자 천재 전략가로 쉽게 말해서 유비 옆에 있던 제갈량 같던 박학한 경세가(経世家)이다. 오월동주(呉越同舟)와 와신상담(臥薪嘗胆)으로 유명한 월왕 구천을 보필하는데 견마지로(犬馬之労)를 다했다. 오나라 멸망 후 토사구팽(兎死狗烹)을 미리 감지하여 관직을 사퇴하고 처자와 함께 제나라로 떠나 이후 치이자피(鴟夷子皮)라고 개명하였다. 제나라 도산(陶山)에서 목축업을 하여 천금(千金)을 벌어들여 『사기』「화식열전(貨殖列伝)」에 도주공으로 소개되기도 한다.

여하튼 김제상은 이런 범려를 존경하고 롤 모델로 삼은 것인지 왕의 치하를 받고 고구려로 떠난다. 그런데 왜 범려일까? 많이 의심되는 부분이다. 결국, 김제상은 와신상담하며 고구려와 오월동주하는 눌지왕을 월왕 구천으로 본 것은 아닐까? 복수하고 나서 신하들을 토사구팽했던 구천처럼 스스로 총알받이로 나가서 결국 토사구팽당할 것을 알았던 것은 아닐까? 이후 보해와 미해를 데려오는 과정에서 그의 지혜와 안목을 보면 그럴 가능성도 충분하다.

제상이 왕 앞에서 명을 받고 북해로 길을 떠났다. 신라인임을 감추기 위해 변복을 한 다음 고구려로 들어갔다. 당시에는 삼국의 복장이 좀 달랐나 보다. 물론 신라보다 고구려가 북쪽이니 매우 추웠을 것이다. 대충 3, 4월에 출발했다면 경상도가 봄이라도 지금의 고성군에 해당하는 북해 즉, 강원도 북부나 평안도는 아직 겨울이다. 눈도 쌓이고 바람도 찼을 테니 방한복으로 갈아입었을 수도 있다. 여하튼 충성심을 과시하기 위해 관복을 입은 채로 단숨에 출발했다가 거기서 감기에 걸려 갈아입은 것인지도 모르겠다.

고구려에 도착해서 곧장 보해가 있는 곳으로 가 함께 도망할 날짜를 약속했다. 고구려 군대의 주력이 '고주몽'과 같은 말 탄 사수인 점을 고려해서 처음부터 동해를 이용한 해상탈출로를 기획했다. 올 때는 육지로 왔으니, 바다 멀리 화살이 닿지 않는 곳에 배를 띄울 생각으로 미리 배도 준비해 놔야 했을 것이다. 제상은 먼저 5월 15일 고성(高城)의 수구(水口)로 돌아와 배를 대어 놓고 기다렸다. 약속한 기일이 가까워지자 보해는 병을 핑계로 며칠 동안 조회에 나가지 아니하다가 야음을 틈타 도망하여 고성의 바닷가에 이르렀다.

아마 말 타고 며칠을 달렸을 것이다. 고성에 거의 도착했을 즈음에 고구려 왕이 이 일을 알고 수십 명의 군사를 시켜 그를 뒤쫓게 하였다. 고성에 이르러 따라붙었다고 한다. 당시에 역참제도가 있었을 것이다. 고개마다 역원의 역마를 바꿔가면서 릴레이로 달려서 고성으로 갔다. 그런데 고성으로 간 것은 어떻게 알았을까? 당시의 고구려 군인들은 참으로 정찰을 부지런히 했나 보다. 바닷가에서 배를 띄운 보해와 김제상을 발견했다. 활을 쏘고 싶지만 그럴 힘이 없다. 배는 고프고 힘도 들고 그래서 쏴봐야 맞을 가능성도 거의 없을 것 같다. 그뿐만이 아니다. 보해가 고구려에 있을 때 늘 좌우 사람들에게 은혜를 베풀었기 때문에 군사들은 그가 다치는 것을 안타깝게 여겨 모두 화살촉을 뽑고 쏘았다고 한다. 힘도 없었고 평소에 받은 것도 있어서 활을 당길 힘이 안 들어갔다고 보면 좋다. 이런저런 이유로 김제상 일행은 다치지 않고 돌아올 수 있었다.

눌지왕은 보해를 보자 미해가 더욱더 생각나 한편으로 기쁘고, 한편으로 슬퍼서 눈물을 흘렸다. 눌지왕은 월왕 구천처럼 참으로 자기 생각만 하는 사람이었나 보다. 그래서 마립간까지 된 것인지, 아니 그래서 아버지 내물왕까지 마립간으로 추봉한 것인지 모르겠다. 여하튼 가족애가 남달랐던 것인지, 그렇게 보이고자 한 것인지 모르겠지만, 눌지왕은 이런 롤플레잉에 익숙한 주연배우였다.

보해를 데려온 김제상을 비롯해서 좌우에 있는 수하들에게 "마치 몸에 한쪽 팔만 있고 얼굴에 한쪽 눈만 있는 것 같아서 비록 하나는 얻었으되 하나는 잃은 상태이니 어찌 마음이 아프지 않으랴." 라고 말한다.

이 말을 듣고 김제상은 무척 당황했을 것이다. 오랜만에 왔으니 부인을 만나서 묵은 이야기도 하고, 가족을 만나서 회포도 풀었어야 했다. 무섭고 추운 고구려에 가서 왕의 동생을 데려왔으니, 적어도 포상휴가는 받아야 한다. 상으로 집도 받고 보석도 받아야 하는데 해도 해도 너무한다. 기껏 목숨을 걸고 구해 왔더니 다시 왜로 떠나야 할 신세다.

그런데 아무래도 이상하다. 월왕 구천이 오왕 부차에게 부인을 바친 것을 기억해야 하나 보다. 혹시 김제상이 없는 사이에 '범려'를 언급한 괘씸죄로 눌지왕이 딴짓한 것은 아닐까? 눌지왕이 범려를 '토사구팽'할 정도로 뻔뻔한 월왕 구천에 비유한 것이라는 간사한 신하들의 말도 있었을 것이다. 그런 사소한 오해에 대한 유치한 보복으로 눌지왕이 김제상의 부인을 탐한 것은 아닐까? 너무 지나친 상상일까? 왕이나 황제 등 인간세계의 정점에 오른 이들 가운데는 우리가 상상할 수도 없는 '욕심'을 가진 사람이 있다. 예나 지금이나 그러한 욕심은 마찬가지인가 보다.

제상은 이 말을 듣고 두 번 절을 한 다음, 왕에게 다짐하고 말에 올라타 집에 들르지도 않고 달려 바로 율포(栗浦)의 해안가에 이르렀다. 마음이야 얼른 집으로 달려가서 부인과 가족을 만나고 싶었다. 자기가 고구려에서 세운 공을 자랑하고 싶었을 것이다. 하지만 분위기가 그렇지 않았다. 처음에는 자신이 예술 총감독이었는데 고구려에 갔다 와보니, 그 자리를 딴 녀석이 차지하고 있었을 것이다. 권력이란 그런 것이다. 그러니 부득이하게 제상은 관복을 갈아입지도 못한 채 다시 왜로 향해야 했을 것이다.

집에서 한참을 기다려도 남편이 돌아오지 않자 제상의 아내가 드디어 눈치를 챘다. 수소문 끝에 바로 동해로 향한 남편을 쫓아갔다. 말이 충분하지는 않았지만, 사정을 안 친지들이 도와줬는지 김제상의 부인은 소식을 듣자마자 말을 달려 율포 즉, 지금의 울산 울주에 이르렀다. 마침 다행으로 남편이 벌써 배에 타고 있는 것을 보았다. 아내가 그를 간절히 부르자 제상은 다만 손만 흔들어 보일 뿐 멈추지 않았다.

사료는 이렇게 전하지만, 실상은 달랐을 것이다. 왜에 갈 때 왕의 첩자가 섞인 것도 아니니 만나서 바닷가의 파도를 탓하며 하루 아니 며칠을 보냈을 것이다. 하지만, 그렇게 보고할 수 없으니, 율포의 관리를 포섭해서 만나지도 않고 떠난 것으로 보고해 달라고 로비를 했을 것이다. 군수를 했던 사람이 와서 율포나 지키는 지방 관리에게 부탁하는데 못 들은 척할 수도 없었을 것이다. 여하튼 겉으로는 김제상과 그 아내는 멀리서 석별의 정을 아쉬워했을 것이다.

"처음 제상이 출발하여 떠날 때, 제상의 부인이 그 소식을 듣고 뒤를 쫓았으나 따라가지 못하고 망덕사(望德寺) 문 남쪽의 모래 언덕 위에 이르러 주저앉아 길게 울부짖었다. 그런 까닭에 그 모래 언덕을 장사(長沙)라고 하며, 친척 두 사람이 그 부인의 겨드랑이를 붙들고 집에 돌아오려고 하였으나 부인이 두 다리를 뻗쳐 일어서지 않으려 했다. 이에 그 땅을 벌지지(伐知旨)라 불렀다."는 내용은 율포의 관리 또는 어느 소설가의 작품일 것이다.

세상에 비밀은 없다. 눌지왕은 그 실상을 알고 괘씸했을 것이다.

모르고도 속지만, 알고도 속아줘야 하는 게 정치판의 기본이다. 그렇지만 작은 실수도 배신이나 반역으로 직결될 수도 있는 살얼음 같은 정치판에서 눌지왕은 어떤 선택을 했을까? 미해를 구출하고 나서 '김제상은 안 돌아왔으면' 한 것은 아닐까? 이순신을 바라보던 선조의 얼굴이 겹친다. 국민적인 영웅이 될 김제상은 가만히 두기도 그렇고, 그런 눌지왕은 바보가 아니다. 결국, 제상의 아내를 국대부인(國大夫人)으로 봉하고 그의 딸을 미해공(美海公)의 부인으로 삼았다고는 하는데, 근친혼이 횡행하던 당시에 국대부인은 무슨 뜻일까?

오랜 시간이 지난 뒤에 부인은 남편을 사모하는 마음을 이기지 못하여 세 딸을 데리고 치술령(鵄述嶺)에 올라가 왜국을 바라보며 통곡하다가 죽었다. 그래서 부인을 치술신모(鵄述神母)라고 하는데 지금도 사당(祠堂)이 있다. 세 딸 가운데 미해공의 부인도 있었을까?

여하튼 아내와 이별한 김제상은 마음이 편치 못했다. 얼른 귀국하고 싶었지만, 귀국해도 또 다른 업무가 부과될 것 같은 왠지 좋지 않은 예감이 들었다. 일을 서두를 수밖에 없는 처지에 몰린 그는 왜국에 도착하자마자 거짓으로 "계림왕이 아무런 죄도 없이 제 아비와 형을 죽였으므로 도망하여 이곳에 이른 것입니다." 하였다. 이게 거짓인 듯하지만, 실제로 죽였을 가능성도 충분히 있다. 고구려에 다녀오자마자 보낸 걸 보면 어차피 죽으라 사지에 보낸 것인데 살아서 돌아온 것은 아닐까? 역적의 아들이고 동생이었을텐데, 살아 있는 것을 보면 김제상이 아버지와 형을 죽이는데 협조한 것은 아닐까?

왜왕은 이 말을 믿고 제상에게 집을 주어 편안히 머무르게 하였다. 이때 제상은 항상 미해를 모시고 해변에 나가 놀았다. 그리고 물고기와 새와 짐승을 잡아서 매번 왜왕에게 바쳤다. 왜왕은 매우 기뻐하여 조금도 그를 의심하지 않았다. 어느 날, 새벽 아침 안개가 자욱하게 끼었다. 제상이 "지금이 떠날 만합니다." 하자 미해가 "그러면 같이 갑시다." 하였다. 제상이 "만일 신이 같이 떠난다면 왜인들이 깨닫고 추격할까 염려됩니다. 바라건대, 신은 이곳에 남아 그들이 추격하는 것을 막겠습니다."라고 했다. 미해가 "나는 그대를 부형처럼 생각하고 있는데 어찌 나 홀로 돌아가겠소."라고 하였다. 제상이 "신은 공의 목숨을 구하는 것으로써 왕의 심정을 위로할 수 있다면 그것으로 만족할 뿐입니다. 어찌 살기를 바랍니까?" 하고는 미해의 술잔에 술을 따라 드렸다. 이때 계림 사람 강구려(康仇麗)가 왜국에 와 있어서 그가 미해를 모시고 떠났다. 제상은 미해의 방에 들어가서 이튿날 아침까지 있었다. 미해를 모시는 사람들이 들어와 보려 하였으나 제상이 나와 그들을 가로막으며 "미해공이 어제 사냥하느라 몹시 피로해서 아직 일어나지 못하십니다."라고 하였다. 그러나 저녁 무렵 좌우 사람들이 그것을 이상히 여겨 다시 물었다. 그제야 "미해공은 떠난 지가 이미 오래되었다."라고 하였다. 좌우 사람들이 왜왕에게 달려가 이를 알리자 왕이 기병을 시켜 그를 쫓게 하였으나 따라가지 못하였다.

이때의 왜국은 야마토 정권 또는 북 규슈의 후쿠오카 일대의 나라라고도 한다. 어디였을까? 『일본서기』 권49 '신공황후 5년(205)' 조에 등장하는 모마리질지(毛痲利叱智)를 제상으로 이해하기도 한다. 하지만, 제상의 기록과 약 200년의 시차가 있는 것이 아쉽다. 그러나 『일본서기』 등이 몇백 년씩 착란이 있었다고 보면 괜찮을 듯하다.

김제상은 왜왕을 모시듯이 미해를 동생이나 아들처럼 잘 대해주었다. 친해진 후 눌지왕의 다음을 기약했을지도 모른다. 낌새가 이상하다고 느낀 눌지왕이 강구려를 보내서 감시하게 한 것은 아닐까? 결국, 이도 저도 안 된 김제상이 아내와 딸들이라도 잘되게 하려고 자신을 희생하려고 기도한 걸까?

제상을 가두었다. 왜왕이 "너는 어찌하여 너희 나라 왕자를 몰래 보냈느냐?" 고 묻자 제상이 말했다.

"나는 오로지 계림의 신하이지 왜국의 신하가 아닙니다. 나는 단지 우리 임금의 소원을 이뤄드린 것뿐입니다. 어찌 당신에게 보고할 수 있겠습니까?"

왜왕은 노하여 말했다.

"이미 너는 나의 신하가 되었는데도 감히 계림의 신하라고 말하느냐. 그렇다면 반드시 오형(五刑)을 모두 쓸 것이다. 다만, 네가 왜국의 신하라고 말을 한다면 내 필시 후한 녹을 상으로 줄 것이다."

제상이 대답했다.

"차라리 계림의 개돼지가 될지언정, 왜국의 신하는 되지 않겠다. 차라리 계림의 형벌을 받을지언정 왜국의 작록은 받지 않겠다."

이 오형은 중국 고대의 5가지 형벌로 『서경(書経)』 순전(舜典)에 나온다. 피부에 먹물로 죄명을 세기는 경형, 코를 베는 의형, 발뒤꿈치를 자르는 월형, 성기를 절단하는 궁형, 목을 베어 죽이는 사형을 오형이라 하였다. 『사기』를 쓴 사마천이 궁형을 받은 것은 매우 유명한 일이다. 여하튼 이 다섯 가지 가운데 하나라도 충분히 힘든 일인데 모두 하겠다니, 참으로 무지막지한 일이다. 정말 왜왕이 화가 났나 보다. 그런데 왜국의 신하라고 하면 용서한다고 한다. 왜 그럴까?

왜왕은 김제상을 좋아했을까? 정말 총애했고, 하루가 지나서 미해가 사라진 것을 보고 매우 배신감을 느꼈던 것일까? 실제로 김제상이 왜왕에게 "전 영원히 왜왕의 신하이옵니다"라고 했으면 살려줬을까? 아무리 봐도 그럴 것 같지 않다. 미해와 강구려가 떠난 이상 김제상은 살길이 없다. 아무리 살려준다고 해도 목숨을 애원하는 것보다 오히려 일편단심 같은 충심을 보이면 살길이 더 많지 않았을까? 그것까지 생각할 여념이 없었을지도 모르며, 자포자기한 상태에서 김제상은 더는 참신하고도 기발한 아이디어를 낼 수 없었다. 그래서 왜왕에게 '막말'을 한 것 같다. 물론 사료가 전하는 내용이 사실이라는 전제로 하는 말이다. 개돼지 소리까지 듣고 살려줄 왕은 거의 없다. 만약 살려줬다면 왜왕은 정말 무서운 왕일 테고, 그런 왕이 그 당시 일본에 만약 있었다면 정말 생각하기도 끔찍하다.

왜왕은 노하여 제상의 발 가죽을 벗기고 갈대를 베어 날카롭게 만들고는 그 위를 걷게 하였다. 정말 중국의 춘추전국시대에나 나올 만한 형벌이다. 걸을 때마다, 아니 서 있기만 해도 피가 줄줄 나와서 과다출혈로 사망했을 것이다. 아픈 데다가 피도 나는데 왜왕은 국문을 지속한다. 이왕 이렇게 된 것 연산군이나 광해군처럼 한 카리스마 있는 모습을 보여주고 싶었나 보다. 그렇게 해서 신하들이 무서워한다면 그건 어불성설이지만, 여하튼 엄청난 열등감이 있었는지 왜왕은 불필요한 고문을 지속한다. 그러고 보면 비교할 필요도 없이 우리 신라의 눌지왕이 대단하긴 대단했나 보다.

지금도 갈대에 붉은빛이 나는 것을 보고 사람들은 제상의 피라고 한다. 여기서 말하는 지금은 신라 시대인가? 고려 후기 일연 스님 때인가? 잘 모르겠다. 여하튼 왜왕이 다시 "너는 어느 나라 신하인가?"라고 묻자, 제상은 "나는 계림의 신하다."라고 하였다. 벌써 몇 번째 물음인가? 어차피 지금 발언을 반복해도 늦었다고 김제상은 판단했을 것이다. 그런데도 무식하게 묻는 '왜왕'의 끈질김이 참으로 놀라울 따름이다.

왜왕은 쇠를 달구어 그 위에 제상을 세워 놓고 묻기를 "너는 어느 나라 신하인가?"라고 하자, 제상이 "나는 계림의 신하다."라고 대답했다. 그냥 놔두면 죽을 것을 쇠를 달군다? 지혈한 것이 아닌가? 아직 분이 안 풀린 왜왕이 고문을 시작한 지 얼마 안 되어 과다 출혈로 죽을 것을 걱정해서 병 주고 약 준 것인가? 잔인한 상황을 계속하면서도 '답이 뻔한' 한 가지 질문을 반복한다. 참으로 위대한 고집이다. 그에 비해 김제상은 고문에는 무척 강했나 보다. 6개월 정도 특수부대 훈련을 받은 경력이 있었던 것인지 여전히 계림과 왜를 바꾸지 않고 버틴다. 하지만 체력은 한계에 달해 쓰러지고 말았을 것이다. 기절한 김제상을 보고 그제야 어쩌지 못할 줄 안 왜왕은 신하들의 간언을 받아 고문을 중지한다. 그렇다고 살려줄 생각도 정말로 없었던 걸까?

왜왕은 제상을 굴복시키지 못할 것을 알고 목도(木島)라는 섬에서 그를 불태워 죽였다. 일본 학계에서는 김제상의 처형 장소를 대마도의 북안 '악포(鰐浦)'로 지금의 미진도(美津島) '선월(船越)' 부근으로 추정한다. 야마토 정권이든 큐슈 정권이든 왜 거기서 죽이지 않고 굳이 대마도까지 보내 죽인 걸까? 혹시 인질의 가치가 다한 '제상'을 귀국시키려고 했던 것은 아닐까? 어차피 오래 살지 못할 것을 안 왜왕이 마지막으로 '관용'을 베푼 것은 아닐까? 그렇다면 목도에서 불태워 죽인 사람은 누구인가? 합리적인 의심을 하는 것은 후대 역사가의 자유다.

미해는 바다를 건너와서 강구려를 시켜 먼저 나라 안에 사실을 알렸다. 대규모 상단이 신라와 왜국 사이를 다녀었나 보다. 배가 몇 대 있었나 보다. 여하튼 죽은 줄 알았던, 아니 죽으면 좋았을 동생이 돌아온다니 참으로 대단한 일이다. 눌지왕은 놀라고 기뻐했다. 기쁘면 그냥 기뻐할 것이지 왜 놀란 것일까?

유난히 형제애를 강조했던 눌지왕은 이참에 신하들을 집합훈련에 동원한다. 눌지왕은 백관들에게 굴헐역(屈歇驛)까지 나가서 미해를 맞이하게 하였다. 그러고는 자기는 멀리 나가지 않고 고구려에서 돌아온 아우 보해와 더불어 남교(南郊)에서 맞이하였다. 굴헐역은 대충 울산 지역이고, 남교는 월성 남쪽으로 남산 부근이었을 것이다. 백성들이 모두 지켜보고 있으니 어쩔 수 없이 월정교·일정교는 넘어서 남쪽 교외에서 기다렸나 보다. 옛날이나 지금이나 국민의 눈이 무섭기는 마찬가지다.

왕은 미해를 대궐로 맞아들여 잔치를 베풀었다. 형제애와 아량을 베풀고 싶었던지, 아니면 감옥에 친인척이 비리로 수감되어 있었던 것인지 별 상관없이 대사면령을 내린다. 이때, 풀려난 이들은 대부분 왕당파였을 것이다. 그리고 왕은 제상의 아내를 국대부인(國大夫人)으로 봉하고 그의 딸을 미해공(美海公)의 부인으로 삼았다. 골품제가 지엄하던 시기에 왜국에서 죽은 김제상의 딸을 미해에게 준 것은 상이 아닐 수 있다. 어쩌면 장인이나 장인의 부형도 죽은 처가가 미해에게는 '왕위 계승전'에서의 탈락을 의미하는 것일 수 있다. 그래서 미해에게 학대 받은 국대부인과 세 딸이 나중에 자살한 것은 아닐까?

당시에도 논설위원이 있었던지 한마디 한다. "옛날 한(漢)나라 유방의 신하인 주가(周苛)가 영양(滎陽) 땅에 있다가 초나라 군사에게 잡힌 일이 있습니다. 이때 항우(項羽)가 주가에게, '네가 만일 내 신하 노릇을 한다면 하남성 북부 황하의 남쪽 현인 만록후(万祿侯)에 봉해 주겠다.' 하니 주가는 꾸짖으며 굴복하지 않고 초왕 항우에게 죽임을 당했다. 이번 제상의 충정과 죽음은 주가에 못지않다."

제18대 실성왕

동진(東晋) 안제(安帝) 의희(義熙) 9년 계축(癸丑; 413년)에 평양주(平壤州)에 큰 다리가 완성되었다. 그러나 413년 당시 신라에는 평양주가 없었다. 413년에 신라는 아직 소백산맥 이북으로 영토를 확장하지 않았기 때문이다. 아마 후대의 기사가 소급된 것으로 보인다. 일연 스님이나 무극 스님이라면 이런 일을 하지 않았을 것이다. 누가 했을까? 물론 일연 스님이 실수했을 수도 있다.

이 문장을 자세히 살펴보면, '주어'가 없다. 다리를 만든 주체가 실성왕이라고 나와 있지 않다는 점에 주목해야 할 것이다. 실성왕조에 있으니 주어가 실성왕이라고 생각할 뿐이다. 『삼국유사』를 읽다 보면 명백하게 다른 조목에 들어가야 할 내용이나 관련성이 없어 보이는 내용이 간혹 보인다. 저자인 일연 스님이 일단 우선 정리하고 미완성으로 남겨둔 것이 나중에 본문으로 들어가서 생긴 일은 아닐까? 다시 말하자면, 조목들을 필사본으로 만들어 놓고, 그 사이사이에 자료로 붙여놓은 것을 정리하지 못하고 입적해서 생긴 일일 수 있다. 일연 스님만큼 역사적인 소양이 없었던 관련자들이 편집 과정에서 일단 넣고 본 것이라면 쉽게 해결된다. 하지만 이 역시 후대의 해석일 따름이다.

한편, 각주에 해당하는 주에는 "아마도 남평양(南平壤)으로 여겨지며 지금의 양주(楊州)이다."라고 친절하게 설명되어 있다. 당시

양주에 어떤 다리가 만들어진 걸까? 이런 상상에 대한 해답은 아직 구할 단계가 아닌 듯하다. 다만 지명 비정에 있어서 '평양주'를 남평양이나 양주가 아니라 당시 신라 경주 왕경안의 한 구역 이름이라고 하면 어떨까? 지금 우리 서울 용산에 미군이 주둔하듯이 당시에는 고구려 군사가 신라 국경 내에 있었던 것은 사실이다. 까닭에 평양주란 우리 용산구 내 미군기지처럼 당시 고구려 주둔지역이라고 이해하면 너무 앞서는 걸까?

실성왕(재위 402~417년)은 신라의 제18대 왕으로 『삼국유사』「왕력편」에는 실성마립간이라 하고 실주왕(實主王) 또는 보금(宝金)이라고도 하고, '영일 냉수리 신라비'에는 사부지왕(斯夫智王)이라 한다. 성은 김 씨이며 알지(閼智)의 후손으로 이찬(伊飡) 대서지(大西知)의 아들이다. 어머니는 아간(阿干) 석등보(昔登保)의 딸인 이리부인(伊利夫人)이며, 왕비는 미추이사금의 딸인 아류부인(阿留夫人)이다. 왕은 신장이 7척(尺) 5촌(寸)으로 매우 컸으며, 명민하고 지혜로웠다고 한다. 지혜로웠기에 고구려에 있는 동안 살해를 당하지 않은 실성왕은 자신을 고구려에 볼모로 보낸 내물왕을 원망했고 401년에 고구려에서 돌아온 다음 해에 내물왕이 죽자 다른 왕자들을 제치고 즉위했다.

외교적으로 왜와는 분쟁을 일으키지 않기 위하여 402년에 미사흔(未斯欣)을 볼모로 보내고, 412년에는 복호(卜好)를 고구려에 볼모로 보내기도 하였다. 이런 인질외교(人質外交)는 왜와 고구려 양국과의 관계개선 또는 관계유지라는 대외적인 명분이 있었다. 그러나 실제로는 내물왕의 왕자들을 외국에 볼모로 보냄으로써 내물왕계의 세력을 약화하려는 의도도 있었을 것이다.

조선 시대 세조가 문종이 죽은 후 단종을 폐위시키고 즉위한 것처럼, 실성왕은 내물왕이 죽고 그 아들인 눌지왕이 아직 어렸으므로 나라 사람들의 도움을 받아 왕위에 올랐다고 한다. 다만 차이점은 실성왕은 '전왕의 어린 왕자'인 '눌지왕'을 죽이지 않았던 점이다. 외세인 고구려 군사의 도움을 받아 즉위했으니 실성한 것이며, 본인의 지혜로운 머리만을 믿고 눌지왕을 죽이지 못했으니 참으로 실성한 것이라고 할 수 있다.

골품제도가 유지되는 신라에서 순서대로라면 왕이 될 수 없었던 실성왕이 외세인 고구려 군사력을 등에 업고 왕위를 계승했다. 이런 까닭에 '평양주'에 주둔한 고구려 군사를 위해 큰 다리를 만들어 준 것은 아닐까?

왕은 전왕의 태자 눌지(訥祗)가 덕망이 있으므로 이를 두려워하고 또 미워하여 장차 그를 죽이려 하였다. 고구려의 군사를 청하여 거짓으로 눌지를 맞이하여 죽이도록 하였는데, 고구려인이 눌지에게 어짊이 있는 것을 보고 이에 창끝을 거꾸로 하여 실성왕을 죽이고 눌지를 세워 왕이 되게 하고 가버렸다.

여하튼 평양주에 다리를 놓아 고구려의 환심을 쌓았다고 생각한 실성은 그제야 눌지를 죽일 생각을 했나 보다. 하지만 실성이 그렇듯 고구려에 간 복호 역시 지혜로웠나 보다. 고구려 군사들이 눌지의 어짊을 본 것은 눌지왕의 형제인 복호의 노력도 한몫했을 듯하다. 어려울수록 형제애로 똘똘 뭉친 눌지왕은 고구려 세력을 등에 업었다고 착각한 실성왕을 죽여 왕위를 되찾고 아이러니하게도 부자세습제를 확립한다.

제21대 소지왕대 사금갑

제21대 비처왕(毗處王), 소지왕(炤智王)이 즉위 10년인 488년 무진(戊辰)년에 천천정(天泉亭)에 나들이하였다.

479~500년에 재위했던 소지왕은 신궁(神宮)과 우역(郵驛)을 처음으로 설치하였고, 백제와 혼인을 맺어 동맹을 더욱 공고하게 한 것으로 유명하다. 18대 실성왕 다음에 19대 눌지왕과 눌지왕의 아들인 20대 자비왕을 넘어서 자비왕의 아들이자 눌지왕의 손자인 소지왕 기사가 나왔다. 왜일까?

소지왕은 비처마립간(毗處麻立干)이라고도 하는데 성은 김 씨(金氏)다. 자비마립간의 큰아들로, 어머니는 김 씨 서불한(舒弗邯) 미사흔(未斯欣)의 딸이다. 왕비는 이벌찬(伊伐飡) 내숙(乃宿)의 딸 선혜부인(善兮夫人)이다. 흥미로운 것은 미사흔이 눌지왕의 형제로, 일본에서 제상의 덕으로 귀국한 사람이다. 미사흔의 부인이 제상의 딸이었던 것은 기억할 것이다. 그런데 이 미사흔의 딸이 소지왕의 어머니라는 점이다. 제상의 외손이라는 뜻인가?

소지마립간 대에는 고구려가 신라의 변경 지방을 자주 공격하였는데 신라는 백제, 가야야 연합해 이하(泥河) · 모산성(母山城) 전투에서 고구려를 격파하였다. 특히 493년에 백제 동성왕의 요청을 받아들여 이찬(伊飡) 비지(比智)의 딸을 시집보내 결혼 동맹을 맺었다. 494년 고구려가 신라를 침입했을 때는 백제가, 495년 백제를 공격했을 때는 신라가 각각 구원병을 파견해 고구려의 남하를 강력하게 저지하였으며, 변경 지방의 요충지에는 삼년산성(三年山城; 지금의 보은) 등을 증축해 고구려의 침입에 대비하였다. 내물왕 이래로 신라를 좌지우지했던 고구려 세력을 몰아낸 것은 소지왕이기에 『삼국유사』의 저자인 일연 스님이 이에 주목해 '소지왕' 조를 남긴 것일까?

소지왕이 행차한 천정정이 어디에 있었는지는 확실하지 않다. 다만 까마귀와 쥐 이야기를 보면, 점집이 맞다. 다만, 그냥 점집이 아니라 왕이 가는 점집이니, 어려운 말로 '신탁(神託)'을 받는 곳이라고 보면 좋겠다. 티베트 망명정부의 상징적인 수반인 달라이 라마도 네충사원에 가서 매년 신탁을 받는다. 이처럼 신라 시대에도 그랬을 것 같다. 그럼 어디였을까?

소지왕은 신궁을 만든 이라는 점에 주목할 필요가 있다. 시조묘나 다른 종교 신앙 조직이 있었을 당시, '신궁'을 만든 것 자체가 '신궁의 추종 세력'을 이용해서 세력을 통합하려는 의지가 엿보인다. 까닭에 천천정을 '신궁'의 한 정자로서 신탁을 받는 곳 가운데 하나라고 보면 어떨까?

『신증동국여지승람』 권21 「경주부」 '고적'조에는 "신라 소지왕 10년 정월 15일에 왕이 천천정에 행차하였다"고 하여 『삼국유사』의 기사보다 자세한 날짜를 기록하고 있다. 대보름에 신궁에서 신탁을 받은 것으로 이해할 수 있는 부분이다.

이때 까마귀와 쥐가 와서 우는데, 쥐가 사람 말로 이르기를 "이 까마귀가 가는 곳을 찾아 가보시오."라고 했다. 혹자가 말하기를 신덕왕(神德王)이 흥륜사(興輪寺)에 행향(行香)하고자 하여 가는데, 길에 꼬리를 서로 물고 가는 한 무리의 쥐들을 보고 그것을 괴이하게 여겨 돌아와 그것을 점치게 하니 '내일 먼저 우는 까마귀를 찾아가라' 운운하는 것은 잘못된 이야기이다.

까마귀는 고구려 벽화에도 자주 등장하는 삼족오(三足烏)이다. 도교나 선교의 수행을 하는 사람들이 말하듯이, 불사조인 금시조의 변화형으로 생각하면 이해가 쉽다. 태양 가까이 날아서 날개가 선탠을 해서 탄 것으로 형상화한 생물로 보면 될 것이다. 용봉 가운데 봉황의 변화형이 닭으로 12지의 하나가 된 것과는 좀 다르다. 정유년은 닭의 해이며, 쥐는 12지 가운데 첫 번째라는 점에 유의해 볼 필요가 있다.

십이신장(十二神將) 또는 십이신왕(十二神王)이라고도 한다. 『약사경(藥師經)』을 외우는 불교 신자를 지키는 신장(神將)이다. 이들은 열두 방위(方位)에 맞추어서 호랑이 · 토끼 · 용 · 뱀 · 말 · 소 · 원숭이 · 닭 · 돼지 · 개 · 쥐 · 양 등으로 도교(道敎)의 방위신앙과 오행 사상에서 강한 영향을 입은 것으로 보인다. 신라의 왕릉 등에는 12지신이 많이 새겨져 있다. 그만큼 신라에 12지신 신앙이 성행해서 왕가도 이 신앙에 동참했다는 것을 말한다. 그 가운데 첫 번째인 쥐가 나타나 까마귀를 따라가라고 한 것은 토속신앙세력 가운데 12지신을 섬기는 무리들이 까마귀 즉 금시조를 모신 신궁에게 충성맹세를 하고 복속된 것을 상징적으로 말하는 것은 아닐까? 용봉문화인 닭을 포함한 12지가 금시조를 따르라고 한 것 자체가 신궁의 절대적인 위치를 말하는 것으로 추정할 수 있지 않을까?

우리나라는 금시조 신앙을 내포한 전불 시대에도 불국토였다. 티베트의 뵌교는 오늘날 티베트 밀교의 한 종파로 당당히 인정받고 있다. 꿈 수행(Dream yoga)으로 유명한 텐진 완갈 린포체의 방한을 통해서 알려진 사실이라는 게 거꾸로 놀라울 따름이다. 전통적이며 대표적인 티베트불교 종파에는 겔룩, 샤캬, 까규, 닝마의 4대 종파가 있고, 다음에 뵌이 있었는데 우린 '뵌교'가 티베트불교 안에 있다는 사실을 접하기도 어려웠다.

뵌교과 싸워 밀교를 정립한 빠드마삼바바(연화생, 구르린포체)의 부친이 뵌교의 사제였다는 전승도 들었다. 뵌교를 포함한 티베트불교 처지에서 보면 뵌교는 전불 시대의 불교와 같은데, 역시 근·현대와 고금을 막론하고 역사는 이긴 자들의 기록일 따름일까? 그래서 금시조에 대한 전승이 사라진 것일까?

금시조 신앙에 대해서 사전을 살펴보면, 금시조(金翅鳥)는 가루라(迦樓羅)라고 하며, 대붕 즉 '커다란 봉새'라고도 한다. 인도신화에 등장하는 큰 새로 용(龍)을 잡아먹는 존재이다. 사리불(舍利弗)이 가루라를 만들어 (악)용들을 잡아먹게 했다는 기사가 『석보상절』 제6권에 등장한다.

금시조의 모습은 독수리와 비슷하고 날개는 봉황의 날개와 같다. 한번 날개를 펴면 360리나 펼쳐진다고 한다. 머리와 날개가 황금빛인 탓에 황금빛 날개라는 뜻의 새 수파르나(suparna)와 동일시하여 금시조(金翅鳥)라 부르며, 묘한 날개를 지녔다 해서 묘시조(妙翅鳥)라고도 한다. 사는 곳은 수미산 사해(四海)로 전한다. 신화에 따르면 매일 뱀을 한 마리씩 먹는데, 자신의 어머니를 속여 노예로 만든 뱀족에게 복수하기 위해서라고 한다. 불교에 수용된 이후에는 금시조는 수명을 늘리는 능력이 더해졌고 불법을 수호하는 팔부신중의 하나가 되었다.

우리나라의 신중탱화에도 이러한 모습이 잘 표현되어 있다. 얼굴 형태는 독수리와 같고 용을 게걸스럽게 씹어 먹고 있거나 손에 쥔 모습이 자주 나온다. 대개 사찰 벽화에 많이 등장하는데, 대표적인 것으로는 석굴암 전실에 있는 가루라상을 들 수 있다. 이상은 왼손에 삼지창을 들고 있으며 날개가 달린 투구를 쓰고 있다.

팔부중(八部衆)은 천룡팔부(天龍八部)라고도 하며, 천룡팔부는 천(天)·용(龍)·야차(夜叉)·건달바(乾達婆)·아수라(阿修羅)·가루라(迦樓羅)·긴나라(緊那羅)·마후라가(摩睺羅伽)이다. 사천왕·팔부신중·12지신을 보면 토착 신앙의 모든 신이 나열되고 있다. 얼마나 불교가 토착 신앙을 부지런히 그리고 부단히 수용하려고 했는지를 여실하게 보여주는 모습이다.

설화에 의하면, 현자 카샤파의 부인들이었던 비나타(Vintā)와 카드루(Kadrū)의 두 자매 가운데 비나타는 두 개의 알을 낳는다. 그 가운데 오랜 시간 끝에 마지막 알이 부화하고 거기서 태양과 같이 찬란한 황금 깃털을 가진 새가 태어난다. '연오랑 세오녀' 조에 나오는 까마귀와 이 '사금갑' 조에 나오는 까마귀는 삼족오라고 할 수 있다. 삼족오는 단순한 까마귀가 아니라 '태양'을 상징하는 상징 동물이다. 이런 의미에서 불사조도 이와 같은 모습으로 보인다.

신덕왕(재위 912~916년)은 신라 제53대 왕으로 성은 박 씨이며 이름은 '경휘'로 아달라왕의 원손이다. 김 씨들이 왕을 하다가 김 씨 효공왕이 무자식으로 죽자 국인이 추대하여 즉위하였다. 헌강왕의 사위로서 후대에 박 씨가 왕이 된 희유한 예이다. 아들 중 승영은 경명왕이 되었고 위응은 경애왕이 되었다. 신덕왕 대의 신라는 실제로 경주 지역을 다스리는 데 그쳤고, 영토 대부분이 궁예(弓裔)와 견훤(甄萱)의 세력권에 들어가 있었다. 그런데 이 후대의 왕이 갑자기 소지왕 때 기사에 왜 등장한 걸까? 단지 쥐와 까마귀가 나왔기 때문인가?

신덕왕 대에 쥐들이 꼬리에 꼬리를 물고 가는 것은 신라의 흉조를 예언한 것이며, "내일 먼저 우는 까마귀를 찾아가라" 라는 말은 '신탁'을 받아 해결책을 모색하려는 것에 불과하다. 이런 내용이 '사금갑' 조에 적힌 것은 까마귀와 쥐에 대한 주제어(Keyword)가 같기에, 저자나 독자가 메모 형식으로 간지에 넣어져 있던 것을 후대에 인쇄 시에 특별한 교정과정 없이 각주로 정착된 것이 아닐까?

왕이 기사에게 명하여 까마귀를 따르게 해 고려 후기나 조선 초기의 양피사촌(壤避寺村)으로, 남산(南山)의 동쪽 산록에 있는 남쪽의 피촌(避村)에 이르렀다.

남산은 경상북도 경주시 남쪽에 있는 산으로 북쪽의 금오봉(金鰲峰)과 남쪽의 고위봉(高位峰) 두 봉우리에서 흘러내리는 60여 개의 계곡으로 이루어져 있다. 금오산(金鰲山)이라고도 부르는데, 정상의 높이는 466m이고, 남북의 길이는 약 8km, 동서의 너비는 약 4km이다. 수많은 불교 유적은 물론이고, 나정(蘿井), 남산신성(南山新城), 그리고 포석정(鮑石亭)과 같은 유적들이 있다. 남산을 포함한 경주 역사유적지구가 유네스코 세계문화유산에 등재되어 있다.

사람 말을 하는 쥐의 말대로 천천정에서 말 탄 병사가 까마귀를 쫓았다. 까마귀는 남산 동쪽의 피촌까지 갔다. 피촌의 '피'가 '피한다' 라는 뜻의 한자이니, 까마귀가 피해서 온 것은 아닐까? 그렇다면 까마귀는 동물이 아니라 '연오랑 세오녀' 조에 나오는 아달라왕계의 박 씨들의 남은 세력은 아닐까? 굳이 박 씨로 국한할 것을 아니지만, 금시조(까마귀)를 숭배하는 연오랑과 무관하지 않은 듯한 세력을 소지왕이 소탕하려는 것이라고 보는 것은 어떨까? 그래서 이들이 피하고 피하다 남산 피촌에 이른 것은 아닐까? 피촌은 까마귀를 숭배하는 세력들의 피난촌으로 보면 좋을 듯하다.

양피사는 서출지 부근에 있던 절로, 『삼국유사』 권5 「피은」 '염불사' 조에 나오는 남산 동쪽 기슭 피리촌 촌내 피리사 혹은 염불사 옆에 있던 절이다. 피촌은 피리촌이고 거기에 피리사(염불사)와 양피사가 있었나 보다. 그런데 그건 구전이고 피난촌의 피촌이나 피리촌에 있는 피리사(避里寺)나 양피사(讓避寺) 같은 절의 다른 이름일 듯하다.

돼지 두 마리가 싸우고 있어 이를 한참 살피다가 홀연히 까마귀가 간 곳을 잊어버리고 말았다. 길 주변을 배회하는데 이때 한 늙은이가 연못 가운데서 나와 글을 바쳤다. 겉봉의 제목에 이르기를 "열어보면 두 사람이 죽을 것이요, 열어보지 않으면 한 사람이 죽을 것이다."라고 쓰여 있었다. 기사가 돌아와 이것을 바치니, 왕이 말하기를 "두 사람이 죽느니 오히려 열어보지 않고 한 사람만 죽는 것이 낫다." 하였다.

돼지는 멧돼짓과에 속하는 잡식성 포유동물이며, 가축의 하나로 기후, 풍토에 대한 적응력이 강하여 전 세계에 분포한다. 특히 번식력이 뛰어나서 수퇘지는 발정이 약 3주 간격으로 반복되며 발정 지속기간이 2, 3일 정도이다. 교배 적기는 발정이 시작되고 24시간 정도 지난 뒤이다. 또한, 어미 돼지는 새끼 돼지가 젖을 뗀 뒤 7~10일이 지나면 다시 발정할 수 있다. 그래서 요즘은 불륜을 저지른 사람을 발정 난 개로 말하지만, 당시에는 돼지가 그런 의미로 쓰였나 보다.

사료를 보면, 1282년(충렬왕 8)에는 개성의 진고개에서 개가 사고무친의 눈먼 아이를 데리고 다니면서 밥을 얻어 먹이고 물을 먹여 키웠다. 이에 관청에서 개에게 벼슬을 내리고 그 충직함을 기렸다고 한다. 따라서 인간에게 가까운 반려자로서 '개'는 대접을 받았지난삽한 교합 때문에 욕을 먹지는 않았다.

여하튼 현실에서 보이는 모든 것은 다 의미가 있다. 존재하는 모든 것이 다 거기에 있는 이유가 있듯이, 까마귀가 인도해서 보여준 돼지 두 마리의 싸움도 의미가 있다. 돼지 두 마리의 싸움은 '불륜'이나 '사통'을 의미하는 것으로 받아들여도 될 듯하다. 천천정에서부터 양피촌까지 까마귀의 기행은 소지왕에 관한 이야기이다.

언제부터 시작된 말인지 모르겠지만 "낮말은 새가 듣고, 밤말은 쥐가 듣는다."라는 속담이 있다. 여기서 새는 까마귀고 쥐는 그냥 농촌사회의 영원한 적으로 곡식을 훔쳐가는 쥐를 말할 따름이다. '쥐새끼'가 의미하듯 쥐는 스파이를 은유하는 표현으로 사용될 수 있다. 미국의 CIA 등도 스파이, 간세(姦細), 세작(細作), 간첩으로 표현할 수 있다. 따라서 소지왕이 나오는 이 '사금갑' 조 사료에 나오는 '쥐'는 정보원을 의미한다고 할 수 있다. 쥐 즉, 지금으로 치면 안기부나 보안사 정보원이 기껏 가져온 정보를 접한 소지왕은 '둘이 아닌 하나만 죽어야 하는 것이 아니냐'는 우스꽝스러운 휴머니즘을 발휘한다. 왕이 제정신인지 모르겠다고 하면 너무 심한가?

일관(日官)이 나서서 "두 사람은 서민이요, 한 사람은 왕입니다."라고 말하였다.

일관은 한국 고대사회에서 왕을 측근에서 시종하며, 사주팔자 관상 등을 모두 보고, 오행의 원행 및 각종 점법을 했던 사람이다. 천천정에서 '신탁'을 했을 때도 옆에 있었을 가능성이 있고, 신탁의 주체일 수도 있다. 일관은 과학기술이나 의학이 발전하지 않았던 당시, 국가의 정책 결정에 깊이 관여할 수밖에 없었으며 신라 하대까지 존재한 것으로 알려져 있다.

이런 일을 하기에 '왕'이 잘못되어 죽기라도 하면 큰일이 아닐 수 없다. 그래서 보다 못해 나서서 한마디 한다. 어디에도 적혀 있지 않은 말을 대충 엮어서 내두른다. '두 사람은 서민'이라는 해석은 굳이 이어 붙이면 틀리지는 않지만, 여기서 두 사람은 두 돼지를 말하므로 당연히 사통한 두 연인을 말한다. 소지왕과 관련된 사람 중에 사통한 사실을 보고해야 할 사람은 역시 왕의 부인밖에 없을 것이다. 그런데도 굳이 글을 받고 해석을 '부인'이 아닌 '서민'이라고 한 이유는 무엇일까?

당시, 신라는 근친혼이 존재하는 골품제 사회다. 다른 나라에서 왕위계승은 형제간의 전쟁일지 모르지만, 신라의 경우에는 여왕의 존재와 사위의 왕위계승을 고려해 보면, 완전한 치킨게임이다. 누가 왕이 될지 모르는 경쟁에서 친가만큼 외가가 중요하고 처가도 중요하다. 같은 형제끼리 경쟁한다면 더 좋은 처가가 큰 힘이 될 것이다. 그런 나라에서 왕의 '부인'은 곧 왕의 남매이며 전왕의 딸이거나 후왕(중요 왕위계승 후보자)의 엄마일 수 있다. 아무리 일관이 높은 지위를 가지고 권력을 누렸다고 하더라도 그런 왕의 부인을 함부로 모함할 수는 없었다. 그렇기에 완곡하게, '당구로 말하자면 몇 번 돌려서' 해석한 것이 아닐까? 이렇게 '쓰리 쿠션'을 한 끝에 이야기는 대단원에 접어든다.

일관의 말에 왕이 그러하다고 여겨 열어보니 편지에는 "거문고 갑을 쏘라(射琴匣)."라고 적혀 있었다. 왕이 궁에 들어가서 거문고 갑을 쏘았다. 그곳에는 내전에서 분향 수도하던 승려가 궁주(宮主)와 은밀하게 간통을 하고 있었다. 두 사람은 사형을 당했다.

왕이 지혜가 부족할지는 몰라도 그래도 용인술은 대단하다. 일관의 말을 놓치지 않고 서민 둘이 죽을지언정 자신이 죽을 수 없는 것이다. 그래서 편지를 열어보고는 거문고 갑이 있는 곳을 찾았다. 내전에 거문고를 전시하기 위해서 걸어놓은 것이 있었나 보다. 그 방을 쳐다보고 가만히 보니 그 안에 뭔가 있는 듯하다. 아무리 변태적인 사랑을 한다고 해도 정말 간이 배 밖으로 나온 일이 벌어졌다. 분수승(焚修僧)이 궁주(왕의 부인)와 간통을 하고 있었다.

분수승은 향을 피우면서 불교의식을 주관하는 승려이다. 소지마립간 대에는 내전에 분수승을 두었다. 당시 궁에는 남자들이 별로 없고 내시들만 있었나 보다. 왕의 부인 가운데 왕비도 있었겠고 첩이라고 할 수 있는 빈들도 있었을 것이다. 어쩌면 너무 외로워서 말동무하다가 사건이 터졌나 보다. 선물도 주고받고 점도 봐줬을 테고 그러다가 연분이 터지는 예도 있었을 것이다. 왕실불교의 체면이 있지, 왕궁의 깊숙한 내전에까지 출입이 가능한 분수승이라면 지위도 높았을 것이다. 그런데 그런 분수승이 궁주와 사통했다. 그것도 멀리 가서 야합한 것도 아니고, 왕궁 밖에 절로 데이트하러 간 것도 아니고, 내전 옆에서 사통한 것이다.

궁주는 보통 왕비보다 격이 낮은 왕의 첩을 말한다고 한다. 신라의 후비제에 대해서는 잘 알 수 없으나, 『고려사』 권88 「후비전」의 내용에서 참고한다. 궁주는 왕의 아버지의 부인일 수도 있고 왕의 비일 수도 있다. 어떤 해석도 가능하며 분명 용서받지 못할 정도로 왕과 가까운 신분임에는 틀림이 없다. 나아가 이들이, 일관 등이 피리촌이나 노인, 쥐, 까마귀를 다 동원해서라도 죽이고 싶은 존재였던 것도 사실일 것이다.

그리고 그런 궁주 옆에 신라 왕실불교의 분수승이 연루되어 있다. 헌법 20조에 나온 것처럼 우리나라는 정교가 분리되어 있으며, 대한불교조계종은 청정 비구와 비구니의 종단이라는 생각이 왠지 모르겠지만 문득 스쳐 간다. 누가 되었든 승려는 여자와 정치를 멀리해야 할 듯싶다.

이로부터 나라의 풍습에 매년 정월 상해일(上亥日)·상자일(上子日)·상오일(上午日)에는 모든 일을 조심하고 삼가며 함부로 경거망동하지 않았다.

상해(上亥)·상자(上子)·상오일(上午日)에 나오는 해·자·오는 천간(天干)인 십이지 가운데 돼지·쥐·말을 말한다. 상이란 그달의 첫 번째를 말하니, 첫 번째 해일(亥日)·자일(子日)·오일(午日)을 일컫는다. 결국, 매년 정월의 상해일이 1일이라고 하면, 상자일은 2일이 되고 상오일은 8일이다. 새해 첫 이틀 동안 무척 얌전하게 지내다가 한 주 뒤에 하루 또 몸가짐을 조심했다고 한다.

그런데 왜 오일(午日)이 나왔을까? 조작된 것으로 봐도 크게 틀림이 없다. 앞의 설화를 보면, 쥐와 돼지가 나오는 것은 알겠는데 말은 안 나온다. 까마귀를 쫓아가는 병사가 말을 탔다는 것으로 유추해 볼 수밖에 없다.

굳이 말의 날에 조심해야 하는 이유는 무엇일까? 해의 날은 불륜이나 애정 관련된 일을 조심하라는 뜻으로 이해하면 좋을 듯하다. 쥐의 날은 입조심 말조심도 매우 중요하지만, 구설수를 타지 않게 조심하라는 뜻일 것이다. 마지막으로 말의 날은 쫓아와서 잡아갈 수 있으니 관재수를 조심하라는 뜻 같다.

재종형인 소지마립간이 후계자 없이 죽자 지증왕이 64세의 나이로 다음 왕위를 계승하였다. 후계자 없이 죽었다는 것은 믿을 수 없다. 다만, 누구의 자식인지 모르는 아이만 있었다는 의미는 아니었을까? 분명한 것은 소지왕이 무척 아끼던 후비 하나가 승려와의 연분 또는 연분설에 휘말려 처형이 되었다. 이런 기사를 전한 일연 스님은 승려들이 이래서는 안 된다고 한 것이다. 그것이 사람들의 생활 전반에 영향을 끼친 부분에 대해서는 좀 더 고찰해 볼 필요가 있을 듯하다. 과연 무엇 때문에 상해 · 상자 · 상오일까지 지키며 경거망동하지 못하게 했을까?

15일을 오기일(烏忌日)로 삼아 찰밥으로 제사를 지냈는데 지금까지 이를 행한다. 1월의 15일이니 정월대보름을 가리킨다. 한자어로는 원소절(元宵節), 원석절(元夕節), 원야(元夜), 원석(元夕), 상원(上元), 달도(怛忉), 등절(灯節), 제등절(提灯節) 이라고도 한다. 이 가운데 상원이란 중원(中元; 음력 7월 15일, 백중날)과 하원(下元; 음력 10월 15일)

에 대칭이 되는 말로서 이것들은 다 도교적인 명칭이다.

까마귀에게 제사 지내는 날에 대하여 성현(成俔)의 칠어고시인 '향반(香飯)', 『성소부부고(惺所覆瓿藁)』 시부에 실린 '궁사(宮詞)', 『경도잡지(京都雜志)』·『동국세시기(東國歲時記)』에서는 정월 보름이라 기술하였다. 『삼국유사(三國遺事)』·『동경잡기(東京雜記)』·『해동죽지(海東竹枝)』에서는 정월 열엿새라 기술하였다. 제사를 밤에 지냈나 보다. 대충 자시 즈음에서 지내다 보니, 기술함에 있어서 15일 밤이나 16일 새벽에 제사를 지낸다고 기술하는 것은 아닐까? 여하튼 정월 16일에 찰밥을 만들어 까마귀에게 먹임으로써 역경에 처한 소지왕의 신세를 갚은 셈이 된다.

고대 사람들은 까마귀를 태양·신의 사자·신의(神意) 전달자·신의 승물(乘物) 등의 상징적 신조(神鳥)로 사유하였다. 현재 까마귀를 위한 찰밥 제사는 사라졌지만, 약밥이 전승되고 있다. 약밥(藥飯) 이외에 이날에는 귀밝이술, 오곡밥(五穀飯) 등을 먹는 세시풍속이 있다.

향언(鄕言)으로 달도(怛忉)라고 했다. 슬퍼하고 조심하며 모든 일을 금하고 꺼려하는 것을 말한다. 달도의 내용은 전하지 않고 유래만이 『증보문헌비고』에 전한다. 『동도악부(東都樂府)』에도 〈달도곡(怛忉曲)〉이 있다고 하였으나 이는 김종직(金宗直)이 그 내력을 소재로 지은 한시이며, 원가(原歌)는 아니라고 한다. 왕이 목숨을 구한 내용으로 무척 슬픈 노래라고 한다. 왜 슬픈지 모르겠다. 왕이 배신을 당해서 슬픈 걸까? 혹시 죽은 후비의 애절한 로맨스가 이뤄지지 않은 것이 슬픈 걸까? 그것도 아니면 후비가 누명을 쓴 것이기에 슬픈 것은 아닐까?

그 연못을 서출지(書出池)라고 부른다.

노인이 나와서 문서를 바친 연못이니 한자로 하면 서출지가 맞다. 경상북도 경주시 남산1길 17(남산동)에 위치한 서출지는 사적 제138호로 지정되어 있다. 월성(月城)에서 남천(南川)을 따라 남산 동편으로 접어들면 정강왕릉을 지나 남산동에 이른다. 남산동 한가운데에 심층석탑 2기가 있고 바로 근처에 양피못이 있으며, 얼마 떨어져서 사금갑의 전설이 간직된 서출지가 있다. 이 연못은 자연적으로 생겨난 못으로 보이며 곡지(曲池)의 생김새를 가지고 있다. 노인은 누구일까? 용왕인가?

제22대 지철로왕

제22대 지철로왕의 성은 김 씨이다. 이름은 지대로(智大路) 또는 지도로(智度路)이다.

437년에 태어난 지증왕은 신라의 제22대 왕으로 재위 기간은 500~514년이다. 지철로, 지도로, 지대로 모두 '지혜로울 지'를 쓴다. 시호인 지증왕에서 비롯된 것일 수 있다. 문맥을 보면 음경이 무척 컸다는 의미로 '지대(至大)'가 원래 한자였을 가능성이 크다. 지대는 지ᄃᆞ(지다나 지도)와 음이 통한다. 지철로의 철 역시 쇠(鐵)라는 뜻으로 사용된 것이 시호 등으로 인해서 총명하다는 의미의 철(哲)로 바뀐 것이다. 설화에서야 음경이 크다고 했지만 결국 '크고 세다'라는 뜻에서 쇠 또는 철의 의미가 나온 것일 수 있다.

어렸을 적에야 자랑이었겠지만 나이가 들어 늙고 장수하면서 조금은 창피했을 것이다. 그러니 음은 같아도 뜻이 다른 글자로 서서히 바뀐 것일 수도 있다. 또한, 아무리 내외가 없는 사회라고 하더라도 처음으로 '마립간'을 넘어 '왕'이 된 사람이니 어렸을 때의 이름을 함부로 부를 수도 없었을 것이다.

길이라는 의미의 '로(路)' 역시 당시의 도량형이 좀 다를 수는 있으나 대충 잡아도 45cm나 되는 대물이다. 정말 '쭉 뻗은 길 같다'는 상상도 가능할 듯하다. 좀 이야기는 다르지만 '길 로(路)' 자를 일본어로는 '지'라고 적는다. 까닭에 남성 여성의 성기에 붙은 '지' 역시 결국 '길 로' 라는 한자로 표기했을 가능성도 있었다.

지증왕은 내물마립간의 증손이며, 습보갈문왕(習宝葛文王)의 아들이다. 어머니는 김 씨로 눌지마립간의 딸인 조생부인(鳥生夫人)이다. 왕비는 박 씨 이찬(伊飡) 등흔(登欣)의 딸 연제부인(延帝夫人)이다. 왕은 몸이 건장했으며 담력이 있었다. 재종형인 소지마립간이 후계자 없이 죽자 64세의 나이로 왕위을 계승했다.

『삼국사기』 권4 「신라본기」 4 '지증마립간' 조에 따르면 지증왕은 "나물왕의 증손으로 습보갈문왕(習宝葛文王)의 아들이고 소지왕(炤知王)의 재종 동생이었다. 왕은 체격이 매우 컸고 담력이 남보다 뛰어났는데, 소지마립간이 아들 없이 죽자 그의 왕위를 이어받았다. 왕에 즉위할 당시 그의 나이는 64세였다."라고 한다.

시호는 지증(智証)이라 하였는데 이때부터 시호를 사용했다.

『삼국사기』 권4 「신라본기」 4 '지증마립간 15년 춘정월' 조에도 같은 기록이 확인된다. 왕위에 오른 지 15년 만에 78세의 나이로 죽었다. 신라에서 시법(諡法)을 처음 사용한 왕이다. 그렇다고 법흥이나 진흥이 시호라고 봐서는 안 된다. 금석문 등에 법흥이나 진흥이 생시에도 사용했던 것으로 확인되었기 때문이다.

또한, 우리말로 왕을 마립간(麻立干)이라고 하였는데, 이 왕 때부터 사용하였다.

『삼국사기』에는 마립간이라는 칭호를 신라 제17대 나물왕 때부터 사용하고 있어 이 기록과 차이를 보인다. 이것은 이전에 한 번 다룬 바가 있어 생략한다. 지증왕이 시호를 받을 정도로 무슨 일을 했을까?

지증왕은 502년(지증왕 3)에 우경(牛耕)을 시행하고 순장(殉葬)을 금지하는 법령을 내리고, 주군(州郡)에 명해 농업을 권장하도록 하였다. 503년에는 국명을 신라로 확정했다. 신라라는 국명은 "왕의 덕업이 나날이 새로워지고, 사방의 영역을 두루 망라한다〔新者德業日新 羅者網羅四方之義〕." 라는 뜻에서 취했다. 505년에는 친히 국내 주(州)·군(郡)·현(縣)을 정하는 주군제도(州郡制度)를 실시했다. 이 밖에도 상복법(喪服法)을 제정하고, 서울에 동시(東市)를 설치했으며, 선박의 이익을 권장하는 등 일련의 의례와 민생에 관한 시책을 실시했다.

왕은 영원(永元) 2년(500) 경진(庚辰)에 즉위하였다. 혹은 신사(辛巳)라 하니 곧 영원 3년(501)이 된다. 왕은 음경(陰莖)의 길이가 1척 5촌이나 되어 훌륭한 배필을 구하기가 어려워 사신을 삼도(三道)에 보내 배필을 구하였다.

음경의 길이가 지대하게 길어서 모두 무서워했나 보다. 그래서 누구도 겁이 나서 시집가려 하지 않으니 왕경인 경주에서 삼도 즉 북, 서, 남으로 사람을 보낸 것 같다.

음경의 길이는 그런 길이가 아니다. 이런 측면에서 필사본 『화랑세기』에 나오는 음란한 내용이나, 『삼국사기』와 『삼국유사』를 비롯해서 우리 고대사 사료에 나오는 근친혼을 넘어선 상당히 음란한 기사가 그 답이 될 것이다.

민주주의 사회라고 하는 현실에서 만들어낸 영화 「내부자들」에 나오는 집단적인 음란 행위 모습이 고대에는 더욱 쉽게 재현되었을 것이다. 아니 고대가 원조라고 할 수 있겠다. 게임이나 특별한 오락이 없던 시절, 골품제의 상부에 있는 왕족, 나아가 왕실 구성원들의 은밀한 속사정은 우리가 상상할 수 있는 영역을 벗어난 것이다. 기상천외한 이야기가 있겠지만 문제는 거기서 벌어진 일 가운데 지철로왕의 남성 크기 이야기가 밖으로 새나갔다. 왕실 구성원들이 문제로 삼았는지 아니면 이성 관계에 있던 여성들이 고통스러운 푸념을 해서인지 왕경인 경주 안에서는 모르는 사람이 없었을 것이다.

그리고 그 소문은 훌륭한 배필을 구한다는 목적으로 온 나라 안에 방송을 탔다. 삼도로 보낸 사신이 왕의 남성 크기가 그리 크니 그와 맞을 만한 처녀를 구한다는 것 자체가 무척 불가사의한 촌극이 아닐 수 없다. 그런데도 그렇게 한 이유는 무엇일까? 남성성의 자만심인가? 남성 음경이 크다는 것의 우월성을 넘어 당시 성골이 거인족일 가능성을 염두에 둬야 한다.

모두가 몸이 크고 기골이 장대했는지 아닌지는 알 수 없다. 다만, 가끔 나오는 기사를 보면, 신라 왕족의 뼈는 매우 크다. 필사본에 나오는 진평왕의 장대한 기골이 색공의 대상이 되었다는 것도, 지철로왕의 음경 크기와 무관하지 않다. 왕경은 물론이고 삼도에 사신까지 보내 왕의 음경 크기를 자랑한 것이 분명하다. 그리고 그 자랑은 바로 왕족 특히 성골의 '기골 장대'라는 신성성의 강조와도 다름이 없다.

살아 있는 신과 같은 왕과 잘 수 있는 사람은 누구였을까? 왕족과 함께 왕비족이라는 말도 있다. 신라 사회의 골품제는 모계제에서 찾는다. 성적으로 문란한 사회에서 아버지는 알 수 없지만, 어머니는 확실하다. 까닭에 왕의 아들이 아닐지라도 나아가 파격적으로 아버지 친척의 아들이라고 할지라도 왕비의 아들은 큰 문제가 없는 한 왕의 아들로 인정받고 왕위계승자로 올랐다. 그러한 측면에서 모량족의 왕비족설은 의미가 있다.

여하튼 보통 여자들이 감당할 수 없는 크기의 음경을 가진 왕을 왕비족만이 상대할 수 있다는 것은 매우 우스꽝스럽고 해학적이다. 하지만, 거기에 담긴 의미는 성골의 신성성을 강조하며, 이미 짜 놓은 각본에 의한 스토리텔링일 따름이다. 이미 여자는 골라 놓고 국민적으로 모두 알게 하는 커다란 '비밀'과 '소문'의 연쇄반응일 따름이다. 너만 알아야 한다는 비밀은 입에서 입으로, 말에 날개를 달고 온 나라를 떠돈다. 지금보다 더 무식했을 수도 있는 고대 신라의 백성들은, 모든 남성은 왕을 부러움의 눈으로 봤을 것이다. 그리고 일부 여성들도 그것을 흠모했을 수도 있다. 하지만 그런 비밀 아닌 비밀 안에는 늙은 왕의 재혼을 설득시키기 위한 공작이 숨어 있었다.

63세에 즉위한 노령인 왕의 총기와 정치력을 의심하고 폄훼하는 세력들에게는 매우 큰 약점이었을 것이다. 왕의 남성성이 강하다는 말은 그러한 문제를 극복하기 위해 마련한 계략이 바로 엄청나게 큰 음경 이야기였다.

신라 제35대 경덕왕도 생식기의 길이가 8촌으로 아들이 없자 왕비를 폐하고, 의층 각간의 딸 만월부인을 왕후로 봉하였다. 거근의 소유자와 그 부인은 거인일 수밖에 없는, 즉 거인이 땅을 창조하였다는 무속신화의 변용이라고 보는 게 맞다.

사신이 신라 수도에 있었던 6부 가운데 하나인 점량부(漸梁部)라고도 하는 모량부(牟梁部)에 이르렀다. 동로수(冬老樹) 아래에서 개

두 마리가 크기가 북만큼 커다란 똥 한 덩어리를 양쪽에서 물고 다투는 것을 보았다. 마을 사람에게 물으니 어떤 소녀가 고하여 말하기를 "이것은 모량부 박 씨 이찬 등흔(登欣) 즉 상공(相公)의 딸이 이곳에서 빨래하다가 은밀히 숲속에 눈 것입니다."라고 하였다. 그 집을 찾아 그녀를 보니 신장이 7척 5촌이었다. 이 사실을 왕께 아뢰자 왕은 가마를 보내 그 여자를 궁중으로 맞아들여 황후로 삼았고, 군신들은 모두 경하했다.

남들은 살아남기도 힘든 63세까지 장수한 지증왕이 즉위했다. 어쩌면 63세가 아니었으면 즉위하지 못할 사람이었는데 그때까지 살아남을 줄 아무도 몰랐다. 정말 오래 살아도 너무 오래 살아서 사돈에 팔촌에 겹사돈을 맺어 왕위 계승 1순위가 된 것 같다. 그래서 다른 젊은 후보들을 물리치고 왕이 되었다. 그렇게 왕위에 오른 지증왕이 내건 것은 '건강'이다. 그것도 다른 것보다 왕성한 정력과 '음경의 크기'를 자랑했다.

세 갈래로 나누어 전국을 돌아야 할 사신 가운데 한 명이 참으로 운이 좋았나 보다. 멀리 가지 않고 바로 왕경을 벗어나자마자 신라 6부 가운데 하나인 모량부에서 '왕비' 후보를 찾은 것이다. 물론 내용은 동로수(冬老樹) 아래에서 개 두 마리가 크기가 북만큼 커다란 똥 한 덩어리를 양쪽에서 물고 다투는 것을 본 것이다. 내용이 무척 상징적이어서 이걸 보고 알아챈 사신이 매우 스마트하고 똑똑한 것을 알 수 있다.

동로수라고 하면 겨울에 나이든 노령의 나무로 요즘 시쳇말로 말하면 '보호수'라고 할 수 있다. '신목(神木)'이라고 할 수도 있는 나무는 물론 지증왕을 뜻한다. 그 앞에 개 두 마리가 다투고 싸우는 것은 아무래도 왕비를 상징하는 인척세력 같다. 새롭게 왕비를 찾는 걸 보면, 정식 부인은 아니고 아무래도 후처라고 할 수 있는 여자들인 듯하다. 개로 표현할 정도로 무척 첨예하게 대립하는 두 세력이 물고 다투는 것은 커다란 똥 한 덩어리다. 권력이나 돈도 알고 보면 다 똥이라는 뜻인지, 꿈에서 똥을 보면 돈을 번다고 한 것 때문인지 왕비 자리를 똥으로 상징했다. 이렇게 풍자하고 왕을 둘러싼 여성들과 그 친척들의 다툼을 조롱하면서 당시 상황을 상징적으로 드러낸다.

물론 큰 똥이고 그런 큰 똥을 눌 수 있는 여자를 구한다는 스토리 전개도 무시할 수는 없다. 사람이 대변을 크게 볼 수도 있으므로 굳이 커다란 음경을 받아들일 수 있는 여성으로 상징하는 것은 많이 오버한 것 같다. 대변은 남자도 가능한 것인데 굳이 여성의 것으로 한정 짓는 것도 이해가 되지 않는다. 개는 남성을 상징하고 똥은 여성을 상징한다는 당시의 풍속이 있었을지도 모른다. 하지만 이해가 어렵지 않고 『삼국유사』의 찬자 역시 별다른 이의를 달지 않고 지나간 걸 보면 고려 후기 사람들도 이해할 수 있는 스토리였을 수도 있다.

평범한 사신이라면 그냥 지나치고 말 일을 관심을 가지고 봤다. 아니 그렇게 보도록 각본을 짰다. 그리고 제대로 관심을 가지고 가치를 부여하기 위해 묻지 않아도 될 이야기를 모량부 사람들에게 물었다. 준비했다는 듯이 어떤 소녀가 와서 개인정보호법도 무시하고 줄줄이 다 외워서 이야기했다. 박 씨 이찬 등흔(登欣) 즉 상공(相公)의 딸이 이곳에서 빨래하다가 은밀히 숲속에 눈 것이라고.

지방 수령도 아니고 중앙정부 재상가의 딸을 찍었다. 사신이 그 집을 찾아가 보니 여자 역시 신장이 7척 5촌이었다고 한다. 성골이라는 것을 과시하고 싶은 것이었는지 역시 그 남자에 그 여자라는 말을 하고 싶었나 보다. 이 정도 키가 커야 다른 두 후비의 기를 누를 수 있었을까?

사신은 바로 이 사실을 왕에게 보고했고 기다렸다는 듯이 가마를 보내 그 여자를 궁중으로 맞아들여 황후로 삼았다. 속전속결이다. 요즘처럼 잘 나가는 클럽에서 만나 하룻밤 사랑을 하는 것도 아니고 번갯불에 콩 구워 먹듯, 모든 게 시나리오대로 굴러갔다. 너무나 의아하고 경악스러울 지경이지만 지증왕의 권한이 셌든가, 아니면 인척세력들이 밉상이었는지 군신들은 모두 경하하고 그냥 넘어가기로 했다.

지철로왕이 배필을 구한 사실을 전한 『삼국유사』는 후대 사람들이 지철로왕 즉, 지증왕을 위하여 한 가지 위업을 남긴다. 바로 울릉도 이야기다.

강원도 강릉시로 추정되는 아슬라주(阿瑟羅州)에서 있었던 일이다. 명주(溟州)의 동쪽 바다 즉, 동해 가운데에 순풍으로 이틀 걸리는 거리에 지금은 우릉(羽陵)이라 불리는 울릉도(亐陵島)가 있다.

『삼국유사』에는 없지만 울릉도에 대해서는 『삼국사기』「신라본기」 '지증왕 13년' 조에 신라에 복속된 사실이 전한다. 이미 '독도는 우리 땅'이라는 노래를 통해서 우리 국민이라면 대부분 아는 사실을, 독도가 우리 땅임을 고려 후기나 조선 전기의 사람은 알기 어려웠다. 국정홍보처가 당시에는 제대로 기능하지 못해서 그런 것인지 교육부가 대국민 계몽을 잘못해서 그런 것인지 울릉도가 우리 땅이라는 사실을 알 정도면 거의 석학이라는 말을 들었을 시대였다. 그래서 일연 스님인지 누군지 모르겠지만 『삼국유사』의 저자는 울릉도에 대한 진실 하나를 '지철로왕' 조에 편입시켜 전한다.

지금도 가기 힘든 섬이 울릉도인데 신라 시대에는 어땠을까? 아무도 가고 싶지 않은 섬이었을 것이다. 하지만 문제는 이 섬이 강릉이나 삼척 부근에서 바라보면 가끔 보이는 데 있다. 보이는 섬이어서 그런지 뱃사람들은 동해로 나갈수록 가까이에서 울릉도를 볼 수 있다. 견물생심이라고, 물건을 봤으니 마음이 안 생길 리 없다. 특히 지금이나 그때나 위정자들은 땅따먹기에 관심이 많았다. 배가 생기고 거기까지 갈 여력이 있는데, 가지 않을 리가 없다. 그래서 신라 시대에도 가본 것은 아닐까? 깃발을 꽂기 위해서 말이다.

그런데 울릉도는 우리만 볼 수 있는 것이 아니다. 독도에서도 울릉도가 보인다. 그리고 일본의 시마네현에서 한참 떨어진 오키시마 근해에서도 독도는 보인다. 그러니 일본에서 오키시마를 갔다가 독도를 보고 울릉도까지 올 수 있었을 것이다. 일본 북쪽에 있는 러시아도 그렇고 중국도 그렇고 특히 해적들에게는 안성맞춤인 천혜의 요지였을 것이다. 아니면 해적의 노략질을 받는 곳이 되거나.

이런저런 이유로 고려와 조선 시대에는 일시적으로 공도정책을 써서 이곳 주민을 육지로 옮기기도 했다. 국민을 보호한다는 명분이었으나 국민의 해적화를 막기 위한 방책이었을 수도 있다. 그런 이유로 오랫동안 우리의 울릉도는 빈 섬이 되었다.

울릉도의 둘레가 2만 6,730보였는데 섬 사람들은 그 바닷물이 깊은 것을 믿고 교만했다. '약 오르지롱! 쫓아와 봐라'라고 이야기해도 쫓아가는 것이 어렵다. 당연히 교만해질 수밖에 없는 것이 인지상정이다. 그러니 신라가 아무리 협박해도 울릉도 사람들은 신하 되기를 거부하였다. 왕은 신라에서 두 번째로 높은 관등인 이찬(伊飡) 박이종(朴伊宗)을 불렀다.

박이종은 우리 국민이 다 아는 이사부(異斯夫)이다. 다만, 『삼국사기』 '이사부' 조에는 그의 성이 박 씨가 아니라 김 씨로 기록되어 있다. 양자로 나중에 데려갔거나 어머니가 박 씨거나 했나 보다. 신라 시대에 성씨는 그리 중요한 게 아니었던 것 같다. 박 씨나 김 씨의 경우에는 그게 그것 같다. 황금의 김 씨나 밝은 박 씨나 다 같은 의미여서 그런가? 여하튼 이사부는 나물왕의 4대손으로 태종(苔宗)이라고도 하고 단양적성비에는 '이사부(伊史夫)', 『일본서기』에는 '이질부(伊叱夫)'로 등장한다.

이사부는 지증왕 5년(505)에 실직주 설치 후 군주로 임명되었다. 그로부터 7년 후인 512년에 드디어 우산국을 정복했다. 처음부터 우산국을 정복하기 위해 군주로 임명되었다. 해상세력화 된 울릉도가 눈엣가시가 된 지 오래였기 때문에 지증왕은 이들을 때려잡아서 군기를 세우고 싶었다. 늙은 왕이 68세가 되어 이사부를 실직 군주로 삼은 것도 그런 체면 차리기의 일환이었을 것이다. 그런데 그게 쉽지 않았다. 배도 만들어야 하고, 병사들 훈련도 시켜야 하고, 애초부터 기병이나 보병을 훈련해서 수병으로 만드는 데 7년이나 걸렸다.

울릉도를 복속시킨 이사부는 진흥왕 2년(541)에 병부령으로 승진했고 545년에는 이찬으로 국사 편찬을 건의했다. 아마도 자신의 울릉도 복속을 크게 다루려고 했던 심산이었나 보다. 우리는 사실인지 거짓인지 확인할 틈도 없이 울릉도 하면 이사부를 떠올린다.

우산국 말고도 사실 이사부는 매우 유명하다. 진흥왕대에는 병부령에 이어 이찬으로 승진하여 국사의 편찬을 건의했던 당시 최고 실력자였다. 진흥왕 2년(541)에 임명된 병부령(兵部令)은 단순한 국방부 장관이 아니다. 북한의 김정일처럼 국방위원장으로 볼 수 있는 여지도 있는 매우 무서운 요직이다. 실제로 신라 상대에 병부령은 상대등이나 시중 등 수상이나 국무총리와 같은 직을 겸할 수 있는 최고 요직이었다.

진흥왕 23년(562)까지 실제로 정치·군사적인 실권을 장악한 그가 진흥왕 6년(545)에 거칠부(居漆夫)를 통해서 만든 『국사(國史)』에 개입하지 않았을 리가 없다. 지금은 고대사로 신라사지만, 『국사』에 실린 500년대 지증왕과 진흥왕대 기사는 따끈따끈한 현대사였다. 국정교과서를 만드는 국사편찬위원장 거칠부 위에 군림한 이사부를 누가 감히 무시할 수 있었을까? 당연히 지증왕과 진흥왕의 위업도 강조했을 것이다. 두 왕을 섬기면서 우산국까지 복속시킨 이사부의 영웅담도 빠지지 않았을 것 같다. 진흥왕의 즉위 역시 이사부의 도움 없이는 불가능했을 듯싶다.

한일 관계의 가장 맹점이라고 할 수 있는 독도는 우리 땅이다. 우리가 실효적으로 소유하고 있기에 역사적으로 우리 땅이 아니라고 해도 사실 아무런 의미가 없다. 몇 백 년 전에 잠시 일본이 점유할 수 있다. 하지만, 지금 우리가 적법하게 소유하고 있으니 더 할 말이 없다. 여하튼 우리와 일본 사이에 영토 문제는 존재하지 않는다. 독도가 우리 땅이니 굳이 영토 문제의 대상으로 삼을 이유는 없다. 특히 독도에서 가장 가까운 울릉도를 신라 때부터 소유하고 있었으니 더더욱 그렇다. 이런 주장을 우리는 노래를 통해서 하고 있다. 초등학생들조차 외우고 있는 가수 정광태의 '독도는 우리 땅'은 불후의 명곡이다.

이사부는 국사가 나온 545년 이후에도 왕성하게 활동한다. 549년(진흥왕 10) 전후에 이찬 이사부는 무력(武力; 김유신의 할아버지) 등을 이끌고 한강 상류 지방을 공략하여 신라 영토를 크게 넓혔다고 단양신라적성비(丹陽新羅赤城碑)에 전한다.

550년 이후, 신라는 양국이 숨을 돌리고 있는 틈을 타서 백제가 함락시킨 고구려의 도살성(道薩城)과 고구려가 점령한 백제의 금현성(金峴城)을 공략하였다. 점령에 성공한 뒤에는 성을 증축하고 1,000명의 군사를 주둔시켰다.

이어 금현성 탈환을 위해 재차 침입한 고구려의 군대를 다시 격파하면서 '경상도'의 힘을 자랑하였다. 이에 멈추지 않고 562년 9월에는 대가야를 멸망시켜 낙동강 하류 지역을 완전히 장악했다. 이들과 연결된 왜의 세력을 한반도에서 제거할 수 있었다. 그러고 보면 이사부의 우산국 복속과 대가야 멸망은 결국 '일본'의 한반도에서의 축출과 관계있으니 독도와는 무관한 듯해도 무관한 것만은 아니다. 하지만 이후에 이사부 대신 거칠부가 등장한다. 국사를 써 바친 거칠부가 뒤를 이은 것을 보면 지금은 전해지지 않은 국사지만, 그 내용은 알만하다.

이사부가 군사를 거느리고 바다를 건너가서 그들을 토벌하게 하였다. 박이종은 나무로 사자를 만들어 큰 배 위에 일렬로 세워 놓고 "항복하지 않으면 이 맹수를 풀어 놓겠다."라고 하며 그들을 위협하였다. 그러자 섬사람들은 두려워 항복하였다. 이에 지증왕은 이종에게 상을 내려 주의 장관인 주백 즉, 군주(軍主)으로 삼았다.

많은 동화작가가 이 지증왕 조의 마지막 부분을 읽으며 갖은 상상력을 꽃피웠을 것이다. 아무리 산속에서 자란 경상도 사람이라도 '나 잡아봐라' 하고 울릉도 산속으로 도망친 이들을 쫓아서 함부로 상륙하기란 무척 어려운 일이다. 전략상으로도 지리적인 이점을 충분히 이용할 수 있는 우산국 사람들이 어떤 형태의 전쟁을 벌일지 모르는 처지다.

선불리 상륙하느니 그냥 배 위에서 주시하고 관찰하고 있는 것이 나을 듯싶다. 하지만, 식량은 계속 떨어져 가고 뱃멀미는 끊이질 않으니, 이사부가 결정한다. 트로이의 목마를 만들려다가 실패했는지 그 나무 조각으로 '사자상'을 만든다. 차우차우의 아버지뻘인 티베트의 사자견 도키를 깎아 만들었다. 먹다 남은 소고기 가죽과 털 등으로 나뭇조각을 덮고 생선 피를 이용해서 시뻘겋게 색칠한다.

구절 인형처럼 관절을 꺾을 수 있게 하고 동물 소리를 잘 내는 성우에다가 선창 바닥을 칼로 긁으며 이빨과 발톱을 가는 소리도 연출했을 것이다. 예술 총감독은 물론 이사부였을 것이며 이런 훌륭한 뮤지컬 공연은 성공한다. 참으로 예술적 감각까지 두루 갖춘 대단한 장군이다.

법흥왕대 불교를 수용한 후 나라의 기틀을 갖추기 시작한 신라 중고기 제24대 진흥왕으로부터 제29대 태종무열왕 통일 직전까지로 구성된 3부에서 우리는 전쟁을 어떻게 이해할 것인지를 마주해야 한다. 격동의 세월 속에서 통일 내일을 설계해야하는 우리는 평화를 어떻게 유지해 나가야 할지 고민해 봐야 한다.

3부

중고기의 신라

제24대 진흥왕(真興王)

제25대 진지왕과 도화녀 비형랑

제26대 진평왕대 천사옥대

제27대 선덕여왕의 지기삼사

제28대 진덕여왕

김해 김 씨 중시조 흥무대왕 김유신

제29대 태종무열왕

三國遺事 중고기의 신라

제24대 진흥왕(眞興王)

제24대 진흥왕이 왕위에 올랐다. 나이가 15세여서 태후가 섭정하였다. 『삼국사기』 권4 「신라본기」 4 '진흥왕' 조에는 7살에 즉위하였다고 되어 있다.

그런데 다른 기사들은 몰라도 15세 즉위 기사는 잘못이 있는 듯하다. 지금처럼 재벌 부모만 믿고 폭행도 서슴지 않는 금수저도 15세 나이에 왕위에 올랐다면 엄마를 섭정으로 앉히지는 않을 듯하다. 약관의 나이는 되지 않았어도 15세는 굳이 섭정이 필요할 나이로는 좀 많은 것이 아닐까?

그런 의미에서는 진흥왕의 즉위 연도는 7세가 옳다고 여겨진다. 하지만 그건 상식이고 역사에 상식이니, 보통이니, 평범이니 하는 것이 통용된 적이 별로 없다. 15세가 아니라고 할 수도 없다.

물론 태후라는 분이 무척 힘이 세고, 태후의 후광을 입어 왕이 되었기에 어쩔 수 없었다는 정략적인 판단이라면 15세에도 설정할 수 있다. 아니, 태후가 잘만 버텨준다면 불혹의 나이인 40세까지 설정해도 괜찮다. 여하튼 치열한 왕위 계승전을 통과하려면 합종연횡이 필요했으니, 나이야 7세든 15세든 별 의미가 없다. 결국, 태후가 어떤 사람인지 좀 자세히 알아봐야 할 것 같다.

태후는 법흥왕의 딸로서 입종갈문왕(立宗葛文王)의 부인이다. 왕은 임종할 때에 머리를 깎고 법의를 입고 운명했다.

『삼국유사』「왕력」편에는 진흥왕의 어머니가 지소부인(只召夫人), 혹은 식도부인(息道夫人) 박 씨로 영실 각간의 딸이라 하였다. 그러나 박 씨, 식도부인은 진흥왕의 어머니가 아니라 진흥왕의 비이다. 한편, 지소부인은 울주 천전리 서석 명문에 보이는 '지수시혜비(只須尸兮妃)'와 동일인이다. 그러니 어머니는 지소부인이고 부인은 식도부인이라고 하면 좋다. 하지만 그건 정리하는 사람에서 좋은 것이고, 식도부인이 계모이거나 입종갈문왕의 첩이었고 나중에 진흥왕과 새로 결혼했을 수도 있다. 물론 파천황적이고 지금으로 봐서는 비윤리적인 일이겠지만, 근친혼이 성행하고 다처다부제와 같은 모습을 보이는 『화랑세기』 필사본이 신라 사회와 왕실사회를 성실하게 담은 것이라면 충분히 가능한 이야기이다.

지소부인의 남편인 입종갈문왕은 법흥왕의 동생이다. 울진 봉평 신라비에는 입종을 '사부지(徙夫智)'라 하였고, 울주 천전리 서석에는 '사부지(徙夫知)'로 표기하였다. 그는 왕의 동생으로서 왕위에 오르지 못하였으므로 갈문왕에 봉해진 것이라는 설도 있지만, 입종 역시 그의 딸이나 여동생이 어떤 사람인지 확실히 살펴야 한다. 풍부했던 고대, 특히 신라 사료들을 재정리하는 과정에서 가부장제적인 유교 풍습이 영향을 끼쳐서 그렇지, 아들보다 딸이나 여동생이 더 귀했던 사회였음을 간과해서는 안 된다.

순암 안정복이 말한 "비후의 부" 즉, 비나 태후가 되었던 사람의 아버지 또는 그의 아들(동생)로 왕자와 공주들의 외조부나 외삼촌이 갈문왕일 가능성이 높다. 일제 침략기와 한국전쟁을 거치지 않은 순암의 생전에는 지금보다 더 많은 자료가 있었다고 보이기 때문이다.

영조의 아들 사도세자의 부인 혜경궁 홍 씨같이, 남편이 왕이 되지 못하고 죽은 입종갈문왕의 부인이었다. 입종갈문왕이 살았으면 흥선대원군처럼 섭정했을까? 아니면 왕이 되었을까? 여하튼 스토리텔링이라는 입장에 서면 남편을 사별한 가련한 지소부인이 온갖 고난을 극복하고 아들을 왕으로 즉위시킨 시나리오가 가장 극적이고 인기가 높을 듯하다.

엄마 덕으로 왕위에 오른 마마보이 진흥왕은 576년까지 재위하였다. 왕은 죽령을 넘어 한강 유역까지 영토를 확장하였고, 고령의 대가야를 정복하는 등 신라의 강역을 크게 확장했다. 그리고 그 유명한 순수비를 여러 곳에 세웠다. 새로 획득한 땅을 돌아보는 것을 순수라고 했는데, 부동산을 그리 많이 획득했으니, 죽기 전에 한번 꼭 보고 자랑하고 싶었을 것이다.

아니면, 엄마 등쌀이 무서워서 얌전하게 살았는데, 돌아가셨으니 이제 안심하고 예쁜 처첩들 데리고 유람을 갔을 수도 있다. 노인까지 수로부인이 걸었던 동해의 바닷길을 따라서 북으로 또 북으로 가마 타고 배도 타며 여행하다 창녕은 물론이고, 북한산, 황초령, 마운령에 순수비를 세웠다. 문제는 왕의 이름 진흥이 죽은 후에 붙여지는 시호라고 『삼국사기』는 기록하고 있다. 그러나 순수비에 이미 사용하고 있으므로 생존 시 칭호였음을 확인하고 있다.

화랑도라는 청소년 집단을 공인하여 인재 등용의 길로 활용했고, 국사를 편찬하고, 황룡사 장육존상을 주조했으며 팔관회를 최초로 개최한 왕이 바로 진흥왕이다.

지금까지의 이야기를 종합해 보면, 진흥왕의 즉위에 이사부가 관여했고, 지소부인의 세력과 무관하지 않았다고 추론할 수 있다. 이사부와 지소부인은 어떤 사이였을까? 그건 자료가 없으니 뭐라 할 말이 없다. 하지만, 이사부가 진흥왕의 대부와 같은 존재였을 개연성은 충분하다.

여불위의 사생아였던 진시황이 그랬듯이, 진흥왕 역시 즉위 후, 12년이 지난 551년에 개국(開國)이라고 연호를 바꾸며 친정(親政)을 시작한다. 아무래도 7세가 맞나 보다. 그러니 19세 지금의 미성년이 끝나는 해가 되자마자 왕 노릇을 시작한 것이다. 나중에 이것저것 많이 한 것 보면 축하할 일이다.

지소부인에 대한 사료는 턱없이 부족하다. 하지만 『화랑세기』 필사본에는 그녀의 행적이 자세하다. 지소부인은 법흥왕과 보도부인의 딸로 어머니 보도부인은 비처왕과 선혜 사이에서 태어났다. 처음에 입종과 혼인하여 진흥을 낳고 태종과 관계를 맺어 숙명과 세종을 낳았다. 그리고 침신 구진과 관계를 맺어 딸 보명을 낳았다. 또 법흥의 유명으로 영실을 계부로 맞이하여 송화와 황화를 낳았다.

법흥왕이 옥진이 낳은 비대공 또는 영실이 왕위를 잇게 하려 했다. 지소부인은 대신들을 앞세워 그 부당성을 지적하고 진흥을 즉위시키고 자신이 섭정한다. 그녀가 섭정 이후 처음 실행한 것 중 하나가 종전에 있던 원화를 폐지하고 풍월주를 설치한 것이다. 준정이 영실에게 붙어 원화의 자리를 지속하고, 나아가 남모를 죽이자 지소는 바로 원화를 폐지하고, 선화를 화랑으로 삼았다. 그리고 그 무리를 일러 풍월이라 하고, 그 우두머리를 풍월주라 하였다.

필사본을 통해서 지소 태후의 섭정 과정이 쉽게 이해할 수 있다. 그러나 필사본이라서 믿기 어려운 부분이 있는 것도 사실이다. 그런데 법흥왕은 왜 죽기 전에 왕위를 넘기려고 했을까? 나이 많은 비대공이나 영실공에게 왕위를 주고 뭘 하려고 했을까? 왕은 임종할 때에 머리를 깎고 법의를 입고 운명했다. 이러한 사료를 보면 법흥왕은 왕위를 버리고 출가한 것 같다.

법흥왕은 불교를 크게 일으키려 했으나 귀족들의 반대로 고민하던 중 527년에 이차돈(異次頓)의 순교를 계기로 불교를 국가적으로 공인했다. 이차돈에게 미안해서 그런 건지 법흥왕도 말년에 승려가 되어 법호를 법공(法空, 또는 法雲)이라 했다. 재위 27년에 죽자 시호를 법흥(法興)이라 하고, 애공사(哀公寺)에 장사 지냈다.

애공사의 공이 법흥왕을 의미하는지도 모르겠다. 여하튼 복이 많은 법흥왕이다. 적어도 불교에서는 생전에 왕도 해보고 삼보의 하나인 승보도 되어보고 이생에서, 저승에서, 윤회에서도 할 수 있는 것은 다 한 성공한 군주로 전륜성왕이 맞는 듯하다.

남조(南朝) 양(梁) 원제(元帝) 승성(承聖) 3년 즉 554년 9월 백제 병사가 진성(珎城)을 침범하여 남녀 3만 9,000명과 말 8,000필을 빼앗아 갔다.

진성은 전라북도 북부인 무주 지역이며, 조선 시대의 진산군(珍山郡)으로 본래는 백제의 진동현(珍同縣)이다. 그런데, 왜 백제가 침입한 건가? 이보다 먼저 백제가 신라에게 군사를 합하여 고구려를 치자고 했다. 진흥왕이 "나라가 흥하고 망함은 하늘에 달려 있는데 하늘이 고구려를 미워하지 않는데 내 어찌 그럴 수 있겠는가!"라고 하였다. 이 말을 들은 고구려는 감동하여 신라와 평화롭게 지냈다. 그러나 백제가 이것을 원망하여 침범한 것이다.

내가 첫 번째라는 원조 경쟁이란 게 해 봤다. 진성이 백제 땅이었는데 신라가 빼앗았고 이때 잠시 다시 노략질을 당했던 것으로 이해하면 별 무리가 없을 듯도 싶다.

진흥왕은 얼마 지나지 않아 거칠부(居柒夫)를 비롯해 구진(仇珍)·비태(比台)·탐지(耽知)·비서(非西)·노부(奴夫)·서력부(西力夫)·비차부

(比次夫)·미진부(未珍夫) 등 8명의 장군에게 명하여 한강 상류 유역인 죽령(竹嶺) 이북 고현(高峴; 지금의 철령) 이남의 10개 군을 고구려로부터 빼앗았다. 결국, 진흥왕의 말은 고구려 처지에서 보면 다 쇼였다. 진흥왕은 드라마 「도깨비」에 나오는 공유처럼 신들린 연기를 잘하는 배우였던 것이 틀림없는 듯하다.

제25대 진지왕과 도화녀 비형랑

제25대 사륜왕(舍輪王)의 시호는 진지대왕(眞智大王)이다.

이 기사를 보면 금륜왕 아니 사륜왕이 생시에 불렸던 진지왕의 이름 같다. 사전적으로 '사(舍)'는 그 음이 '샤'이며 '금(金)'의 뜻 '쇠'와 서로 통용될 가능성이 있다. 그래서 '금륜'을 '사륜'이라고 했을까? 진흥왕의 아들 가운데 태자의 이름은 동륜이다. 근데 일찍 가버렸다. 독살이었는지 아니면 마구 놀다가 마약에 빠진 것인지 잘 모르겠다. 왕실이라는 게 황제와 같은 급이기에 항상 흥청망청 했을 가능성이 크다. 여하튼 첫째가 가버렸으니 둘째가 왕위에 올랐다.

언뜻 이해하기에는 금륜, 은륜, 동륜을 생각하고 '왜 금륜이 둘째냐'고 의문을 가질 수 있다. 하지만 여기서 '금륜'은 '사륜', 즉 '쇠륜'으로서 '쇠' 즉, 금속을 일컬을 때 '금' 자이다. 그러니 당시에 무척 비싸고 귀했던 동(銅)보다 못한 것이다. 동티가 나서 그런 것인지 동륜이 일찍 가고 금륜의 시대가 열렸다.

금륜왕의 재위 시기는 576~579년 사이이다. 진흥왕의 둘째 아들이며, 어머니는 박 씨(朴氏)로 사도부인(思道夫人)이다. 왕비는 지도부인(知道夫人)이다. 진흥왕에 이어 즉위해 이른바 무열왕계(武烈王系)의 시조가 된다. 그런데 진흥왕의 적손(嫡孫), 즉 동륜태자의 아들인 백정(白淨; 뒤의 진평왕)이 태어나 있었기 때문에 장자상속제의 예외가 된다. 이때 신라 사회가 가부장제였다고 믿고 싶은 학자들이 적지 않은 것 같은데, 글쎄 그건 아니었다.

어머니 사도부인은 모량리(牟梁里) 각간(角干) 영실(英失)의 딸이다. 진흥왕도 말년에 이르러 머리를 깎고 승복(僧服)을 입어 스스로 법운(法雲)이라 호(号)하다가 몸을 마쳤다. 사도부인도 이를 본받아 출가하여 법명을 묘법(妙法)이라 하고 영흥사(永興寺)에 머물렀다. 614년(진평왕 36) 2월에 영흥사의 소불(塑仏; 흙으로 만든 불상)이 스스로 무너지더니 얼마 뒤에 사도부인이 죽었다. 이에 나라 사람들이 예의를 갖추어 장사 지냈다.

진평을 제치고 왕위에 올랐으니, 큰아들의 아들인 손자인 진평보다는 작은아들 쇠륜을 사랑한 어머니 박 씨 사도부인의 판단과 왕비 지도부인 측 세력의 지원이 컸다고 보면 틀림이 없다. 또한, 당시 최대 권력자인 거칠부(居漆夫)의 지원을 받아 왕위를 찬탈했을 가능성도 있다. 진지왕이 즉위하던 해(576년)에 거칠부를 상대등(上大等)에 임명해 국정을 맡긴 것도 결국 왕위 계승 성공에 대한 논공행상으로 보는 것이 타당할 듯하다. 킹메이커를 자처했던 거칠부가 없었다면 진지왕은 쉽게 왕위를 계승하지 못했을 것이다.

성은 김 씨이며 왕비는 기오공(起烏公)의 딸인 지도부인(知刀夫人)이다. 대건(大建) 8년 병신(丙申)에 왕위에 올랐다. 고본(古本)에는 11년 기해(579)라고 하였으나 잘못이다. 나라를 다스린 지 4년 만에 주색에 빠져 음란하고 정사가 어지러우므로 나라 사람들이 그를 폐위시켰다.

579년에 진지왕이 폐위됨으로써 지도부인(知道夫人)은 궁궐 밖으로 나와 살았다. 지도부인의 아들 용춘은 훗날 진평왕(眞平王)의 딸인 천명공주(天明公主)와 혼인하여 602년(진평왕 24)에 아들 김춘추(金春秋)를 낳았다.

「낭혜화상비(朗慧和尙碑)」에 의하면, 용춘 때에 이르러 족강(族降)되었다고 한다. 진지왕 폐위 이후 지도부인의 소생은 성골(聖骨)에서 진골(眞骨)로 족강되었다. 왜 그럴까? 폐위일까? 폐위도 원인이 되었겠지만, 진지왕이 해서는 안 될 무언가를 한 것은 아닐까? 근친혼이 성행하고 성도덕이 거의 없던 것이나 다름없는 곳에서도 해서는 안 될 일도 있었을 것이다.

그게 뭔지 매우 궁금해지는 대목이다. 물론 분명 신성성과 관련된 것임에는 틀림없을 것이다. 용춘은 족강되어 왕이 되지 못했지만, 진덕여왕(眞德女王) 사후 성골(聖骨)이 소멸하자 김춘추가 왕위를 계승하여 신라 중대 무열왕계를 열었다.

577년(진지왕 2)에 이찬 세종(世宗)이 백제군을 일선군(경상북도 구미) 북쪽에서 격파하고, 내리서성(內利西城)을 축조했다. 내리서성으로 통하는 길은 2년 뒤에 백제가 웅현성과 송술성을 쌓아 막히고 말았다. 578년에는 중국 남조(南朝)의 진(陳) 나라에 사신을 파견했으나, 재위 4년 만에 아쉽게 폐위되어 영경사(永敬寺) 북쪽에 장사 지냈다.

광해군과 같이 정치를 못 한 것도 아닌데, 너무 쉽게 끝나버렸다. 함정에 빠진 것인가? 진지왕을 곤경에 빠뜨리고 그의 후손들의 골품까지 강등시킨 것은 과연 무엇일까? 무척이나 궁금하다. 딸들에게 왕위를 물려주고 싶어 했던 진평왕이 만든 함정에 빠졌을 수도 있지만, 그러한 일이 가능하게 했던 시스템은 분명 존재했을 것이다. 그것이 무엇이든 간에 당시 신라왕실의 절대 규범의 속살이자 판도라 상자였을 것이다.

이보다 앞서 사량부(沙梁部) 민가에 사는 여인의 얼굴과 자태가 매우 아름다웠으므로 사람들이 도화랑(桃花娘)이라고 불렀다. 왕이 소문을 듣고 궁중에 불러들여 그녀를 범하려 했다. 여인은 "여자가 지켜야 하는 일은 두 남자를 섬기지 않아야 합니다. 남편이 있는데도 다른 사람에게 시집가는 것은 만승(万乘)의 위엄으로도 마침내 얻지 못할 것입니다."라고 하였다. 왕이 "너를 죽인다면 어떻게 할 것이냐?"라고 하자, 여인이 "차라리 거리에서 죽임을 당하더라도 어찌 다른 마음 가지기를 원하겠습니까?"라고 답했다. 왕이 농담 삼아 "남편이 없으면 되겠느냐?" 하자, 여인이 "되겠습니다."라고 하였다. 왕은 그녀를 놓아 보냈다.

진지왕은 참으로 착한 왕이다. 지금부터 1,500년 전에는 황제와 같은 왕이 살고 있었고 진지왕은 신라의 왕이었다. 그런 왕이 민가의 유부녀 하나 어떻게 할 수 없었다는 것은 말이 되지 않는다. 진지왕이 정절을 소중히 한 도화녀를 인정했기에 가능한 일이다. 그런데도 진지왕이 주색에 빠져 음란하고 정사가 어지러워서 폐위시켰다는 것은 이상해도 많이 이상하다.

단지 소문이 날 정도로 매우 아름다운 유부녀에 관심을 두는 게 잘못이라서 왕인데도 폐위시켜 죽였다면 지구상에서 왕은 몇 명이나 살아남았을까? 물론, 지금 이야기가 아니다. 1,500여 년 전 신라 때의 왕의 일이기에 하는 말이다.

이 해에 왕이 폐위되고 죽은 2년 후에 도화랑의 남편도 역시 죽었다. 십여 일이 지난 어느 날 밤, 홀연히 왕이 평시와 같이 나타나 여인의 방에 들어왔다. "네가 옛날에 허락한 것처럼, 지금 너의 남편이 없으니 되겠느냐?"라고 했다. 여인이 쉽게 허락하지 못하고 부모에게 이 사실을 고하니 부모가 "임금의 교시인데 어찌 피할 수 있겠느냐."라고 말해, 딸을 방에 들어가게 하였다. 왕이 7일 동안 머물렀는데 오색구름이 집을 덮고 향기가 방안에 가득하였다. 7일 후에 홀연히 종적이 사라졌다. 여인은 이로 인하여 임신하여 달이 차서 해산하려 할 때 천지가 진동하며 한 사내아이를 낳으니 이름을 비형(鼻荊)이라 하였다.

왕이 폐위되고 죽은 게 맞나? 아닌 듯하다. 왕위에서 쫓아내면서 목숨만은 살려준 듯하다. 그래서 왕인 것은 맞지만 살아 있는 왕이 아니라 사회적으로 명예 살인당한 왕이었던가 보다. 여하튼, 폐위 후 2년 만에 도화녀의 남편이 죽자 진지왕 즉 전왕은 도화랑을 찾는다. 죽었다고 알려진 전왕이 살아서 찾아왔으니 도화녀는 무척 놀랐을 것이다. 유령도 아닌데 생사람을 사회적으로 매장했으니 진지왕도 도화녀의 놀란 표정을 보고 무척 겸연쩍었을 듯싶다.

사주에서 신살의 하나인 도화는 일명 도화살이라고 한다. 복숭아꽃이란 뜻이지만 결국 탐스럽게 아름다운 여성을 뜻하는 말로 자주 사용된다. 한의학에서는 소변과 대변을 잘 나오게 하고 활혈(活血)하는 효능이 있는 약재이다. 여하튼 얼마나 이쁜 여성이었기에 도화녀라는 별명을 얻었을까? 전근대 사회에서 문제없지만, 지금에 와서는 여성혐오적인 발언으로 흔히 '색기가 자르르 흘러서 결국 남편을 잡아먹었나 보다'라는 추측이 가능한 기사다. 결국, 죽은 진지왕과 사량부(沙梁部) 민간 출신의 도화랑(桃花娘)과의 사이에서 비형랑이 태어났다.

그런데 어찌하여 도화녀를 이야기하면서 사량부라는 지역명까지 말한 것일까? 혹시 신라 육부 중 하나인 사량부가 진지왕의 친위세력이었던 것은 아닐까? 진지왕 폐위사건을 계기로 공동체 전체를 도매금으로 '음란'한 '도화'살이 있는 곳으로 비하하려고 했던 것은 아닐까? 역사는 참으로 숨기는 것도 많다. 몇 년 전 헌법재판소 재판 과정을 보면 그때만 탓할 게 아닌 듯하다. 뭐가 그리 숨길게 많은지 지금이나 1,500년 전이나 '모르쇠'가 참으로 많았던 것 같다.

진평대왕(眞平大王)이 그 이상한 소문을 듣고 비형을 궁중으로 데려다 길렀다. 나이가 15세가 되자 집사(執事)라는 직책을 주었다.

579년부터 632년까지 재위한 진평왕은 성이 김 씨(金氏)로 이름은 백정(白淨)이다. 아버지는 진흥왕의 태자인 동륜(銅輪)이며, 어머니는 입종갈문왕(立宗葛文王)의 딸인 만호부인(万呼夫人)이다. 왕비는 김 씨로서 복승갈문왕(福勝葛文王)의 딸인 마야부인(摩耶夫人)이다. 참으로 빵빵한 가문인데 진흥왕이 죽고 진지왕이 즉위할 때는 잠자코 찌그러져 있어야 했다. 자존심이 상해도 참 많이 상했는데, 절치부심 4년 만에 진지왕을 폐위시키고 즉위했다.

오월동주 4년 만이라도 성공했으니 얼마나 기뻤을까? 그런데 목숨만 살려달라고 해서 봐준 진지왕이 아이를 낳았다고 한다. 가보니 진짜다. 볼모로 삼을 겸해서 데려왔는데 아이가 죽지 않고 15세가 되어 부득이 집사라는 직책을 주었다. 집사는 사량부에 거주하는 석장(石匠)들을 지휘하고 감독하는 직책이다.

사촌인 비형랑에게 『삼국사기』「직관지」에도 보이지 않는 하급 집사를 준 째째한 진평왕은 신라의 제26대 왕으로 579년부터 632년까지 재위한다. 작은아버지인 진지왕이 화백회의에 의해 폐위되자 즉위하던 해(579) 8월에 이찬(伊飡) 노리부(弩里夫)를 상대등(上大等)에 임명해 일체의 국정을 맡겼다. 왕 자리를 노리던 진평왕에게 노리부가 꽤 공을 많이 세웠나 보다. 이후 580년(진평왕 2)에는 지증왕의 증손인 이찬 후직(后稷)을 병부령(兵部令)에 임명해 군사권을 장악하였다.

581년에 관리의 인사를 담당하는 위화부(位和府)를 설치하였으며, 583년에는 선박을 관리하는 선부서(船府署)를 설치하고, 대감(大監)과 제감(弟監)을 각각 1인씩 두었다. 584년에는 국가의 공부(貢賦)를 관장하는 조부(調府)를 설치하고 조부령(調府令) 1인을 두었다. 같은 해에 또 거승(車乘)을 관장하는 승부(乘府)를 설치하고 승부령 1인을 두었다. 586년에는 문교와 의례를 담당하는 예부(礼部)를 설치하고 예부령 2인을 두었다. 591년에는 외국사신을 접대하는 영객부령(領客府令) 2인을 두었다.

관제 정비는 잘했지만, 그래도 힘이 달렸는지 말기인 622년 2월 궁정관부를 총괄하는 내성사신(內省私臣)을 설치하고, 진지왕의 아들 김용춘(金龍春)을 임명하였다. 진지왕의 아들까지 끌어들일 정도로 진평왕을 압박하는 무엇인가가 있었나 보다.

진평왕은 584년에 건복(建福)이라고 개원하여 독자적인 연호를 사용하였다. 중국 수나라와 조공을 통한 외교 관계를 수립하였다. 589년에 진나라로 구법행을 떠났던 원광(圓光)이 600년에 귀국하였다. 원광이 세속오계를 쓴 것은 유명하다.

602년에는 백제가 아막성(阿莫城: 전라북도 운봉)으로 공격해왔고, 603년에는 고구려가 북한산성(北漢山城)으로 침입했다. 이에 진평왕은 608년에 원광(圓光)에게 「걸사표(乞師表)」를 짓게 하여, 611년에 이를 수나라에 보냈다. 그 결과 다음 해에 수나라 양제(煬帝)가 고구려 정벌에 나섰다. 이후 당대에도 조공외교를 지속하였다. 629년에는 대장군 김용춘과 김서현(金舒玄)·김유신(金庾信) 부자에게 고구려의 낭비성(娘臂城; 충청북도 청주)을 공격하게 하여 항복받았다. 재위 54년 만에 죽어 한지(漢只)에 장사지냈다. 당나라 태종(太宗)은 국서를 보내어 진평왕에게 좌광록대부(左光祿大夫)를 추증하였다.

비형랑에게는 좀 째째했지만, 같은 이복사촌인 용춘에게는 잘해서 그런지 진평은 대왕이 되었다. 그런데 좀 이상하다. 비형랑이 정말 진지왕의 아들인가? 데려와서 기른 거 보면 혹시 도화녀를 사랑한 것은 진평왕이 아닌가? 비형랑도 진평왕의 혼외자식인데 홍길동처럼 아바마마를 아비라고 부르지 못하게 한 것은 아닐까? 그리고 이 모든 것을 진지왕한테 덮어씌운 것은 아닐까?

비형이 매일 밤 멀리 나가서 놀자 왕이 용사 50명을 시켜 지키게 하였으나 매번 월성(月城)을 날아 넘어 경성(京城)의 서쪽 황천(荒川) 언덕 위에 가서 귀신의 무리를 거느리고 놀았다. 용사들이 숲속에 매복하여 엿보니 귀신들은 여러 절에서 울리는 새벽 종소리에 각각 흩어지고 비형랑도 역시 돌아가는 것이었다. 용사들이 돌아와서 이 사실을 보고하였다. 왕이 비형을 불러 "네가 귀신을 거느리고 논다는 말이 사실이냐."라고 묻자 비형랑이 "그렇습니다."라고 답하였다.

진평왕이 비형랑한테 참으로 관심이 많았다. 작은아버지 진지왕의 아들로 용춘과 용수도 있다. 그런데 유독 비형랑에게 관심을 가진 것은 왜일까? 여하튼 비형랑은 진평왕의 호기심을 자극할 정도로 잘 놀았나 보다. 문제는 살아 있는 사람이 아닌 귀신들과 노는 것이었다. 아니 어쩌면 그래서 더 관심이 많았는지도 모른다. 스토리텔링 상으로 죽은 진지왕이 낳은 아이니까 귀신을 보고 함께 논다고 할 수 있다. 하지만, 실제로 진지왕은 죽지 않았을 개연성이 많다. 비형랑은 진평왕의 아들일 가능성도 없지 않다. 이런 시점에서 귀신의 등장은 좀 황당무계하다. 마치 혼외자에 대한 소문을 물타기 하듯이 뭔가 빠져나가는 듯한 느낌을 받는다.

비형랑은 귀신을 잘 부리는 사람으로 왕의 관심을 받는 사람이 되었다. 그도 그럴 것이 얼마나 잽싸게 담을 넘었는지 50명의 용사가 쫓아서야 겨우 행적을 알 수 있었다. 그만큼 행적이 묘연할 정도로 잘 돌아다녔다.

왕이 "네가 귀신의 무리를 이끌고 신중사(神衆寺) 아니 신원사(神元寺)의 북쪽 도랑에 다리를 놓아 봐라."라고 하였다. 황천(荒川) 동쪽의 깊은 도랑이라고 한다. 비형은 칙명을 받들어 귀신무리가 돌을 다듬게 하여 하룻밤 사이에 큰 다리를 놓았다. 그런 까닭에 귀교(鬼橋)라 한다.

『신증동국여지승람』을 보면, 신원사는 경상북도 경주시 월남리에 있던 절이다. 경주 오릉(五陵)의 서남쪽을 신원평(神元坪)이라 하므로 이곳을 신원사 터로 비정하기도 한다. 또한, 경주부 서쪽 십리에 있다고 하는 신원교(神元橋)가 귀교라는 견해도 있다. 한편, 황천은 경주 남남동쪽에서 서쪽으로 흐르는, 토함산(吐含山)에서 발원(發源)하여 남천(南川)으로 흘러들어가 다시 서천(西川)으로 합류하는 내천이다. 그런데 그 황천 동쪽의 깊은 도랑은 어디일까? 얼마나 깊었기에 다리를 못 놓은 걸까?

비형의 초월적 능력으로 하룻밤에 완성한 귀교는 의식 속의 이승과 저승을 잇는 경계의 징표라는 견해도 있다. 죽은 진지왕의 혼령과 살아 있는 어머니와의 결합, 즉 이승과 저승의 결합이라고 보고 비형은 다리와 같은 매개체로서 이승과 저승의 매개자가 되는 도깨비라고 한다. 도깨비는 대장일과 같이 두드리는 소리와 그 동사적 움직임을 명사화한 '두두리(豆豆里)'라고도 불리는데 초기 신라 설화에서 그 신성성을 부여받았던 야장신(冶匠神)이 진지왕대에 이르러 그 신성성을 잃어버리고 토목공사나 하게 되었다.

그런 측면에서 보면 황천(黃泉) 역시 사람이 죽으면 가는 장소인 저승을 은유한 것이라고 할 수 있다. 깊은 도랑 역시 이승과 저승 사이를 말한다. 비형랑은 이승과 저승을 넘나드는 존재가 된다. 용사가 50명이나 필요했던 이유도 사람이 죽은 후 이승에서 머무는 49일을 지나 다음날이 50일이다.

왕이 또 "귀신의 무리 가운데에서 인간의 모습으로 나타나 조정(朝廷)을 도울만한 자가 있느냐?" 묻자 비형이 "길달(吉達)이란 자가 있사온데 가히 국정을 도울만합니다."라고 답했다. 왕이 "데리고 오도록 하여라." 하였다. 이튿날 비형이 길달과 함께 왕을 알현하니 길달에게 집사라는 관직을 내렸다. 과연 충직한 것이 비길 자가 없었다.

이때 각간 임종(角干 林宗)이 자식이 없었으므로 왕이 명령하여 아들로 삼게 하였다. 임종이 길달에게 명하여 흥륜사(興輪寺) 남쪽에 누문(樓門)을 세우게 하였더니, 길달은 밤마다 그 문루 위에 가서 잤으므로 그 문을 길달문(吉達門)이라 하였다. 하루는 길달이 여우로 변하여 도망을 갔으므로 비형이 귀신들을 시켜 그를 잡아 죽였다. 그러므로 그 귀신의 무리는 비형의 이름만 듣고도 두려워하며 달아났다. 당시 사람들이 노래 지어 부르기를 "성스런 임금의 혼이 아들을 낳았으니 여기가 비형랑의 집이다. 날고뛰는 잡귀 무리는 이곳에 머물지 말라." 나라의 풍속에는 이 글을 붙여서 귀신을 물리쳤다고 한다.

여하튼 비형랑이 귀교를 만들어내자 진평왕은 몇 개 더 부탁했나 보다. 그런데 흥륜사 남쪽 누문 길달문을 지어 각간 임종의 양아들이 되는 충직한 길달도 집사였다. 공사도 잘하는 모습이 비형랑과 동일하다. 두 사람은 동일인이 아닐까? 개명하고 새롭게 살려고 했는데, 계속 절 공사나 시키니까 마음에 안 들어서 다시 이름을 바꾼 것이 아닐까?

흥륜사는 신라의 불교 전래 및 공인 과정과 연관되어 가장 일찍 국가적 사찰로 창건되었다. 신라 왕경 내 칠처가람(七處伽藍)터 중 하나인 천경림(天鏡林)에 해당한다. 신라에 불교를 전파하기 위해 온 최초의 승려 아도(阿道)가 창건한 사찰이다. 법흥왕 14년 이차돈의 순교와 함께 신라의 대가람으로 중창되어 진흥왕 5년(544)에 완

공되었다. 엄청나게 큰 절인만큼 남쪽 누각 문뿐만 아니라 계속해서 토목공사가 이뤄졌을 것이다. 작심삼일이라는 말이 있다. 3일이 인내의 끝이었던가 보다. 이름까지 바꿔서 착하게 살아보려고 했는데, 일을 너무 많이 시키니 화가 났을 것이다.

어쩌면 귀신 이야기나 뭐나 다 거짓말일 수 있다. 미켈란젤로나 사그라다 파밀리아 성당을 설계한 건축가 안토니 가우디보다도 기술이 뛰어난 비형랑을 당시 사람들은 뭐라고 했을까? 소문에 소문이 꼬리를 물어 진평왕대 최고의 건축가 비형랑을 귀신같은 사람으로, 진지왕의 아들로 만들었던 것은 아닐까? 대흥륜사를 지키는 신중 같은 사람으로 말이다. 그래서 신원사를 착각해서 신중사라고 했던 것은 아닐까? 여하튼 흥륜사의 남루 길달문이 남아 있었다면 정말 대단한 세계 7대 불가사의가 하나 더 늘었을 것으로 보인다.

제26대 진평왕대 천사옥대

청태(清泰) 4년 정유해 937년 5월에 정승(正丞) 김부(金傅)가 금을 새기고 옥을 두른 허리띠 한 벌을 바쳤다. 길이는 10뼘(囲)이고 과(銙; 장식으로 늘어뜨린 고리)는 62개이다. 이것이 진평왕의 천사대(天賜

帶)이다. 고려의 태조 왕건이 그것을 받아 내고(內庫)에 보관하였다.

청태는 중국 후당 폐제(廢帝)의 연호로 934~936년 즉, 3년간 사용하였다. 그러므로 청태 4년은 실제로는 없었다. 그런데 청태 4년이라고 한 것은 그다음 연호가 만들어질 때까지 통보가 오지 않아 고문서에서 그렇게 사용한 것이다. 역사서를 쓸 때는 춘추 직필이기 때문에 그런 오자 역시 다 역사성을 가지고 있다. 그렇기에 고치지 않고 그냥 옮긴다.

하지만 시쳇말로 고치기 싫거나 고칠 줄 몰라서 그냥 썼을 수도 있기에 그리 간단한 것이 아니다. 당시에는 연호를 쓰던 시기로 지금 같은 서기 연도가 없었기에 과거에 대해서 그리 깊고 정확하게 이해하고 글을 쓰기란 어려웠을 것이다. 특히 중국 역사가 아닌 우리 역사는 제왕과 일부 사대부의 전유물이었다. 제왕의 학문인 역사를 배우지 못한 사람이 역사 서술 방식인 춘추 직필을 정말 알았을까?

천사옥대를 바친 김부는 신라 마지막 제56대 왕인 경순왕이다. 927년 포석정(鮑石亭)에서 놀고 있던 경애왕이 견훤의 습격을 받아 시해되고 난 다음, 경순왕은 견훤에 의해 옹립되었다. 신덕왕부터 경애왕까지 이어진 박 씨 왕계가 다시 경순왕이 옹립됨으로써 김 씨 왕계로 바뀐 것이다. 견훤이 무서웠던지 935년에 고려 태조에게 투항했다.

큰아들 마의태자는 고려에 항복을 반대했고, 막내아들 범공은 화엄사(華嚴寺)에 들어가 승려가 되었다. 항복 후 왕건은 태자보다 위인 정승공(正承公)으로 봉하고 장녀 낙랑공주(樂浪公主)와 재혼시켰으며, 경주의 사심관(事審官)으로 삼았다. 978년(경종 3) 4월에 승하하여 경기도 연천군 장남면에 안치했다.

935년 11월에 항복하고 낙랑공주와 결혼한 김부가 '천사옥대'를 가지고 있다가 937년 5월 즉, 19개월 만에 왕건에게 바친 이유는 무엇일까? 경순왕 김부는 처음부터 천사옥대를 왕건에게 줄 생각이 없거나 잘하면 줄 생각이었나 보다. 하지만 나라가 바뀌는 나말여초에 워낙 경황이 없던 터에 빼앗기지 않고 몰래 숨겨두었다고 보는 게 합리적일 듯하다. 그리고 천사옥대를 바치기 직전에 한 가지 사건이 있었다.

경순왕은 낙랑공주에 이어, 왕건과 성무부인(聖茂夫人) 박 씨(朴氏)와의 사이에서 태어난 아홉째 딸도 아내로 맞이했다. 그리고 곧바로 천사옥대를 가져다 바쳤다. 아무래도 왕건의 결혼정책과 새 아내의 지극정성이 만들어 낸 것이 아닌가 싶다. 나이는 못 속이는 것인지, 여자를 밝히는 노욕 때문인지 알 수 없다. 신라 3보 가운데 하나인 천사옥대는 그렇게 고려로 양도되었다.

第26대 백정왕(白淨王)의 시호는 진평대왕(眞平大王)으로 김 씨이다. 대건(大建) 11년 579년 기해(己亥)해 8월에 왕위에 올랐다. 키가 11척이었다. 왕이 즉위한 원년에 천사가 궁전의 정원에 내려와 "상제께서 나에게 이 옥대를 전해주라고 하셨다."라고 하였다. 왕이 친히 꿇어앉아 그것을 받자 천사가 하늘로 올라갔다. 무릇 교묘(郊廟)와 대사(大祀)에는 항상 이것을 허리에 찼다.

비형랑에게 집사를 수여한 쪼잔한 진평대왕이 즉위하자 하늘에서 천사가 내려왔다. 천사가 하는 모습을 보면 용이나 봉황이나 그런 신령스러운 짐승인 신수는 아니고 그냥 사람의 모습을 한 사신인 듯하다. 특별히 채록하지 않은 것을 보면 그냥 신라의 그것과 크게 다르지 않았을 것 같다.

물론 기록하기 귀찮고 잘 몰라서 요건만 전달하기 위해 줄이고 생략해서 전하지 않았을 수도 있다. 하지만 정말 신기했다면 '신이한 일'을 전하는 『삼국유사』에서 굳이 생략했을 가능성은 적다. 여하튼 천사가 내려와서 상제가 준 옥대를 전했다. 상제란 지고무상(至高無上)한 지위를 가진 천신(天神)인데 진평왕이 누구라고 친히 사신을 보내 옥대를 보냈을까?

백정왕은 너무 자잘한 인간이기에 신성성을 강조하기 위해 천사 옥대를 등장시킨 것은 아닐까? 신하들에게 입막음으로 술도 먹이고 선물도 주느라 돈도 꽤 많이 들었을 것이다. 자기만 옥대를 가질 수 없으니 중국이나 춘천에서 들여온 옥으로 짝퉁 '천사옥대'도 만들어 이날만큼은 쪼잔하게 굴지 않고 성골이나 진골 귀족들에게도 좀 나눠줬을 것이다. 그래서 역사서에 진짜 천사가 내려와 옥대를 주고 간 것이 되었고 그때 참석한 사람들이 쓴 보안각서는 안 남았으니 다행이다.

참석한 사람들에게 모두 보안각서를 쓰게 하고, 예술 총감독으로 도화랑을 임명해 연출하고 마무리한 뮤지컬 '천사옥대'가 성공리에 끝났다. 그 결과 상제가 옥대를 줬다는 기록이 여기저기 저잣거리에 낱장광고와 함께 나돌았다. 멋모르는 백성들은 모두 백정왕이 얼마나 쪼잔한 인간인지 모르고 그냥 사는 게 귀찮아서 진평대왕으로 기억하게 되었다.

하지만 그것으로도 백정왕은 성이 차지 않았나 보다. 열등감이 있는 인간을 왕으로 앉혀놓으면 어떻게 할 수가 없나 보다. 그래서 다른 스토리를 만들기로 마음먹었다.

신라 삼보 중 두 번째인 천사옥대가 매우 길었다는 것은 역시 진평왕이 매우 컸다는 것을 알리려는 것은 아닐까. 정말 키도 크고 몸도 크다면 그건 사람이 아니라 곰이 아니었을까 싶다. 실제 곰은 머리가 좋지만 곰 같은 사람이라면 반드시 지혜롭다고 할 수 없다. 그런데 요즘 잘 보면 곰처럼 생겼는데 하는 짓은 '여우'같은 이들도 적지 않다. 그러니 함부로 속단할 수는 없다. 여하튼 진평왕은 교묘대사(郊廟大祀) 때 천사옥대를 반드시 착용함으로써 왕의 신성성(神聖性)과 권위를 돋보이고자 하였다.

진평왕은 이름도 하얗고 깨끗하다는 의미의 백정이라고 할 정도로 무슨 편집증이나 결벽증이 있는 듯하다. 처염상정(處染常淨)한 연꽃이며, 연꽃에서 태어난 사람이라는 구루 린포체의 아류인지는 잘 모르겠지만, 참으로 작은 일도 안 놓치고 다 챙겼다. 아마도 삼촌 진지왕이 즉위 4년 만에 국인(國人)에 의해 폐위된 것이 평생 후유증으로 남았나 보다. 그래서 신하들에게 업신여김을 받지 않으려고 신성성을 강조하고 몸이 크다는 것을 내세웠을 것이다. 그런데 의외로 잘 먹혀서 왕권도 강화하고, 53년이라는 장기집권을 가능하게 하였다.

왕이 창건한 내제석궁(內帝釋宮)이라고도 하고 천주사(天柱寺)라고도 하는 곳으로 행차하였다.

당시의 제사권은 왕의 고유한 권한이었다. 하늘과 통하는 제사장의 역할이기에 왕의 신성성을 상징한다. 궁궐 안에 제석궁을 마련하였다. 제석천왕을 모시는 신궁이라고 보면 이해가 쉽다. 제석천이 하늘의 기둥이니 천주사라고 했을 수 있다. 천주사 안에 제석궁이 있었을 수도 있다. 궐 안에 있었던 제석(帝釋)을 모신 불당이라는 해석도 있지만 못 가 봤으니 할 말은 없다. 다만, 천사옥대를 준 상제와 무관한 곳은 아닐 듯하다.

일본에 가면 우리나라에서 일본으로 건너간 도래신을 모신 신사나 신궁이 많다. 그곳에 가면 절도 함께 있거나, 절 안에 신사가 있거나, 신사 안에 절이 있기도 하다. 모두 신라의 천주사나 내제석궁의 영향으로 볼 수 있다. 물론 예가 하나여서 말하기는 그렇지만 이런 안목으로 찾아보면 더 많은 사료가 있을 수도 있겠다.

돌계단〔石梯〕을 밟으니 세 개가 한꺼번에 부러졌다. 왕이 좌우의 사람들에게 일러 "이 돌들을 다른 곳으로 옮기지 말고 그대로 두어, 후세 사람들이 볼 수 있게 하라." 하였는데 이것이 바로 성안에 있는 다섯 개의 부동석(不動石) 중 하나이다.

궁 안의 천주사 돌계단 정도야 정말 쉬운 일이다. 키도 크고 허리둘레도 넓은데, 힘도 세다는 것을 증명할 방법이 없다. 그래서 찾은 게 정말 손 안 대고 코 풀 수 있는 쉬운 방법이었다. 뮤지컬 '천사옥대'를 하느라 국고를 탕진했는지 저비용의 가성비 높은 연출이다. 바람잡이와 야바위꾼 한두 명 정도면 가능한 '천주사 석제' 즉 '돌계단' 편을 앵콜송이나 '에필로그' 같은 후속편으로 간단하게 찍는다.

살짝 밟아도 금이 가게 만들면 되는 저비용으로 만들었다. 석재의 특성상 영구적인 재활용이 가능하니 옮기지 말라고 하는 쩨쩨함도 여전히 보여준다. 그리고 사람들이 볼 수 있게 색을 칠했을 수도 있다. 그런데 이런 일이 한두 번이 아니었나 보다. 신라 역사상 다섯 번이나 있었는지, 아니면 이 진평왕 대에 다섯 번이나 일어났는지 잘 모르겠지만 경주 왕성 안에 이런 돌이 다섯 개나 있다. 내용을 잘 보면 아무래도 진평대왕의 소행일 가능성이 크다. 여하튼 그 덕택인지 진평왕은 53년간 장기집권을 했다.

부동석이란 움직일 수 없거나 움직여서는 안 되는 돌이다. 맘만 먹으면 백성들도 쉽게 움직일 수 있는 돌이라는 뜻이기도 하다. 힘이 장사거나 한두 명이 힘을 합치면 옮길 수 있는 것이 돌계단이다. 그러니 그걸 움직이지 않게 하려면 돌계단에 본드를 붙이거나 못을 박아서라도 꼼짝 못 하게 해야 했을 것이다. 그것도 안심이 안 되니 옮기지 말라는 명령을 담은 게시판도 만들고 지키는 경비병도 있었을 것이다. 다행히 천주사 석제는 궁궐 안에 있으니 별문제가 없겠지만, 다른 성안의 다섯 개 부동석은 문제가 더 있었을지도 모르겠다.

'천주사 석제' 건도 잘 처리한 진평왕을 이제 신라에서는 함부로 무시할 사람은 없다. 그런데 아무리 생각해 봐도 이게 들통이 나면 어떻게 할까, 걱정이 돼 밤에 잠을 이루지 못한다. 그래서 천사옥대 뮤지컬을 좀 더 키우기로 한다. 천사옥대만으로 설치기에는 부족함을 느낀 진평왕은 누구도 함부로 보지 못하는 할아버지 진흥왕의 위업을 떠올린다. '아 그렇다!'라고 탄식을 낼 만한 업적이 한 개 더 있었다.

진평왕은 어려서 할아버지 슬하에서 귀여움을 받고 자랐는지 효심이 깊다. 그래서 할아버지 진흥왕의 장육상도 신라 삼보로 삼고 자신의 천사옥대도 신라 삼보로 삼는 것이 좋겠다고 생각했다. '진지왕'을 폐위시킨 국인이라고 하는 무서운 신하와 의논한다. 사도세자를 죽인 노론의 영수들을 대하는 정조처럼 진평왕도 무척 땀을 뻘뻘 흘렸을까? 여하튼 계획을 세운 진평왕은 할아버지가 만든 궁 앞의 황룡사로 나간다.

월성(月城)의 동쪽, 용궁의 남쪽에 있었던 황룡사는 칠처가람지(七處伽藍址; 과거 7불이 주석했다는 경주 일원의 일곱 사찰의 유적지) 중 하나이다. 규모나 사격(寺格)에서 신라 제일의 사찰이다. 553년(진흥왕 14)에 새로운 대궐을 본궁 남쪽에 짓다가 거기에서 황룡이 나타났으므로 이를 불사(仏寺)로 고쳐 황룡사라 하고 17년 만인 569년에 완성하였다. 말이 절이지 왕의 별궁이다. 신라인들은 과거불인 가섭불(迦葉仏)의 연좌석(宴坐石)이 있는 이 절을 가섭불시대부터 있었던 가람터로 여겼다.

정면 9칸, 측면 4칸의 법당인 황룡사 금당 안에는 장륙의 석가여래삼존상을 중심으로 좌우에 10대 제자상, 2구의 신장상(神將像)이 있었다. 서천축(西天竺)의 아쇼카왕(阿育王)이 철 5만 7,000근과 황금 3만 분을 모아 석가삼존불을 주조하려 하였으나 뜻을 이루지 못하였다. 아쇼카왕은 배에 실어 바다에 띄우고 인연 있는 국토에 가서 장륙존상으로 이루어질 것을 발원하였다. 1불과 2보살의 모형까지 같이 배에 실어 보냈다.

이 금과 철을 서울인 경주로 실어 와서 574년(진흥왕 35) 3월에 장륙상을 주조하였는데, 무게는 3만 5,007근으로 황금이 1만 198분이 들었고, 두 보살은 철 1만 2,000근과 황금 1만 336분이 들었다. 그러나 이 또한 1238년 몽고군의 침입으로 소실되었고, 현재는 금당터에 자연석 대좌만이 남아 있다.

진흥왕의 황룡사 장육불과 함께 자신의 천사옥대를 신라 2보로 정한 진평왕의 딸 선덕여왕도 참 그 아버지에 그 딸이었다. 신라 선덕왕(善德王) 12년(643)에 짓기 시작하여 선덕왕 14년(645)에 완성된 구층탑을 마지막으로 신라 3보 시리즈를 마친다. 다섯 개나 일곱 개를 만들지 않아도 될 정도로 신라의 왕권은 선덕여왕 이후 안정되었다.

후에 고구려왕이 신라 정벌을 도모하면서 말하기를 "신라에는 세 가지 보물이 있어 범할 수 없다고 하는데, 무엇을 말하는 것인가?" 하자, 신하가 말하기를 "황룡사(皇龍寺)의 장육존상(丈六尊像)이 그 첫째요, 그 절의 구층탑이 둘째이며, 진평왕의 천사옥대가 그 셋째입니다."라고 하였다. 이 말을 듣고 계획을 중단했다.

진흥왕-동륜태자-진평왕-선덕여왕으로 이어지는 4대 간에 만들어진 신라 3보의 핵심은 역시 구층탑이다. 그런데 거기에 장육존상과 천사옥대를 넣은 것은 역시 선덕여왕이고, 천사옥대까지는 믿지 않았던 고구려 왕도 '구층탑'에는 조금 찔끔했나 보다.

효심이 깊은 증손녀 때문에 졸지에 위대한 진흥왕도 신라 3보의 주인공으로 역사상에 길이 남게 되었다.

『삼국유사』에 몇 개 안 되는 '찬'이 있는데 박수쳐야 할 때 치는 그런 내용으로 가득하다. 저자가 정말 이 설화를 믿었는지는 알 수 없지만, 이 신라 3보 설화를 읽은 사람에게는 믿게 하고 싶었나 보다. 여하튼 구름 위의 하늘에 계신 상제가 준 옥대를 두른 곤룡포를 포함하여 진평왕의 패션 감각도 칭찬한다.

"구름 밖의 하늘이 준 옥대를 두르니 임금의 곤룡포에 아름답게 어울리네. 우리 임금의 옥체 이제부터 더욱 위중해지니 다음에는 쇠로써 섬돌을 만들어야 마땅하네."

돌계단 세 개를 부러뜨릴 정도의 위신력과 신성성을 가진 진평대왕의 행차에 성해날 돌이 없을 듯하니 섬돌을 쇠로 만들어야 한다는 아부성 높은 발언도 서슴지 않는다.

제27대 선덕여왕의 지기삼사

제27대 덕만(德曼)의 시호는 선덕여대왕(善德女大王)이다. 재위 기간은 632~646년이다. 성은 김 씨이며 아버지는 진평왕(眞平王)이다.

진평왕에게 아들이 없었으므로 선덕왕은 신라 최초로 여자로서 왕위에 올랐다. 아들이 없으면 조카가 즉위하면 된다. 하지만 대왕을 칭할 정도로 열등감이 강했던 진평왕은 어렵게 얻은 왕위를 남 같은 조카에게 주고 싶지 않았다. 그래서 장녀에게 왕위를 물려주었다.

선덕여왕의 어머니는 마야부인(摩耶夫人)이다. 진평왕의 왕비인데, 성은 같은 김 씨로 복승갈문왕(福勝葛文王)의 딸이다. 진평왕은 마야부인에 이어 승만부인(僧滿夫人) 손 씨를 후비로 두었으나, 왕통을 이을 왕자를 얻지 못하였다. 진평왕에게 아들이 없었던 것은 사실이다. 아들이 왕위 계승권을 가질 수 있고 다른 조카에게 왕위를 내주고 싶지 않았던 것이 분명하다. 하지만 마야부인도 승만부인도 아들을 낳지 못했다. 그럼 다른 부인을 가지면 되지 않을까? 근데 신라는 골품제 사회이다. 성골 부인이 아니면 그 자녀도 성골이 될 수 없다.

진평왕이 아들 없이 죽자 화백회의(和白會議)에서 선덕여왕을 왕위에 추대하고, '성조황고(聖祖皇姑)'란 호를 올렸다. 여제라는 뜻으로 황고를 올렸으니 성조란 성골의 뜻이 포함되어 있는 듯하다. 그런데 정말 화백회의에서 만장일치로 선덕여왕을 추대했을까? 그것도 진평왕이 죽고 나서 그랬을까? 진평왕이 죽기 직전에 화백회의를 통과시키고 사후에 회의 보고서를 올린 것은 아닐까?

당시 신라 구조를 보면 모든 성골이 여왕의 즉위를 달가워했을 것 같지는 않다. 온갖 당근을 제시하고 채찍도 들이대며 귀족들을 협박하고 회유했을 것이다. 그리고 또 국민의 이해를 돕기 위해서, 아니 '여왕 계승'의 대의명분을 찾고 나아가 대대적인 홍보를 위해서 선덕여왕의 출생담부터 고쳤을 가능성이 크다. 그 결과가 마야부인의 이름이 아닌가 싶다.

전륜성왕 신앙에 따라 진흥왕은 동륜과 금륜이란 이름을 태자와 왕자에게 지어줬다. 그리고 동륜태자의 아들인 진평왕은 그의 부인에게 '마야부인'의 이름을 선사한 것은 아닐까? 마야부인의 원래 이름은 아버지 복승갈문왕의 '복'자를 딴 복힐구(福肹口)였다. 왕비의 이름이 마야가 된 것은 역시 불교를 통치이념으로 채용해서, 아닐까. 인도의 카스트제도에서의 석가족과 같이 성골을 만들어 골품제를 만든 것은 아닐까?

불교 신도라면 누구도 아는 바와 같이, 마야는 석가족 호족(豪族)의 딸로서 가비라바소도(伽毘羅衛)의 성주(城主) 정반왕(淨飯王)의 왕비가 되어 석가를 낳았다. 전설에 따르면, 석가는 도솔천(兜率天)에서 내려와 부인에게 흰 코끼리로 현몽하여 오른쪽 옆구리를 통과하여 태내로 들어갔다고 한다. 출산하기 위해 친정으로 가던 중, 룸비니라는 동산에 이르러 무우수(無憂樹)에 오른팔을 뻗어 나뭇가지를 잡는 순간, 석가가 오른쪽 겨드랑이 밑을 뚫고 탄생하였다.

마야부인은 석가 출산 후 7일 만에 타계했다. 그 마야부인이 환생한 것이 복힐구라면 그의 아들 같은 큰딸 선덕여왕에게 누가 될까? 석가모니 부처님과 같은 존재로 받들어졌다면 그녀에게 '성조황고'란 칭호는 그리 과분한 것이 아니다. 부처님과 같은 존재가 된 선덕여왕은 당연히 불교를 신봉하는 신라 사람들에게는 '관세음보살'에 버금갈 것이 틀림없었다. 그런 복힐구의 딸이 왕위에 오르겠다는데 감히 반대할 사람이 있었을까? 천사옥대 무대를 성공적으로 흥행시킨 진평왕의 지혜는 이렇게 놀라웠다. 그리고 그런 지혜는 그 딸 선덕여왕에게도 유전된 듯하다. 왜냐하면, 짜 맞춘 듯 딱딱 떨어지는 '지기 삼사'의 해프닝이 그것을 증명한다.

정관(貞觀) 6년 임진(壬辰)에 즉위하였다. 나라 다스리기 16년 동안 미리 안 일이 세 가지 있었다.

선덕여왕은 즉위하던 해인 632년에 대신 을제(乙祭)에게 국정을 총괄하게 하고, 전국에 관원을 파견해 백성들을 진휼(賑恤)했다. 다음해인 633년에는 주(州)·군(郡)의 조세를 1년간 면제해 주는 등 일련의 시책으로 민심을 수습하였다. 그리고 634년에 분황사(芬皇寺), 635년에는 영묘사(靈廟寺)를 세웠다. 645년에는 아버지가 만든 신라 2보에 이어 신라 3보의 마지막인 황룡사 구층목탑(皇龍寺 九層木塔)을 건립하였다.

진평왕은 왕비를 마야부인으로 개명한 것을 시작으로 선덕여왕이 즉위할 대의명분을 착착 쌓아갔을 것이다. 마야부인의 아버지 복승갈문왕의 이름 역시 '복이 수승하다'라고 하여 '복이 많다'라는 의미다. 그런 외할아버지와 어머니를 이어 선덕여왕이 즉위한 후 용궁 북쪽의 분황사와 용궁 남쪽의 황룡사, 아도(阿道)가 과거칠불(過去七仏) 중 제5 구나함불(拘那含仏)이 머물렀던 영묘사 등 전불 칠처가람 가운데 세 곳의 중창 불사를 단행한 것은 어쩌면 당연한 일이었다.

마야부인의 아들 석가모니와 같은 존재로 즉위한 선덕여왕의 치세는 당연히 신통력을 드러내는 일이 잦아야 했다. 까닭에 그 아버지에 그 딸로 진평왕에 이어 선덕여왕은 그야말로 신통력과 혜안이 없으면 알 수 없는 지기삼사를 연출해 냈다.

그러고 보면 신라 삼보 중 하나인 황룡사 구층목탑 역시 선덕여왕이 아닌 진평왕이 기획한 작품일 가능성이 크다. 큰딸을 불보살 즉 신성화하려 했던 진평왕은 할아버지이자 전륜성왕과 같은 진흥왕의 장육존상이 모셔진 황룡사를 더 크게 확대할 필요가 있었다. 그런 까닭에 죽기 전에 황룡사 구층목탑을 조영하길 선덕여왕에게 조언했을 것이다.

첫째는 당 태종이 홍색·자색·백색의 세 가지 색으로 그린 모란꽃 그림과 그 씨 석 되를 보내왔다. 왕이 그림의 꽃을 보고 말하기를 "이 꽃은 향기가 없을 것이다." 하며 씨앗을 정원에 심도록 명하였다. 꽃이 피었다가 떨어질 때까지 과연 왕의 말과 같았다. 당시에 여러 신하가 왕에게 어떻게 알았는가를 물었다. 왕은 "꽃을 그렸는데 나비가 없으니 향기가 없는 것을 알 수 있었고, 이는 바로 당제(唐帝)가 나의 짝이 없음을 희롱한 것이다."라고 답했다. 꽃을 삼색으로 보냄은 아마도 신라에 세 명의 여왕이 있을 것을 알았기 때문이니 선덕(善德) · 진덕(眞德) · 진성(眞聖)이 바로 이들이다. 당제도 헤아림의 밝음이 있었다.

목단(牧丹)이라고도 하는 모란의 줄기는 높이 2~3m까지 자라며, 꽃말은 '부귀'이다. 송나라 염제 주돈이를 인용한 이익은 『성호사설』에서 "모란꽃은 쉽게 잘 떨어지는데 아침에 곱게 피었다가 저녁이면 시들기도 하니 부귀란 오래 유지하기 어렵다는 것을 비유한다. 모양은 화려하나 냄새가 좋지 않아 가까이 할 수 없으니 부귀란 참다운 것이 못 된다는 것을 비유한다"라고 한 바 있다.

모란은 부귀의 상징이며 모란은 향기가 있다. 그럼에도 향기가 없다고 한 것은 당시에 아무도 모란을 모르고 있었기 때문이다. 있었다면 무향이라고 거짓말을 할 수 없다. 그런 세기의 거짓말은 당 태종이 보내준 모란을 심고 나서 얼마 후에 탄로 났을 것이다.

하지만 거꾸로 냄새가 없었다고 하는 것을 보면 참으로 사슴을 가리켜 말이라고 하는 '지록위마'가 가능한 카리스마가 있었나 보다. 그래서 향기가 있음에도 모두 냄새가 나지 않는다고 쇼를 했을 것이다. 부처님이나 다름없는 존재였다면 충분히 가능했을 일이다.

모란 그림에 나비가 없는 것은 향기가 없어서가 아니다. 중국인들은 모란도에 나비를 그렸는데 모란은 부귀를 상징하고 나비는

80세라는 장수를 의미한다. 따라서 나비가 없다는 것은 장수하지 않아도 된다고 당 태종이 '모란도'를 모르는 신라 여왕을 우롱한 것이다.

특히 중국인은 모란을 무척 좋아했다. 명대 탕현조의 희곡 『모란정황혼기』에는 "모란꽃 아래에서 죽어 풍류를 다한다"라는 시가 나온다. 그런 뜻에서 지금 부귀를 잘 누리고 있지만 하루만에 지는 모란처럼 얼른 죽으라는 의미도 가질 수 있다. 홍색·자색·백색 역시 색을 밝히는 홍색, 부처님의 색인 자색, 순결의 색인 백색으로 선덕여왕의 밤 생활이나 남자 편력을 비꼰 것일 수도 있다. 오히려 혼자 사는 것이 아니라 겉과 속이 다르게 부처님인 척, 순결한 척하면서 방탕한 삶을 사는 것 아니냐고 희롱한 것이 더 당 태종다운 해석일 듯싶다.

그런데도 당 태종이 마치 선덕(善德)·진덕(眞德)·진성(眞聖) 세 여왕이 나올 것을 예견했다고 보는 것은 어불성설이다. 보각 국존 일연 스님이라면 이런 수준으로 해석했을 리가 없다. 아니면, 굳이 해야 할 필요가 있었을까? 여하튼 지기삼사의 첫 단추부터 잘못 채워졌으니 참으로 안타깝다.

당 태종 이세민은 당나라의 실질적인 창건자이자 제2대 황제(재위 626~649)이다. 조선의 태종 이방원과 마찬가지로 묘호가 태종(太宗)이다. 고조 이연(李淵)을 도와 당을 건국한 태종은 618년 현무문(玄武門)의 난을 일으켜 즉위했다. 이세민은 무능하고 매사에 건성건성했던 형 이건성이 태자로 책봉된 후 자신을 암살하려 하자 형과 그 일행을 모두 화살로 쏴 죽였다. 고조는 이방원에게 양위한 태조 이성계처럼 이세민에게 양위하였다. 태종은 재위 기간 중 돌궐(突厥)을 몰아내며 중국을 통일하였다.

태종의 치세는 '정관(貞觀)의 치(治)'라고 칭송받을 정도로 대단했다. 하지만 태종은 태자로 책봉한 큰아들이 모반에 연루되자 폐위시키고 셋째 아들 이치(李治)를 태자로 삼았다. 이치가 고종(高宗)이다. 그러나 병약하고 우유부단한 고종이 죽자 황후인 측천무후(則天武后)가 자신이 옹립한 황제들을 폐위하고 스스로 황제의 자리에 올라 국호를 '무주'로 고치는 전무후무한 '여난'을 일으켰다.

신라 선덕여왕을 희롱하고 능멸한 죄값을 치룬 것일까? 당 태종은 야사(野史)가 말하길 연분 관계가 있었다는 그 며느리한테 된통 당한다고 한다. 선덕여왕에게 세 가지 색깔의 모란 그림을 보내고 나비를 그리지 않게 한 죄 값을 톡톡히 받은 것이라고 생각하고 싶다.

둘째는 영묘사(靈廟寺) 옥문지(玉門池)에 겨울임에도 많은 개구리가 모여 3, 4일간 울었다. 선덕여왕이 영묘사(靈廟寺)를 세운 일은 「양지사전(良志師伝)」에 자세히 기록되어 있다.

『삼국유사』 '이혜동진(二惠同塵)' 조에 "활리역(活里驛) 사람인 지귀(志鬼)라는 청년이 선덕여왕을 사모하여 그 사랑의 불길로 영묘사를 태우고 자신은 화귀(火鬼)가 되었다"라고 한다. '영묘사장육' 조에서는 영묘사 창건이 나라의 화젯거리가 될 만큼 큰 공사였다고 전한다. 마야부인의 딸인 선덕여왕이 애써 만든 절을 지귀가 태운 것이 된다. 지귀는 누구일까? 혹시 진지왕의 서자인 비형랑이 아닐까? 귀신을 잘 부리던 그로서는 진평왕과 선덕여왕의 쇼가 엄청 가증스럽지 않았을까? 지귀가 화귀가 되었다는 말은 거꾸로 화귀가 지귀로 변신했다는 이야기도 가능하다. 당시에 이와 같은 일을 할 수 있던 자는 비형랑만한 사람도 없었을 것이다.

여하튼 영묘사에는 사천왕사(四天王寺)와 함께 양지(良志)가 만든 금당(金堂) 장육삼존불(丈六三尊仏), 천왕상(天王像), 목탑, 기와, 편액의 글씨가 있었다. 장육삼존불을 만들 때, 신라 사람들이 다투어 불상을 만들 진흙을 운반하면서 향가인 「풍요(風謠)」를 지어 불렀던 것으로 유명하다. 후대에도 양지 스님이 만든 불상 등이 남아 있었던 것을 보면, 불이 난 다음에 양지 스님이 중수불사를 한 것으로 보인다.

거꾸로 보면 비형랑과 무관해 보이지 않는 두두리들이 만들고 화귀가 태운 영묘사를 양지 스님이 중창불사한 것은 비형랑의 종말과 관련된 듯싶다. 비형랑은 진지왕계의 상징이자 무속세력의 중심이 아니었을까? 선덕여왕이 즉위하면서부터 불교의 홍포에 이르기까지 모든 것에 대치된 세력이었다고 보면 어떨까?

한편, 『삼국유사』 '양지사석(良志使錫)'조에는 "양지는 또 글씨에 뛰어났고, 영묘사의 장육삼존과 천왕상 및 전각의 기와와 천왕사탑 아래의 팔부신장, 법림사의 주불삼존과 좌우 금강신 등 모두 그가 빚어냈다. 또한, 영묘사와 법림사 두 절의 현판을 썼으며, 또 일찍이 벽돌을 조각하여 하나의 작은 탑을 만들고 이와 함께 3,000개의 불상을 만들어 그 탑을 절 가운데 모시고 예를 올렸다.

그가 영묘사의 장육상을 빚어 만들 때 스스로 선정에 들어가 잡념 없는 상태에서 진흙을 주물러 만들었기 때문에 온 성안의 남녀들이 다투어 진흙을 날라 쌓으면서 이러한 풍요를 불렀다."라고 전한다. 『삼국유사』 내에 조목들이 유기적 관계를 맺고 편집된 증거가 될 수 있는 부분이다.

영묘사가 있던 자리가 원래 커다란 연못이었으므로 옥문지(玉門池)는 연못을 메꾸지 못한 부분일 것이다. 아무리 메꿔도 메꿀 수 없을 정도로 샘이 솟아올랐기에 그대로 연못으로 놔둔 자리이다. 따라서 그렇게 풍부하게 샘이 솟는 곳이기에 풍요와 다산의 상징인 여성의 성기를 이름으로 따서 옥문지로 한 것으로 보인다.

겨울임에도 많은 개구리가 모여 3, 4일간 울었다는 것은 이곳이 작은 온천이었을 가능성도 존재한다. 그러지 않고서야 가능했을까?

한겨울에 개구리가 울었다는 옥문지는 아무리 알아봐도 온천이 아니며, 당시에 이상기후도 없었을 것 같다. 이 모든 것이 선덕여왕의 자작극일 가능성이 높다. 온실을 만들고 애완용 개구리를 데려다가 소리를 내게 했을 가능성이 더 현실적이다.

당시 정보 취급 당국이나 부처에서 파발을 통해서든 인편을 통해서든 참새까지는 아니어도 비둘기 등을 이용해서 백제군의 이동을 알렸을 것이다. 이것을 알게 된 선덕여왕은 '위기'를 '기회'로 만들 수 있는 긍정적인 사고를 하고 있었나 보다. 그들이 도착하는 경로와 시간은 기병이냐 보병이냐에 따라 뻔한 계산이다. 당시에도 방어전략이 있었을 것이며 전력이나 전략에 대한 데이터베이스를 갖추고 있었을 것이다.

백제에서 국경선을 몰래 넘어 신라 왕경인 경주까지 곧장 이동한 후, 기동타격하기 위해선 경주 인근 여근곡 부근에서 일단 숨을 돌리고 나서 쳐들어갈 수밖에 없었을 것이다. 신라 측의 이런 전략적인 검토가 끝났을 때 선덕여왕은 백제군을 물리칠 개구리울음과 같은 준비를 착착 진행했다.

그러나 진실은 알 수 없다. 다만, 선덕여왕의 위업만 남아 세상에 회자되고 있을 따름이다.

국경이 뚫렸다는 것이 너무 일찍 알려지면 민심이 흉흉해질 것을 걱정한 선덕여왕은 위기를 기회로 삼아 활용하는데, 성공했다. 정말 놀라운 혜안과 기지가 아닐 수 없다. 이 프로젝트의 총괄기획은 누구였을까? 꼼수의 제왕인 아버지 진평왕은 이미 붕어했으니 그의 생각도 이젠 아닐 것이다.

당시 기록을 살펴보면, 632년(선덕여왕 즉위년) 2월에 대신 을제(乙祭)로 하여금 국정을 총괄케 하였고, 636년(선덕여왕 5) 정월에는 이찬(伊湌) 수품(水品)을 상대등으로 삼았으며, 이듬해인 637년(선덕여왕 6) 정월에는 이찬 사진을 서불한으로 임명하였다.

당시 적지 않은 관료들이 등장하는데 이들은 선덕여왕의 왕위계승에 관여한 '공신'들이다. 그런 공신들이 어린 선덕여왕의 놀이에 가담했을 가능성은 크지 않을 듯하다. 아버지 진평왕 때 하던 짓을 늘 보았던 그들 대신에 선덕여왕은 알천과 필탄을 고른다. 어쩌면 이 모든 것이 알천의 작품일 가능성이 높다.

왕은 급히 각간 알천(角干 閼川)·필탄(弼呑) 등에게 명하여 정병 2천을 뽑아 "속히 서쪽 교외로 나가 여근곡(女根谷)을 수색하면 필히 적병이 있을 것이니 엄습하여 그들을 죽이라." 하였다.

『삼국사기』 등의 사료를 보면, 635년(선덕여왕 4)에 이찬(伊飡) 알천공은 독산성(獨山城)에 침입한 백제장군 우소(于召)의 군을 모두 물리쳤다. 647년에 대장군(大將軍)에 임명되고 647년(진덕여왕 1)에는 반란으로 죽은 비담(毗曇)의 뒤를 이어 상대등에 취임하였다. 이번 일로 가장 승승장구하며 권력을 쥐어가는 모습은 여근곡 사건의 배후이자 공신, 꾀를 낸 계사가 누군지 명백하게 가르쳐주는 것은 아닐까?

『삼국유사(三國遺事)』의 또 다른 기사에 의하면, 알천이 화백회의 의장이었을 당시, 회의의 구성원은 술종(述宗)·임종(林宗)·호림(虎林)·염장(廉長)·유신(庾信) 등이었다. 진덕여왕이 재위한 지 7년 만에 죽었고 성골(聖骨) 신분으로 왕위를 계승할 사람이 없자 화백회의는 의장인 알천공을 섭정왕, 곧 왕으로 추대하였다. 그러나 알천공은 자신보다 김춘추(金春秋)가 덕망이 높고 세상을 다스릴 만한 영걸이라며 왕위계승자로 추천한 다음 물러났다.

당시 알천공의 권력은 정말 대단했다. 여근곡 사건 이후로 왕위계승 후보까지 오른 알천공. 결국, 대권은 잡지 못했지만, 정계의 본격적인 데뷔가 바로 '여근곡'이었다. 여성의 성기를 뜻하는 '여근곡' 사건에 등장하는 '알천'이 혹시 선덕여왕의 애인은 아니었을까? 『삼국유사』「왕력편(王曆篇)」에는 남편이 음이며, 그가 갈문왕이었음을 밝히고 있다. 여왕의 남편이 갈문왕이 되었다기보다는 갈문왕 자격을 가진 음이라는 인물이 여왕의 남편이 되었다고 보면 이해가 더 쉬울지 모르겠다. 신라 중고기 갈문왕이 왕위 계승에 적극적으로 간여하고 지증왕처럼 왕이 된 것은 사료에서도 증명되는 사실이다. 상상의 나래를 탄 역사적인 추측은 매우 위험하지만, 무척이나 즐겁고 흥분되는 일이다.

두 각간이 명을 받들어 각각 군사 1,000명씩을 거느리고 서쪽 교외에 가서 물으니 부산(富山) 아래에 과연 여근곡이 있었다. 백제 군사 500명이 그곳에 와서 숨어 있으므로 이들을 모두 죽였다. 백제 장군 우소(亐召)란 자가 남산(南山) 고개 바위 위에 숨어 있으므로 이를 포위하여 활로 쏘아 죽이고, 이후 (백제) 병사 1,200인이 오자 역시 쳐서 모두 죽여 한 사람도 남기지 않았다.

알천과 필탄이 여근곡에서 백제군 500명을 섬멸했는데 백제 장군 하나가 도망쳤나 보다. 후발대가 오는 것을 기다려 반전을 기대한 것일까? 여근곡 전투에서 충분히 대비하지 않은 우둔한 장군 우소로 인해서 백제군은 후발대까지 한 명도 남지 않고 다 죽었다.

선발대 기병 500명을 먼저 섬멸하고 후발대 보병 1,200명을 차례대로 공격한 것으로 보이는데, 말을 탔다고 해서 너무 빨리 간 것이 작전상의 큰 잘못이었다. 보급대이자 어쩌면 기병의 보디가드

격인 보병을 무시한 결과는 정말 무서웠다. 말이 여근곡에 주둔한 것이지 식량도 모자라 한겨울에 춥고 배고파서 동상에 걸렸을 것이다. 그렇다고 불을 피워 말을 잡아먹을 수도 없었을 것이다. 결국, 결과는 전멸이었다. 신라와 백제 사이의 전투 가운데 신라가 압승한, 첫 번째 대전은 이렇게 싱겁게 끝났다.

"개구리가 노한 형상은 병사의 형상이다. 옥문은 여자의 음부를 말한다. 여자는 음(陰)이고 그 빛이 백색이며, 백색은 서쪽을 뜻하므로 군사가 서쪽에 있는 것을 알았다. 남근은 여자의 음부에 들어가면 반드시 죽는다. 그러므로 그들을 잡을 수 있음을 알았다."

이에 군신들이 왕의 성스럽고 슬기로움에 모두 감복하였다.

두꺼비도 아니고 개구리가 등장한다. 백제군 병사의 모습이 개구리가 노한 모습이라고 비하한 것이다. 이런 개구리가 화내봤자! 개구리다. 겨울에 계곡물 곁에서 동면하여 힘 못 쓰는 개구리 꼴이라고 놀린 것이다.

여성의 성기를 논하는 것이 좀 민망한데, 굳이 백색의 빛이라고 한 것이 참으로 인위적이다. 많은 남자 신하들 앞에서 '성희롱'을 자행한 선덕여왕. 성골, 진골의 신하들은 그녀의 성(聖)스러움에 감복하는 쇼맨십을 보여줬다. 참으로 성(性)스러운 여왕이다.

셋째는 왕이 아무런 병도 없는데 여러 신하에게 말하기를 "짐은 모년 모 월일에 죽을 것인즉, 나를 도리천(忉利天)에 장사지내도록 하여라." 하였다. 군신들이 그 곳의 위치를 몰라 "어느 곳입니까?"

하니 왕이 말하기를 "낭산(狼山) 남쪽이다." 하였다. 모월 모일에 이르러 과연 왕이 승하하자, 신하들이 낭산의 양지바른 곳에 장사지냈다. 그 후 10여 년이 지난 뒤 문호대왕(文虎大王)이 사천왕사(四天王寺)를 왕의 무덤 아래에 창건했다. 불경에 이르기를 사천왕천(四天王天)의 위에 도리천이 있다고 하였으므로, 그제야 대왕의 신령하고 성스러움을 알 수 있었다.

죽는 것에 관심이 많았던 선덕여왕은 말년에 매우 아프고 염세적이었다. 무당이나 박수 등에게 자신이 언제 죽을지 궁금해서 자주 물었을 것이다. 대충 언제 죽을지 알게 된, 아니 믿게 된 여왕은 여러 신하들에게 "내가 그때 죽을 테니, 그때까지는 잘해야 돼!"라고 했을 것이다. 계속 불공을 드리면 극락왕생하듯이 '사천왕천' 위의 '도리천'에 태어나고 싶었을 것이다. 그래서 성스러운 예지력을 한 번 더 발휘하기 위해 작품을 공모했다.

거기에 응모한 것이 태종무열왕 김춘추와 그의 아들 문무왕이었다. 선덕여왕 사후의 신성화 정책을 입안한 김춘추가 거대한 힘을 가졌던 알천공에 이길 수 있었던 이유가 여기에 있었을까? 여하튼 원래 김춘추가 해야 할 일을 그의 아들인 문무왕이 해 준다. 여기저기 절을 짓던 시기에 낭산 아래에 사천왕사 하나 짓는 게 뭐가 어려웠을까?

별기(別記)에 이르기를 선덕여왕대에 돌을 다듬어 첨성대(瞻星台)를 쌓았다고 한다. 도리천에서 극락왕생한 선덕여왕의 이야기는 이게 끝이 아니었다. 그 유명한 첨성대도 이 왕이 아닌, 이 왕대에 만든 것도 아니고 쌓았다고 한다. 『별기(別記)』라는 책도 있었겠지만, 여기서는 본문에서 본 것과 다른 기록을 인용한 것이라고 봐도 크게 틀림이 없다. 여하튼 다른 문헌에 따르면 선덕여왕 때 돌탑처럼 첨성대(瞻星台)를 쌓았다.

어떤 이는 첨성대가 지상 세계와 천상 세계를 연결하는 통로였으며, 선덕여왕이 도리천으로 올라가는 상생 통로, 혹은 도리천의 지배자인 제석(帝釋)이 지상 세계로 내려오는 하생 통로 역할을 했다고 한다.

하지만 도리천에 묻혔다는 이야기는 죽은 후에 만들어진 조작일 가능성이 크고 첨성대는 살아생전에 만들어졌기에 시간적인 차이에 대한 충분한 근거를 제시하지 않는 한 검토의 여지가 있다.

만약에 후대 사천왕사 건설과 맞물려 있는 것이라면 선덕여왕 지기사사(知幾四事)가 되었을 것이다. 근데 왜 등장한 걸까? 막판에 갑자기 첨성대가 말이다.

첨성대는 경상북도 경주시 인왕동에 있다. 신라시대 천문을 관측하던 건물로 추정한다. 높이는 약 9.5m이다. 국보 제31호로 지정돼 있다. 일월행성의 운행을 관측해 역법을 만들려는 목적과 천문현상을 관찰해 국가의 길흉을 점치는 점성(占星)의 목적으로 사용되었으리라 짐작된다. 하지만 그렇다는 증거는 없다. 별을 보려고 했다면 그 자리가 아닌 남산 꼭대기나 낭산, 토함산으로 갔을 것이다. 그런데 굳이 인왕동에 만든 것은 첨성대의 의미가 좀 다르다는 것이 아닐까.

신라 선덕여왕(632~647) 때 축조되었다고 전해지는 이 첨성대는 「왕력(王曆)」 편에도 등장한다. 신라 제17대 내물마립간(奈勿麻立干) 이야기 끝에 "능은 점성대(占星台) 서남에 있다."라는 기사가 그것이다. 현재 내물왕릉과 첨성대의 위치에 잘 부합되므로 보다 신빙성을 갖게 된 이 기사에서 첨성대는 점성대라고도 한다. 이곳에서 별자리 점을 쳤다는 것이 된다.

천문 현상을 관찰하여 국가의 길흉을 점치는 일이 점성이다. 이러한 점성은 조선 시대 말까지 계속되었는데, 고대로 올라갈수록 그 비중이 컸던 것 같다. 제사(祭祀)에 동반한 점복(占卜)의 경우 왕의 신성성을 높이는데 기여했다. 신성한 계림 주변에 단을 쌓아 올리고 왕만 올라가 별자리를 관찰하며 하늘에 뜻을 묻는 제의를 지냈다면 어떨까?

만든 돌의 수나 위치 등이 모두 상징적인 의미가 있는 것도 그런 이유 때문이다. 실상 동남아시아 불교국에 존재하는 여러 불탑이 첨성대 형태와 상당히 유사한 것도 그런 이유라고 봐도 되지 않을까? 첨성대 내부가 비어 있는 우물 형태 구조라는 점과 상부의 돌들이 우물 정(井)자처럼 보여 정자석(井字石)으로 불린다는 점을 근거로 우물 제단이라고 볼 수도 있다. 생명의 근원, 풍요의 상징인 우물의 상징성도 띄우고 기우제도 지냈을 것이 분명하다.

그래서 토착 신앙의 용신(龍神) 사상과 불교의 미륵(弥勒) 신앙이 결합한 복합 종교적 상징물로 보는 견해도 있다. 전륜성왕(轉輪聖王; 고대 인도 신화에 등장하는 이상적 제왕)으로서 선덕여왕의 하생을 기원하는 종교적 구조물로 보는 견해도 틀리지 않다. 다 같은 말로 다른 표현일 따름이다. 고대의 제의에는 한 가지 의미보다 다양한 성격이 포함되었을 가능성이 많다. 굳이 이거다 저거다 한정지어 생각할 이유가 없다.

동지 일출 시점이 일 년 중 가장 중요하고 상징적인 '여명기(黎明期)'란 사실에 주목해 첨성대가 동지 일출 시에 경주의 천정을 지나는 별빛을 담는다는 상징성을 띠고 있다는 주장도 있다. 첨성대란 단어에 들어가는 별 성(星)자처럼, 별의별 학설이 다 가능하고 다 맞는 견해일 수 있다. 다만, 선덕여왕이 계림을 거닐다가 거기서 별을 보고 사랑을 나눴다면 어떨까? 성스러운 계림 숲속을 성골인 여왕과 단둘이 들어가 거닐었다면? 그리고 첨성대에 올라가서 하늘의 별을 바라보며 밀회를 즐겼다면? 남들에게 체면상 말하기 어려워서 목욕재계하고 올라가서 별점을 봤다고 하면 그만이다. 언젠가 비가 오지 않았을 때는 거기서 기우제도 지냈을 것이다.

남녀 간의 사랑을 운우(雲雨)라고 표현한다. 남녀 간의 밀회(密會)나 정교(情交)를 이르는 말로는 무산지몽(巫山之夢)이라는 고사도 있다. 전국시대 초나라 회 왕이 낮잠을 자다가 무산의 여자인 무산선녀(巫山仙女)를 만나 운우지락(雲雨之樂)을 나누고 이별한 꿈 이야기이다. 또한, 운우는 하늘의 비구름 별자리이다. 만물이 성장하는데 필요한 물을 제공하는 별자리이다.

제28대 진덕여왕

제28대 진덕여왕이 즉위하여 「태평가(太平歌)」를 짓고 비단을 짜서 수놓았다. 사신을 당(唐)에 보내 바치게 하였다. 당나라 임금이 기뻐하며 그것을 포상하고 진덕여왕을 계림국왕(鷄林國王)으로 고쳐 책봉하였다.

다른 기록에는 "춘추공(春秋公)이 사신으로 건너가서 청병케 하자 태종(太宗)이 기뻐하며 소정방(蘇廷方)을 보내기로 허락했다"고 하는데 이는 잘못되었다. 현경(現慶) 연간 이전에 이미 춘추는 즉위하였고, 현경 연간 가운데 경신(庚申)년은 태종대가 아니라 당 고종(高宗)대이며, 아울러 정방이 온 것은 현경 경신년에 있어던 일이다. 그러므로 비단을 짜, 수를 놓아 보낸 것은 청병 때의 일이 아님을 알 수 있다. 진덕여왕 때의 일이라고 해야 마땅하다. 아마도 이때는 김흠순(金欽純)을 석방하여 달라고 청할 때의 일이다.

진덕여왕이 「태평가」를 비단에 수놓아 사신을 당에 보내 바치게 한 것의 연대가 미정이다. 즉위하고 바로인지 몇 년 지나서인지가 문제의 핵심이다. 이때는 청병이 아니라 김흠순의 석방을 청하기 위해서 사신을 보낸 것이고, 당나라 임금이 기뻐서 진덕여왕을 계림국왕으로 책봉했다고 『삼국유사』 각주의 찬자는 보고 있다.

진덕여왕은 신라의 제28대 왕으로 생년은 미상이고 재위 기간은 647년~654년이다. 이름은 승만(勝曼)으로 선덕여왕(善德女王)의 유언에 따라 즉위했다. 650년에 중국의 의관제도와 연호를 사용하기 시작하였다. 이 왕을 마지막으로 성골 왕통이 끊어졌는데, 『삼국사기』에서는 이 왕대까지를 상대(上代)라 하였고, 『삼국유사』에서는 중고(中古)라 시대를 구분해 말한다. 이런 신라사 시대 구분의 한 획을 긋고 있는 진덕여왕, 특히 즉위 초의 연대 비정은 『삼국유사』의 사료적 가치를 탐구하는데 중요한 의미가 있다.

진덕여왕은 즉위하던 해(647)에 선덕여왕 말년에 반란을 일으킨 비담(毗曇)을 비롯한 30인을 붙잡아 처형하고, 알천(閼川)을 상대등(上大等)에 임명했다. 648년(진덕여왕 2)에는 김춘추(金春秋)를 당나라에 보냈다. 이로써 군사적 지원을 요청하는 청병외교(請兵外交)와 당나라와의 외교 관계를 더욱 공고히 하는 숙위외교(宿衛外交)를 전개하였다. 즉위한 647년 정미년은 당 태종대로 정관 21년에 해당한다. 아울러 김춘추가 당나라에 간 648년은 무신년으로 정관 22년에 해당한다. 춘추공 즉, 태종무열왕이 즉위한 것은 654년 갑인년으로 영휘 5년이며, 현경 원년은 656년으로 태종무열왕 3년이다. 그리고 현경 5년 경신년인 660년에 소정방이 신라와 함께 백제를 공격한다. 『삼국유사』의 이 조목은 사실과 매우 다르다.

『삼국사기』 권5 「신라본기」 5 '진덕여왕 원년(647) 2월' 조에 의하면, 진덕여왕은 주국(柱國) 낙랑군왕(樂浪郡王) 신라왕(新羅王)에 책봉되었다고 한다. 하지만 『삼국유사』의 "계림국왕(鷄林國王)"이라는 표현은 찾을 수 없다. 물론 『삼국유사』가 틀리고 『삼국사기』가 맞다는 말은 아니다. 아울러,『삼국사기』 권5 「신라본기」 5 '진덕여왕 4년(650) 6월'조에는 「태평송」을 수놓은 비단을 당 고종(재위 649~683)에게 바친 김법민(金法敏)에게 종3품의 직사관인 태부경(太府卿)을 제수하였음을 전하고 있다. 결국, 진덕여왕이 계림국왕에 책봉된 것은 알 수 없지만, 태평가를 비단에 수놓아 보낸 것은 650년의 일이며 사신은 김법민이라고 보면 크게 틀림이 없을 듯싶다.

김법민은 태종무열왕의 아들로 후대에 문무왕으로 즉위한다. 650년에 진덕여왕이 계림국왕이 되었다고 볼 수 있는데 안타깝게 다른 사료로 증명이 안 된다. 그렇다고 계림국왕이 되었다는 것이 거짓이라는 말은 아니다.

아울러, 문무왕대 김유신(金庾信)의 아우 김흠순은 668년 당군과 합세하여 고구려를 멸하는데 공이 컸다. 669년 5월에 김양도와 함께 당나라에 사죄사로 갔다가 김양도는 투옥되고 김흠순은 억류된 바 있다고 「의상전」은 전한다. 이때 의상에게 당 고종의 신라 침략에 대한 정보를 전하도록 하여 670년에 의상 대사는 서둘러 귀국한다. 결국, 김흠순이 옥에 갇혀 석방을 요청한 것은 진덕여왕과는 전혀 다른 왕대의 일이어서 『삼국유사』의 연대 비정은 상당히 곤란하다. 연대 비정이 가장 중요한 사료적 가치의 기준인데 그 기준에 한참 못 미친다. 결국 『삼국유사』의 사료적 가치는 역사서라고 하기 보다는 불교 설화집으로서 사료적 가치가 크다고 하는 것이 올바른 표현이라고 할 수 있겠다. 물론 이것만으로 끝날 이야기는 아니며, 앞으로도 이 점을 두고 『삼국유사』를 해설해 보고자 한다.

「태평가」의 가사는 다음과 같다.

거대한 당나라가 왕업을 새로 세우니, 높고 높은 황제의 모책(謀策)은 더욱 창성하여진다.

전쟁이 끝나니 군사들은 안정을 얻게 되고, 문치를 숭상하니 백왕(百王)의 뒤를 잇게 되는 터전을 이루셨다.

하늘까지 다스리니 고귀한 비가 내리고, 만물을 잘 다스리니 물체마다 이슬을 머금듯 광채를 머금었다.

깊은 인덕은 해와 달과 비교될 만하고, 순환하는 복된 운수는 우당(虞唐) 즉 태평스러운 요순시대로 향한다.

휘날리는 깃발은 어찌 그리 번쩍이며 빛나고, 징소리와 북소리는 어찌 그리 웅장한가!

변방 밖의 오랑캐로서 황제의 명령을 어기는 자는 칼날에 엎어지는 천벌을 받으리라.

순후(淳厚)한 덕풍은 어두운 곳이나 밝은 곳이나 다 불며, 먼 곳이든 가까운 곳이든 다투어 상서로움을 바친다.

사시(四時)는 옥촉(玉燭)과 같은 태평한 세상으로 순탄하고, 칠요(七曜)는 널리 만방을 돌아다닌다.

큰 명산에서 보필할 재상을 내리고, 임금은 충량한 신하에게 종사를 맡긴다.

오제삼황(五帝三皇)의 덕을 하나로 하여, 우리 당나라 임금을 밝게 한다.

신라의 제28대 진덕여왕의 이름 진덕 가운데 '진(眞)'은 불경 『방광대장엄경』 권3 「승족품」의 진종설화에서 채용한 것이라는 견해가 있다. 중생심의 근원이 되는 참되고 한결같은 마음인 진여(眞如)의 '진'이기도 하다. 그런 불교적 성격을 띤 진덕여왕이 당나라 고종에게 '용비어천가'를 부른 것이다. 오제는 소호(少昊), 전욱(顓頊), 제곡(帝嚳), 요(堯), 순(舜)을 말하고 삼황은 복희씨(伏犧氏), 신농씨(神農氏), 황제(黃帝)를 말한다. 이런 전설적인 왕으로 칭송된 고종은 어떤 기분이었을까? 진덕여왕이 용비어천가, 아니 「태평가」를 작사·작곡해서 올린 이유는 바로 여기서 찾아야 할 것이다.

고구려와 백제를 정복하기 위한 것인가? 당시 두 나라보다 약세였던 신라가 외세를 빌어 한반도의 통일을 이뤘다고 한다. 하지만 당시에는 한반도라는 개념이 없었고 신라에게 고구려와 백제는 당나라와 같은 외세였다. 좀 가까운 외세가 고구려와 백제였고 먼 외세가 당나라였다. 중국의 이이제이(以夷制夷)와 같이, 신라도 당을 이용해서 고구려와 백제를 제압한 것이다. 위의 「태평가」는 아부의 극치지만 실제로는 당나라 황제를 꼭두각시로 만들고자 한 치밀한 계획에 따라 만들어진 외교문서이다.

신라의 제29대 왕인 태종무열왕(太宗武烈王) 김춘추는 654년부터 661년까지 재위했다. 태종은 묘호이고 무열은 시호이며 이름은 춘추이다. 53세에 진골로서 처음으로 왕위에 올랐다. 선덕·진덕여왕을 보필하여 삼국통일을 도모하였다. 특히 인질로 간 것인지 외교사절로 간 것인지 잘 모르겠지만 당나라에 가서 당 태종과 나당 군사동맹을 맺는 등 대당 외교의 기초를 마련하였다. 이 김춘추가 「태평가」 제작에 관여한 것으로 봐도 될까? 660년 3월 나당연합군의 대총관인 소정방은 13만 당군을 거느리고 신라군과 함께 백제를 협공, 사비성을 함락시켰다. 백제 의자왕과 태자 융을 사로잡아 당나라로 송치하였다. 661년에는 나당연합군을 거느리고 고구려 평양성을 포위 공격했다.

지금 우리로서는 같은 민족이고 같은 국민이지만 당시 영토의 개념은 좀 달랐다. 전쟁하며 살상과 강간, 약탈 등 범죄가 일어나는 판국에 '동포'라는 개념은 찾기 어려웠을 것이다. 그런 시대에 신라에 있어 당은 전략상 필요한 힘센 이웃이었을 뿐이다. 그렇게 보는 것이 어쩌면 바른 역사관은 아닐까?

누구에게나 천적은 있다. 외교적 재능이 뛰어난 춘추공에게 넘어야 할 산으로는 알천공이 있었다. 그리고 적으로 둬서는 안 될 사람은 바로 김유신이 있었다.

진덕여왕 때, 알천공(閼川公)·임종공(林宗公)·술종공(述宗公)·호림공(虎林公, 자장(慈藏)의 아버지)·염장공(廉長公)·유신공(庾信公)이 남산(南山)에 있는 오지암(亐知巖)에 모여 나라의 일을 의논하곤 하였다. 이 때, 큰 호랑이 한 마리가 좌중에 뛰어드니 여러 공이 놀라 일어섰다. 그런데 알천공은 조금도 움직이지 않고 태연히 담소하면서 호랑이 꼬리를 붙잡아 땅에 메어쳐서 죽였다. 알천공의 완력이 이와 같아서 윗자리에 앉았다. 그러나 모든 공은 유신공의 위엄에 복종하였다.

무지하게 황당한 위의 기사로 우리는 당대의 정치 상황을 정말 많이 알아낼 수 있다. 사료비판은 탐사역사학이라고 한다. 탐사역사학 측면에서 살펴보자면, 알천공·임종공·술종공·호림공·염장공·유신공이 모인 남산의 오지암 또는 우지암이 어느 곳인지 궁금하다.

우지암은 신라에서 신성시하였던 경주 남산에 있는 바위이다. 도당산(都堂山)은 남산 정상에서 북으로 뻗어 내린 마지막 끝에 솟아 있는 세 봉우리의 작은 산으로, 반월성에서 가장 가까운 남산의 일부이다. 어떤 이는 여기에 우지암이 있었다고 한다. 물론 경주 남산 삼릉계(三陵溪)의 속칭 기암(碁岩)으로 추정하거나, 남산에서 서라벌 전체를 조망하기에 매우 좋은 곳으로, 상선암(上仙巖) 마애불의 북봉에 해당된다고 하는 견해도 있다. 다들 이런저런 논리로 이야기하지만 선뜻 받아들이기는 어렵다. 근거도 부족하니 그냥 남산에 있는, 최소 10여 명이 넉넉히 앉아도 될 반석 같은 큰 바위라고 보면 될 듯싶다.

이곳에서 신라의 대신(大臣)들이 모여 귀족 회의를 한 것이다. 그런데 왜 굳이 이곳에서 회의한 것일까? 『삼국유사』 권1 「기이」 1 '진덕여왕' 조에 등장하는 우지암 회의는 선덕·진덕 두 여왕의 즉위 문제와 결부된다. 전근대사에서 왕권의 쟁탈이야말로 최고의 정치사이다. 그 어떤 막장드라마보다 재미있는 정치사의 한 장면이 바로 다음 왕위를 계승할 이를 결정하는 것이다.

'이찬 칠숙과 아찬 석품의 반란'과 '상대등 비담의 반란'과 연결된 우지암 회의는 신라 중고기 화백회의와 무관하지 않다. 진덕여왕 1년에 상대등이 된 알천공을 중심으로 대등(大等)의 후신이라고 볼 수 있는 대신(大臣)들이 참석한 것이다. 어떤 이는 여러 관부의 장관이 주로 참석하는 군신 회의(群臣會議)로서 장관들이 주도하는 국무회의적인 성격이 강했다고 보는 견해도 있다. 중국의 사서인 『수서(隋書)』「신라전」에서는 "국가에 큰일이 생기면, 여러 관리가 모여 자세히 논의한 다음에 결정하였다"라는 기록이 있다.

굳이 사료들을 찾아보지 않아도 중요한 일이 생기면, 화백이든 귀족이든 관료든 장관이든 누구든 모이지 않았을까? 광범위한 겸직이 행해졌을 테니, 결국 당시 힘을 좀 쓰는 최고 권력자들이 모였다고 해도 과언은 아닐 듯싶다. 이들이 왕위 계승과 관련된 시기에 모였으니, 거의 칼만 안 들었지 '쿠데타'라고 할 수 있다. 서로 이해관계를 달리하는 영웅들이 굳이 남산으로 모인 것은 사실 '전투'의 후유증이었을 것이다.

그러므로 왕위 계승을 둘러싼 '전투'를 잠시 쉬고 오지암에 참석한 이유는 모두 무장하고 도성 안에서 싸울 수 없었거나, 싸우는 게 어려웠기에 불가피하게 남산으로 모인 것으로 보면 될 듯싶다. 아마도 남산 주변의 신관들과 법사들이 중재하기 위해 다 모였을 것이다. 당시는 지금과 달리 종교계가 많은 이야기를 할 수 있었나 보다. 천신이나 부처님의 이름을 빌려서 말이다.

담판을 위해서 모여든 이들은 선덕여왕이나 진덕여왕 사후의 왕위계승에 대해서 다 자기 목소리를 가지고 있거나 가질 수 있던 사람들이었다. 어떤 이는 진덕여왕이 죽은 뒤에 알천을 추대하기 위한 회의로 보기도 하고, 어떤 이는 자장이 출가하기 전인 선덕여왕

초년의 기사였다고 보기도 한다. 하지만 그리 봐야 할 특별한 이유가 없는 한, 진덕여왕대로 보는 것이 틀림없을 듯하다.

이런 우지암 회의에 난데없이 호랑이가 뛰어든다. 모두 다 도망쳤는데 알천공만 미동도 하지 않았다. 오히려 호랑이 꼬리를 잡고 빙빙 돌렸는데 어떻게 했는지 모르지만, 땅에 메다꽂아서 죽였다. 사람이 할 수 있는 일이 아니다. 다만, 어린 호랑이라고 하면 불가능한 일도 아니다. 모두 기가 차서 알천공을 돌아봤을 것이다. 그때야 겸연쩍게 자리로 다시 돌아온 대신들은 아마도 엄청 창피했을 듯싶다.

선종랑 즉, 자장 율사의 아버지인 무림공(호림공)도 예외는 아니었다. 염장공 역시 정말 자존심이 많이 상했다. 당대의 내로라하는 사람들이 창피를 당했으니, 입으로는 알천공의 담력과 완력은 역시 대단하다고 칭찬했을 것이다. 하지만, 알천공이 없었다면 사실 그리 창피할 일도 아니었다. 그 역시 놀라서 도망쳤다면 모두 한바탕 웃을 것인데, 알천공 덕택에 창피를 당한 것이기도 했다. 그런 장면을 꾀돌이 유신공이 놓칠 리가 없다. 꼬마 호랑이를 들어 메친 알천공을 유신공은 어떻게 다뤘을까? 유신공의 위엄은 대체 무엇이었을까? 무슨 일을 하면 그런 위엄을 가지게 되는 것일까?

김유신은 595년(진평왕 17)에 태어나서 673년(문무왕 13)에 죽을 때까지, 신라가 삼국을 통일하는데 가장 중심적인 역할을 한 장군이다. 증조부는 신라에 투항한 금관가야의 구해왕이며, 할아버지는 무력(武力), 아버지는 서현(舒玄)이다. 어머니는 만명부인(万明夫人)이다. 어머니의 증조부는 지증왕, 할아버지는 진흥왕의 아버지인 입종갈문왕(立宗葛文王), 아버지는 숙흘종(肅訖宗)이다. 숙흘종은 만명을 감금하면서까지 서현과의 혼인을 반대한 바 있다.

신라에 투항한 가야 왕족이 당시에 비록 진골 귀족(眞骨貴族)으로 편입되어 있기는 했지만, 왕따를 당한 것으로 보인다. 신라에서 금관가야 왕족의 후예들은 박힌 돌인 신라 왕족 김 씨(金氏)와 구별하여 굴러온 돌의 뜻으로 신 김 씨(新金氏)라 칭했다. 그러니 무력이나 서현은 참으로 세상살이가 쉽지 않았을 것이다. 망한 나라의 왕의 자손이었으니 말이다.

『삼국사기』「신라본기」에 따르면, 532년(법흥왕 19)에 마지막 왕인 구해(仇亥)는 나라를 신라에 바친 뒤 높은 벼슬을 받고, 본국을 식읍(食邑)으로 받았다고 한다. 아들 무력(武力)은 신라와 백제의 싸움에서 큰 공을 세웠으며, 뒤에 신주도(新州道) 행군총관(行軍摠官)이 되었다. 무력은 이러한 공로로 각간의 자리까지 올랐다. 가야연맹에서 볼 때 금관가야는 백성과 나라를 신라에 판 인간들이었을지도 모른다. 『삼국사기』에는 서현과 만명이 야합(野合)했다고 기록하고 있다. 들어서 합궁을 했다는 의미도 있었겠지만, 정상적이지 않은 연애결혼을 한 것으로 보인다.

김유신은 모친의 엄한 교육을 받으며 자랐다. 야합해서 낳은 자식이니 얼마나 창피했을까? 결국, 만명은 열등감을 덮고자 아이를 엄하게 가르쳤나 보다. 그런 교육이 성공할 리 없다. 그래서인지 김유신은 그 아버지 아니, 그 어머니에 그 아들인지 방탕하게 살았다.

천관녀라는 기생집에서 하룻밤을 자고 온 유신을 모친이 꾸짖었다. 다신 안 가겠다고 했지만 그게 그리 쉬운가.

하루는 김유신이 술에 취해 말이 잘못 길을 들어 기생집으로 갔다. 김유신이 술에서 깨어 살펴보니 기생집인지라, 곧 말의 목을 베고 안장을 버린 채 집으로 돌아왔다. 김유신이 단호함을 보였다고 하나 다 거짓말이다. 실컷 잘 가서 놀고 나서는 어머니가 무서운 마마보이에 불과했을지도 모른다. 여하튼 자기 살자고 애마를 죽인 김유신은 이미 떡잎부터 노랬던 것은 아니었을까?

김유신은 누이를 김춘추(金春秋; 태종무열왕)와 혼인시킬 때도 한바탕 소란을 일으킨다. 김춘추와 사통시키고는 일부러 임신한 누이를 화형(火刑)에 처하는 지경까지 가게 한 것도 김유신의 머리가 아니면 할 수 없는 일이다.

이처럼 김유신은 대단한 담력의 소유자였다. 이런 상황극을 사실적으로 만들기 위해서 누이와 사전에 상의도 안 했다. 부모 남매 모두 나서서 말리지만, 이 고집불통 김유신은 콧방귀도 안 뀌었을 것으로 보인다. 그게 '위엄'이면 위엄이었을까? 불이 타들어 가자 이게 단순한 장난이 아니라 정말 자신의 생명을 위협하고 있다고 느낀 누이는 정말 혼절 직전까지 갔다. 아니 실신하지 않았다면 결혼을 반대하던 선덕여왕이 굳이 관심을 가지지도 않았을 것이다.

일부러 내시나 그와 비슷한 근시직(왕의 바로 옆에서 보필하는 신하)를 시켜 선덕여왕을 전각 밖으로 안내하게 한 것도 분명 작전이었다. 딴 데를 봐도 될 것을 굳이 김유신 집 쪽을 가리켜 연기를 보게 한 것도 마찬가지다. 주도면밀하게 계획을 짠 김유신은 자기 사람을 곳곳에 심어 놓은 것인지 아니면 뇌물을 잘 뿌렸는지 계획을 성공시켰다.

감금에서 탈출한 만명은 만노군(万弩郡; 충청북도 진천)의 태수로 부임하는 서현을 따라갔고, 그곳에서 595년 김유신이 출생했다. 김유신은 15세에 화랑이 되어 용화향도(龍華香徒)라 불리며 자신의 낭도(郎徒)를 이끌었다. 그 후 장군으로 승승장구하던 김유신은 실전과 모략의 명수였다. 까닭에 항우와 유방의 고사에서 볼 수 있듯이, 알천은 항우였고, 김유신은 유방이었나 보다. 오지암회의의 공식적인 장은 상대등인 알천이었으나, 비공식적인 실세는 역시 김유신이었다고 보면 틀리지 않을 듯싶다.

신라에는 네 곳의 신령한 땅이 있었다. 나라의 큰일을 의논할 때, 대신들이 모여서 의논을 하면 일이 꼭 성공했다. 이 사령지의 첫째는 동쪽의 청송산(靑松山)이고, 둘째는 남쪽의 오지산(亏知山)이다. 셋째는 서쪽의 피전(皮田)이고, 넷째는 북쪽의 금강산(金剛山)이다. 진덕여왕 때에 비로소 설날 조례를 행하였으며, 시랑(侍郎)의 호칭도 처음으로 사용하였다.

나라의 대사를 다루는 일이니 당연히 대신들이 모이는 것은 당연하다. 대신들이 모여 의논을 한다는 것 자체가 큰일이긴 하지만 꼭 나랏일로 만나는 것이 아닐 수 있다. 요즘 말로 정당이나 파벌의 대표들이 모여서 힘자랑을 한 것이다. 다당제였는지 이합집산과 합종연횡을 끝내고 마지막으로 표 대결을 하는 '치킨게임'의 장소다. 칼만 안 들었지 전쟁터와 다름없었다. 아니 칼도 차고 와서 여차하면 단칼에 상대를 벨 수도 있는 자리였으니, 정말 장대한 곳이 아닐 수 없다.

진덕여왕(647~654) 때 알천공(閼川公)·임종공(林宗公)·술종공(述宗公)·호림공(虎林公)·염장공(廉長公)·유신공(庾信公) 등 중신들이 남산 오지암에 모여 국사를 의논한 적이 있었다. 왜 모였을까? 결국, 알천공과 유신공의 세 싸움이었다. 알천공이 세긴 셌지만 결국 무리는 유신공을 따랐는가 보다. 『초한지』에서 보듯 항우와 유방의 싸움처럼 결국 센 놈이 이기는 게 아니라 이기는 놈이 센 것이다. 특별히 국사를 나눈 것도 아니니 이날 이후로 '유신공'의 세상이 되었을 것이며 그가 원하는 대로 이뤄졌을 것이다.

『삼국유사』 권 제2 '남부여 전백제' 조에는 "호암사에는 정사암(政事嵒)이라는 바위가 있으니, 나라에서 재상을 선출할 때는 당선될 후보자 3~4인의 이름을 써서 봉함하여 바위 위에 두었다가 조금 뒤에 보아 이름 위에 도장 자국이 있는 자로서 재상으로 삼으니, 이 때문에 정사암이라 한 것이다."라는 기사가 있다.

백제 고위 귀족들은 수상인 상좌평(上佐平)을 선출할 때 이렇게 조용히 투표했다. 민주적인 투표를 한 것에 비해 경상도 신라는 힘 대결을 하는 모습을 보였다. 그러니 정사암에 대한 열등감으로 사영지가 더 신성하다는 식으로 떠든 것 같다. 만약 신성하다면 한 군데만 거론해도 될 것을 네 곳이나 있다고 떠벌리는 것 자체가 '열

등'한 것에 대한 반증이 될 수 있다. 그런 신라가 삼국을 통일했고, 사영지 가운데 남산 오지암에서 배출한 유신공이 자신의 천하를 이루었으니 고구려의 영역과 향후 우리의 북방정책을 생각해 볼 때 좀 아쉬운 점이 있다.

여하튼 정사암보다는 못하지만, 신라는 사영지를 중요시했다. 아니 중요시하려고 했다고 하는 게 맞는 표현일 수 있다. 금강산은 왕경의 북쪽에 있고, 우지산은 남산으로 정해지지만, 청송산(青松山)과 피전(皮田)의 위치는 확실하지 않다. 대사를 정하기 위해 그리 멀리 가지는 못했을 가능성이 크다. 사병도 많이 데려갈 수 없으며, 데려가더라도 비용이 만만치 않았다. 그럴 시간도 충분하지 않았을 것이다. 결국, 청송산과 피전은 경주 주변의 경치 좋은 곳이라고 생각해도 크게 틀림없을 것이다.

왕경을 둘러싼 지역에는 국가의 대사(大祀)로 지정된 삼산(三山)이 있다. 신라 삼산이라고 하는 왕도 및 주변 세 곳의 산이다. 습비부(習比部; 경상북도 경주의 동쪽 및 동남쪽)의 나력(奈歷, 또는 奈林), 절야화군(切也火郡; 경상북도 영천)의 골화(骨火), 대성군(大城郡; 경상북도 청도로 추정)의 혈례(穴礼)가 있다. 나력의 경우에는 경주 낭산설(狼山說)이 있고, 골화의 경우에는 영천의 금강성산설(金剛城山說)과 경주 북방의 금강산설(金剛山說), 혈례의 경우에는 청도의 부산설(鳧山說), 영일의 운제산설(雲梯山說), 월성과 영일 사이의 어래산설(魚來山說) 등이 있다.

다 설에 불과하니 뭐라고 단정할 수는 없다. 사영지와 신라 삼산이 겹치지 않았을 것이라는 구분도 편견에 불과하다. 몇 개는 겹치고 몇 개는 겹치지 않을 수도 있기 때문이다.

김해 김씨 중시조 흥무대왕 김유신

진덕여왕대 사영지에 대해서 한 가지 말 못 한 게 있다. 진덕여왕 때에 비로소 설날 조례를 행하였다는 대목이다. 왕이나 말하기 좋아하는 사가들은 이때부터 국가 기강이 잡히고 왕권이 확립되었다고 한다. 시랑(侍郎) 호칭도 처음 사용하였다.

시랑(侍郎)은 집사부(執事部)·병부(兵部)·창부(倉部)의 차관직을 말한다. 장관만 데리고 일하다 보니 말도 안 듣고, 인사 청탁을 많이 받아서 자리가 더 필요했을 수도 있다. 귀족들이 여왕을 우습게 본 것인지는 잘 모르겠지만, 이참에 너도나도 관직을 하나씩 겸직하고 싶었나 보다. 왕권은 김유신의 도움을 받은 태종 김춘추에게 돌아간다. 그러나 진짜 실세는 역시 오지암에서 본 것처럼 김유신이다.

김유신(金庾信)은 호력 이간(虎力 伊干)의 아들 서현 각간(舒玄 角干) 김 씨의 큰아들로 이름은 유신이다.

김유신의 할아버지 호력은 무력을 말한다. 김무력(金武力)으로 고려 혜종의 이름인 '무(武)'를 피휘하여 의미가 비슷한 '호(虎)'로 바꿔 쓴 것이다. 그러니 호력이라고 쓰고 무력이라고 큰 소리내 읽으면 된다. 그러면 역사를 잘 안다며 똑똑하다는 말을 들을 수 있다. 김무력은 금관가야(金官加耶)의 마지막 왕인 구해왕(仇亥王)의 아들로, 법흥왕 19년(532) 신라에 투항하여 진골 신분이었다. 사실 목숨만 건진 것으로도 다행인데, 야심 있고 실력이 있어서 재야에 가만히 있지 않았다고 보면 된다.

진흥왕 12년(551)경 단양 적성전투에 참여하였고, 같은 왕 14년(553)에는 신주(新州)의 군주가 되었다. 신주는 지금의 경기도 광주시로 추정되며, 군사조직인 신주정(新州停)이 설치된 곳이다. 진흥왕 18년(557)에 이름이 북한산주(北漢山州)로 바뀌었으며, 이후 남천주(南川州) 등을 거쳐 통일신라 때에는 한산주(漢山州), 한주(漢州)로 바뀐 곳이다. 삼국통일 직후에 완성된 이른바 구주(九州)의 하나로, 백제로부터 한강 유역을 빼앗아 설치하여 '새로운 땅'이라는 뜻으로 이름을 붙였다. 경덕왕 16년(757) 개편 당시 한산주는 하나의 소경(小京)과 27개 군, 46개 현을 관장하였으며, 주에 직속된 현은 2개였다.

이때, 군부대인 남천정(南川停)과 골내근정(骨乃斤停)의 두 군단을 비롯하여 한산주서(漢山州誓)·만보당(万步幢)을 두었다. 장관으로 도독(都督), 차관으로 주조(州助, 일명 州輔), 그 밑에 장사(長史, 일명 司馬)를 각각 1인씩 두었다고 전한다. 새롭게 개척한 곳은 귀족 누구도 가고 싶지 않은 곳이다. 관아도 없고, 관리도 없고, 세금 걷을 백성도 별로 없었을 것이다. 그런 자리를 꿰차고 와신상담의 기회를 노려 대박을 친다.

진흥왕 15년(554) 옥천의 관산성 전투에 신주 군대를 이끌고 참전하여 백제 성왕의 군대를 격파하여 입지를 다졌다. 당대 실세 거칠부와 호흡을 맞추었다. 진지왕의 폐위로 타격을 받지 않았으면 신라는 김무력, 김서현, 김유신으로 이어지는 금관가야의 왕족들, 즉 신 김 씨들이 차지했을 수도 있었다.

김무력의 아들 김서현은 김유신의 아버지이다. 금관가야의 시조인 수로왕의 11세손이며, 가야의 마지막 왕인 김구해의 손자이다. 서운 또는 소연이라고도 표기하였는데 아내는 입종갈문왕의 손녀인 만명부인(万明夫人)이다. 만노군(万弩郡; 충청북도 진천)의 태수를 지냈으며, 양주(良州; 경상남도 양산) 총관이 되어 백제와의 전투에서 여러 번 승리했다. 진평왕 51년(629)에는 소판(蘇判)으로서 김용춘(金龍春), 김유신 등과 함께 고구려의 낭비성(娘臂城; 충청북도 청주)을 공격하여 5,000여 명을 참살하고 성을 함락시키는 전과를 올렸다. 이후 진지왕-김용춘-김춘추로 이어지는 사륜계와 상호 긴밀한 협조 관계를 이룬 듯하다.

아우는 흠순(欽純)이다. 서현(舒玄)의 아들이며, '흠춘(欽春)'이라고도 한다. 어려서부터 화랑이 되어 세뇌된 것인지 아들보다 나라를 우선했다. 태종무열왕 7년(660) 6월 나당 연합군이 백제를 정벌할 때 품일(品日)과 함께 김유신을 도와 계백(階伯)의 백제군과 황산(黃山)에서 결전을 벌인 적이 있다. 그냥 져도 큰 문제가 안 되었을 텐데, 권력욕과 '가문의 영광'을 강조한 나머지 오버한다.

아무리 그래도 사람으로서 넘어서는 안 될 선이 있는데, 흠순은 과감하게 아들을 죽인다. 아니 희생시킨다. 이름도 그렇고 그다지 쓸 만한 아들이 아니었던지, 아니면 엄청 말을 듣지 않아 언젠가 집안에 누를 끼칠 것이라 걱정했는지 아들 반굴(盤屈)에게 "신하 노릇을 하자면 충(忠)만한 것이 없고, 자식 노릇을 하자면 효(孝)만한 것이 없다. 나라가 위기에 처해 목숨을 바치면 충효를 함께 하는 것이다."라고 강요한다. 사가들은 조카까지 희생시키는 김유신의 가문을, 멸사봉공의 희생정신으로 일관해 삼국통일에 큰 역할을 하였다고 할지 모르나 그래도 아들을 그렇게 보내는 것은 아버지로서 할 일이 아니다. 여하튼 엉겁결에 세뇌당한 것인지 반굴은 곧 적진에 뛰어들어 용맹하게 싸우다가 죽었다.

영화 「황산벌」(2003)에서도 보았듯이 반굴이 죽자 이어 품일의 아들 관창(官昌, 官狀)도 싸우다 죽는다. 이때 품일도 흠순처럼 관창에게 "네가 비록 어리지만, 의지와 기개가 굳다는 것을 알고 있다. 오늘 나라를 위해 공을 세워보지 않겠느냐?"고 강요했다. 관창은 주저하지 않고 적진으로 뛰어들었지만, 곧바로 백제군에 붙잡혔고 계백은 차마 죽일 수 없어 그대로 돌려보냈다. 죽이기에는 어리고, 또 괜히 신라군의 분노를 자극할 것이 걱정되었다면 사비성으로 보내면 될 일이다.

신라군으로 돌아간 관창은 "백제 장수를 베고 깃발을 빼앗아 오지 못해 분하다."며 다시 백제군 진영으로 뛰어들었다. 계백은 더 이상 어쩔 수 없어 관창의 머리를 벤 뒤 말 안장에 매어 신라군 진영으로 돌려보냈다. 어린 화랑의 죽음을 본 신라군은 분노하여 백제군 진영을 총공격했고, 결국 황산벌 전투는 신라의 승리로 끝이 났다.

사실 어린 관창이 죽었다고 해서 신라군이 화낼 일은 아니다. 전쟁통에 어른, 아이가 어디 있고 남녀 구별이 어디 있겠는가? 구실이 그렇다는 것이고, 신라 군사들은 흠순과 품일이 반굴과 관창을 보냈는데 자기들도 하나씩 보내 죽일 수 있다는 염려가 더 크지 않았을까? 신라 군사들에게 '어차피 죽은 목숨, 목숨 걸고 싸워야 그래도 살 가능성이 있다'는 합리적인 생각을 하게 유도한 것이 아닐까? 여하튼 신라 병졸들이 목숨을 걸고 싸워 계백의 결사대를 물리치고 사비성(泗沘城)을 함락시킬 수 있었다.

김흠순은 668년 고구려 정벌 때 각간(角干)으로 김인문(金仁問)·천존·문충(文忠)·진복(眞福)·지경(智鏡)·양도(良図)·개원(愷元)·흠돌(欽突) 등과 함께 대당총관(大幢摠管)이 되어 김유신을 도와 출정하였다. 당나라와 양국 간의 긴장이 고조되던 669년에 파진찬(波珍飡) 양도와 같이 당나라에 사신으로 갔다. 670년 당나라에서 귀국했지만, 그 뒤의 기록은 없다. 아마도 당나라에서 고문을 많이 당했는지 마약 중독이 되었는지 뭔가 알 수 없는 잔혹사가 있었을 것 같다.

김유신의 맏누이는 보희(宝姬)이다. 김서현의 딸로 어릴 때의 이름은 '아해(阿海)'였다. 그 아래 누이의 이름은 문희(文姬)이며 어릴 때의 이름은 아지(阿之)이다. 사료에 의하면, 보희가 일찍이 꿈에서형산(西兄山; 경주 서악) 꼭대기에 올라가 오줌을 누었다고 한다. 그런데 오줌이 경주 도성을 가득 채웠다고 한다. 꿈에서 깨어 이야기하지 않고 가만히 있으면 되는데, 보희는 좀 바보였던 것 같다. 궁금하기도 하고 자랑하고 싶기도 해서 동생 문희에게 꿈 이야기를 들려주었다.

차남이나 차녀들은 첫째에게 지기 싫어하는 마음을 가진 경우가 있다. 문희가 듣다 보니 참 좋은 꿈인 듯하여 언니한테 졸라서 샀다. 좀 모자랐던 보희는 비단 치마 몇 개 받고는 동생에게 꿈을 팔았다.

얼마 후, 김유신이 김춘추(金春秋)와 훗날을 도모하기로 하고 그 징표로서 누이에게 장가가라고 강요했다. 김유신은 김춘추를 큰누이인 보희에게 주선하였다. 그러나 보희는 당시까지는 별 볼 일 없던 김춘추가 성에 차지 않았다. 그래서 또 꿈처럼 김춘추 역시 아우 문희에게 양보한다. 말이 양보이지 에누리판매를 한 셈이다. 결국, 동생 문희가 김춘추와 혼인하게 되었고 김춘추가 태종무열왕이 되면서 문희는 문명왕후(文明王后)가 되었다. 물론 보희는 빛 좋은 개살구가 되었다.

전근대 사회에서 혼인은 혼자 하는 게 아니다. 가문과 가문의 결합이다. 왕족일 경우는 근친혼 등으로 정말 극소수의 사람들만 참가할 수 있다. 왜냐하면, 왕위계승과 무관하지 않기 때문이다. 김유신과 김춘추가 아무리 친하고 함께 공모했다고 해도 그게 쉬운 일이 아니다. 왕위계승권을 가진 김춘추와의 결혼은 왕의 외척이 된다는 의미를 함유한다.

김유신은 일부러 혼인 전에 누이 문희를 김춘추와 사통을 시킨다. 임신까지 하게 되자 당연히 혼인을 할 줄 알았는데 당시 사회가 '성'에 개방적이었던 것인지 혼인이 선덕여왕을 비롯한 기존 왕족들의 반대로 이뤄지지 않았다. 왕이 반대를 하는 이유는 당연히 왕통과 깊이 관련이 있었을 것이다. 선대부터 김유신이나 그 아버지 서현의 모습이 달갑지 않았기에 그랬을 것이다.

김유신이 임신한 누이 문희를 화형(火刑)에 처하려는 쇼를 연출하자 알아도 모르는 척하려고 했던 선덕여왕이 부득이 말려들었다. 선덕여왕을 엮는 데 성공한 김유신은 누이 결혼의 일등공신이다. 처남 매부지간이 된 김유신과 김춘추의 관계가 신라의 300년을 결정지었는지도 모르겠다.

김유신의 어머니는 만명부인(万明夫人)이다. 어머니의 증조부는 지증왕, 할아버지는 진흥왕의 아버지인 입종갈문왕(立宗葛文王)이다. 아버지 숙흘종(肅訖宗)은 진흥왕의 동생이 된다. 숙흘종은 딸 만명을 감금하면서까지 서현과의 혼인을 반대한 바 있다. 그런데 하늘이 서현의 편임을 알리고 싶었던지 만명이 감금된 곳에 갑자기 벼락이 쳤다. 말은 그렇고 실제로는 서현에게 충성을 다하는 결사대가 난입하여 만명을 탈출, 아니 납치했다고 보는 것이 맞을 것이다. 이런 식으로 왕족과 혼인을 한 아버지에 이어, 김유신은 자신의 누이를 왕족과 혼인시킨다. 2대에 걸친 혼인으로 이제 누구도 김유신 가를 함부로 할 수가 없게 된 것이다. 그래서 '신 김 씨'라는 표현이 나온 게 아닌가 싶다.

명실상부한 왕족의 일원이 된 김유신에게는 이제 그다지 아쉬울 게 없다. 누이들도 그렇다. 다만 역사적으로 크게 뭐가 바뀐 것은 아니지만, 보희는 두고두고 그 일을 후회했을 듯하다. 꿈이야 팔 수 있지만, 결혼은 할 수 있었을 것이다. 굳이 꿈 이야기를 넣은 것은 사실 중요한 것이 아니다. 미래를 보지 못하는 보희와 오빠가 꿈꾸는 미래를 함께 보았던 문희의 이야기가 더 중요한 것은 아닌지 모르겠다.

김유신은 칠요의 정기를 품고 태어났기 때문에 등에 칠성문(七星文)이 있었다고 한다. 칠요는 동·서양 모두 일, 월, 화, 수, 목, 금, 토의 7요일을 말한다. 해와 달과 5개의 별. 일월오성(日月五星)을 말하며, 오성은 목성(木星), 화성(火星), 토성(土星), 금성(金星), 수성(水星)의 다섯 개의 별이다. 칠정을 칠요(七曜)라고도 하며, 별과 해와 달이 일정한 규칙에 따라 운행되는 것이 정치가 일정한 법규와 제도에 따라 집행되는 것과 같다고 여긴다. 또 옛날 사람들은 우주의 변화와 원리에 따라 순천(順天; 하늘의 뜻을 좇다)이라는 정치를 행하였으므로 하늘의 주된 현상인 일월과 오성을 정치의 근원으로 삼았다.

이외에도 일요(日曜)는 태양, 월요(月曜)는 태음(太陰), 화요(火曜)는 형혹(熒惑), 수요(水曜)는 진성(辰星), 목요(木曜)는 세성(歲星), 금요(金曜)는 태백(太白), 토요(土曜)는 진성(鎭星)에 비정하여 설명하기도 한다. 이러한 칠요를 북두칠성이 주관한다는 신앙이 존재한다. 그래서 김유신이 칠용의 정기를 품고 태어났으며, 칠성문이 등에 있다는 말은 김유신을 신격화와 함께 흥무대왕으로 추봉한 것과 관련이 있다.

나이 18세 되던 612년에 검술을 익혀 국선(國仙)이 되었다. 이때 어디서 왔는지 알 수가 없던 백석(白石)이란 자가 낭도의 무리에 여러 해 동안 있었다. 유신랑은 고구려와 백제를 공격하기 위해 밤낮으로 깊이 모의하고 있었다. 백석이 그런 모의가 있음을 알아채고 유신랑에게 "공은 저와 함께 몰래 고구려에 들어가 먼저 정탐을 한 연후에 일을 도모하지 않겠습니까?"라고 청하였다. 유신랑이 기뻐하며 백석을 데리고 밤길을 떠났다.

잠시 고개 위에서 쉬고 있는데 두 여인이 유신랑을 따라 오는 것이 보였다. 골화천(骨火川)에 이르러 유숙하는데 또 다른 한 여인이 홀연히 나타나 다가왔다. 유신랑은 세 여인과 즐겁게 이야기하며 맛있는 과일을 대접받았다. 유신랑이 마음이 편해져서 자신의 이야기까지 하게 되었다. 여인들이 "공의 말씀은 이미 잘 알고 있고 사실 드릴 말씀이 있습니다. 백석을 놔두고 우리와 함께 숲속으로 들어가시면 그때 다시 말씀드리겠습니다."라고 하였다.

이에 함께 가니 낭자들이 문득 신으로 변하며, "우리은 신라 산천 제사 중 대사(大祀)의 제장인 나림(奈林)·혈례(穴礼) ·골화(骨火) 등 세 호국신입니다. 지금 적국 사람이 공을 유인하여 데리고 가는 데도 알지 못하고 따라가고 있어서 부득이 그것을 말리려 이곳에 온 것입니다."라고 말하고 사라졌다. 공이 이 말을 듣고 놀라 엎드려 두 번 절하고 숲에서 나왔다. 골화관(骨火館)에 머물며 백석에게 "지금 다른 나라에 가는데 필요한 문서를 잊고 왔다. 자네도 함께 집으로 돌아가서 가지고 오자."라고 하였다. 마침내 집에 돌아오자마자 백석을 붙잡아 결박하고 사실을 물었다.

아무리 예쁜 여자라고 하더라도 적국에 가면서 마음을 털어놓고 떠드는 김유신. 아직 철이 들지 않았나 보다. 그러니 백석을 따라 고구려에 갈 수 있었던 것 같다. 다만 삼신의 말을 듣고 깨침이 있었으니, 다행이다.

백석이 "저는 본시 고구려 사람인데, 고구려(고본에는 백제라 하였으나 잘못이다.)의 신하들이 '신라의 유신은 바로 우리나라의 점쟁이 추남(楸南)의 환생'이라고 합니다. 나라의 변경지역에 거꾸로 흐르는 물이 있거나 간혹 숫컷과 암컷이 바뀌는 일이 자주 있어(음양을 거스르는 것도 보장왕대의 일이다.) 왕이 점을 치게 하였습니다. 추남이 '왕의 부인께서 음양의 도를 역행하였기 때문에 이러한 징조가 나타난 것입니다.'라고 하였습니다. 대왕이 놀라고 괴이하게 여기자 왕비도 몹시 화를 내며 이는 필시 요사한 여우의 말이라고 하였습니다. 왕께서 '다른 일로써 그를 시험하여 말이 맞지 않으면 중형에 처하라'고 했습니다. 이에 쥐 한 마리를 함에 담아 두고, '이것이 무슨 물건이냐?'고 물었습니다. 추남이 '여덟 마리의 쥐입니다.'라고 했습니다. 이에 답이 틀렸다고 하여 죄를 씌워 죽이려 하니 추남이 맹세하며 '내가 죽은 후 적국의 대장이 되어 반드시 고구려를 멸망시키겠다.'라고 하였습니다.

추남의 목을 벤 후에, 쥐의 배가 커서 갈라 보니 새끼 일곱 마리가 들어 있어 그제야 그의 말이 맞았음을 알았습니다. 그날 밤 대왕께서 추남이 신라 서현공(舒玄公)의 부인 품에 들어가는 꿈을 꾸고, 여러 신하에게 물어보니 모두 다 '추남이 맹세하고 죽더니 정말 그러한가 봅니다.'라고 하였습니다. 이에 저를 여기로 보내 유신공을 도모케 하였을 뿐입니다."라고 하였다. 이야기를 들은 유산공은 곧 백석을 죽이고 온갖 음식을 갖추어 삼신에게 제사를 지냈다.

김유신 공이 고구려를 멸망시키겠다는 추남의 환생이라는 대박 드라마는 누가 썼는지 모르겠다. 신라의 호국신 세 명이 여성으로 변신해서 조연할 정도니 주인공 김유신 공의 주가는 상한가를 모르고 치솟았을 것이다.

김 씨 종가의 재매부인(財買夫人)이 죽자 청연(青淵)의 상곡(上谷)에 묻고 재매곡(財買谷)이라 하였다. 매년 봄철에는 그 종가의 남자와 여자들이 재매곡의 남쪽 시냇가에 모여 연회를 열었는데, 이때 백 가지 꽃이 화려하게 피고 송화가 골짜기 숲에 가득하였다. 골짜기 입구에 암자를 지었다. 그런 까닭에 이름을 송화방(松花房)이라 하였다. 후에 원찰로 삼았다. 제54대 경명왕(景明王)대에 이르러 공을 추봉하여 흥호대왕(興虎大王) 즉, 흥무대왕이라 하였다. 능은 서산(西山) 모지사(毛只寺) 북쪽, 동으로 향해 뻗은 봉우리에 있다.

김유신의 본가 택호인 재매정댁(財買井宅)은 재화를 매매한다는 뜻이다. 부패한 정부의 영부인이나 할 수 있는 자리인데, 유명한 장영자 정도가 되어야 재매부인이라고 할 수 있었지 않을까? 그런 사람이 김 씨 종가의 며느리였으니, 신 김 씨가 권력뿐만 아니라 재력도 겸비했음을 알 수 있다. 그녀는 김유신의 부인이었을 수도 있다. 여하튼 송화방이라는 신 김 씨의 원찰까지 둔 김유신 공은 결국 박 씨 왕인 경명왕 대에 흥무대왕으로 추봉 되면서 죽어서 왕이 되는 소원을 푼다. 신라 김 씨 때문에 기를 못 펴는 박 씨 왕들의 기사 중 사건·사고가 매우 많은 것도 다 신라가 김 씨들의 나라였기 때문은 아니었을까?

제29대 태종무열왕

제29대 태종대왕(太宗大王)의 이름은 춘추(春秋)이며 성은 김 씨이다. 문흥대왕(文興大王)으로 추봉된 용수(龍樹) 또는 용춘(龍春) 각간의 아들로, 어머니는 진평대왕(眞平大王)의 딸인 천명부인(天明夫人)이다.

용수가 용춘의 오자로 알았는데, 『화랑세기』 등에는 형제로 나와 논쟁이 되기도 한다. 수와 춘은 하늘과 땅 차이인데 왕위계승에서 단순한 오탈자란 있을 수 없다. 두 명의 형제로 보는 게 맞을 것이다.

비는 문명황후(文明皇后) 문희(文姬)이니 곧 유신공(庾信公)의 막내 누이이다. 정월 상오 기일(忌日)에 김유신이 춘추공을 데려와 집 앞에서 축국(蹴鞠), 즉 공을 찼다. 일부러 춘추공의 옷을 밟아 저고리 고름을 떨어뜨리게 하고 "우리 집에 가서 옷고름을 달자."고 하니 춘추공이 그 말을 따랐다. 유신이 "옷고름을 달아 드리라."라고 하니 아해(阿海; 보희)는 "어찌 사소한 일로써 가벼이 귀공자와 가깝게 하겠습니까."라며 사양했다. 고본에는 병을 핑계로 나아가지 않았다고 한다. 이에 아지(阿之; 문희)에게 명했다. 춘추공이 유신공의 뜻을 알아차리고 마침내 문희와 정을 통했다. 이후 춘추공이 자주 왕래하였다. 유신공은 아지가 임신한 것을 알고 "네가 부모에게 고하지도 않고 임신을 하였으니 이 무슨 변고냐?"고 책망하며 아지를 불태워 죽이겠다고 온 나라에 소문냈다.

하루는 선덕여왕(善德王)이 남산(南山)에 거둥할 때를 기다렸다가 뜰에 땔나무를 쌓아 놓고 불을 지르니 연기가 일어났다. 왕이 바라보고 "무슨 연기인가?"라고 묻자 좌우에 있던 신하들이 "아마도 유신공이 누이를 불태우려는 것 같습니다."라고 하였다. 왕이 그 까닭을 물으니, "그 누이가 남편도 없이 임신하였기 때문"이라고 하자 왕이 "누구 소행이냐?"고 물었다. 마침 춘추공이 왕을 모시고 앞에 있다가 얼굴색이 붉게 변하자, 왕이 "네 소행이면 얼른 가서 그녀를 구하라."고 하였다. 춘추공이 임금의 명을 받고 말을 달려 왕명을 전하여 죽이지 못하게 하고 그 후 떳떳하게 혼례를 올렸다.

왕위계승권을 가진 것으로 보이는 춘추공과 그의 왕위계승에 관여해서 권력을 잡고 싶은 신 김 씨 김유신의 책략이 보인다. 정략결혼에 휘말린 듯 보이는 김춘추의 성공적인 연기를 통해 까탈스러운 선덕여왕의 방해를 피해 김유신 집안과의 야합은 성공했다.

진덕여왕(眞德王)이 세상을 떠나자 654년 영휘(永徽) 5년 갑인(甲寅)에 춘추공이 즉위하였다. 나라를 다스린 지 8년째인 661년 용삭(龍朔) 원년 신유(辛酉)에 세상을 떠나니 그 나이가 59세였다. 애공사(哀公寺) 동쪽에 장사를 지내고 비를 세웠다.

왕은 유신과 함께 신비스러운 계책과 큰 힘으로 삼한을 통일하여 사직에 큰 공을 이룩하였다. 그러므로 묘호를 태종(太宗)이라 하였다. 태자 법민(法敏)과 각간 인문(仁問)·각간 문왕(文王)·각간 노차(老且)·각간 지경(智鏡)·각간 개원(愷元) 등은 모두 문희가 낳았으니 당시에 꿈을 샀던 징조가 이처럼 나타난 것이다. 서자는 개지문(皆知文) 급간과 거득(車得) 영공(令公)·마득(馬得) 아간이고 딸까지 더하면 다섯 명이다.

왕은 하루에 쌀 서 말과 꿩 아홉 마리를 먹었는데 경신년(庚申年) 백제를 멸망시킨 후에는 점심은 그만두고 아침과 저녁만 들었다. 계산해 보면 하루에 쌀이 여섯 말, 술이 여섯 말, 그리고 꿩이 열 마리였다. 성안의 시장 물가는 베 한 필에 벼가 30석에서 50석 정도했으며, 백성들은 성군의 시대라고 칭송했다.

남부럽지 않은 태종 춘추공이 먹어도 너무 심하게 많이 먹은 이유가 뭘까? 단순 비만이기 보다는 왕이 되고 나서 스트레스 때문에 많이 먹게 된 것은 아닐까? 여하튼 왕이 되어 8년 만에 죽었으니 스트레스성 소화 장애 또는 위암에 걸려 죽은 것은 아닌지 모르겠다. 물론 계략에 뛰어난 유신공의 존재와 무관하지 않을 듯싶다.

왕이 태자였을 때 고구려를 치고자 군사를 청하려고 당나라에 간 일이 있었다. 그때 당나라 임금이 그의 풍채를 보고 칭찬하여 신성한 사람이라 하고, 당나라에 머물러 두고 시위(侍衛)로 삼으려 했지만, 굳이 청해서 돌아왔다.

돌아가기 7년 전부터 술과 밥을 아주 많이 먹었던 태종 대왕의 허우대가 무척 컸나 보다. 하지만 당나라 황제가 칭찬한 것이 반어법이라면 어떨까? 신성한 사람이라고 칭송하면서도 사위로 삼는 것도 아니고, 시위 즉 경호원 같은 신하로 비서실에 채용하려고 한 것을 보면 말이다.

이때 백제 마지막 왕 의자(義慈)는 곧 호왕(武王)의 맏아들로서 영웅처럼 용맹하고 담력이 있었다. 부모를 효도로 섬기고 형제간에 우애가 있어 당시 사람들은 그를 해동증자(海東曾子)라 했다.

증자는 중국 전국시대 공자의 만년 제자로 공자 사후 유가 형성에 기여했다. 『논어』에도 등장하는 그가 『효경』을 지었다고 하니, 효도라는 측면에서 의자왕을 해동증자라고 했나 보다.

정관 15년 신축(641)에 의자가 왕위에 오르자 주색에 빠져서 정사는 어지럽고 나라는 위태로웠다. 좌평 성충(成忠)이 애써 간했지만 듣지 않고 도리어 옥에 가두었다. 몸이 파리해지고 피곤해서 거의 죽게 되었으나 성충은 글을 올려 말했다.

"충신은 죽어도 임금을 잊지 않습니다. 바라건대, 한 마디만 여쭙고 죽겠습니다. 신이 일찍이 시국의 변화를 살펴보니 반드시 병란이 있을 것입니다. 대체로 용병은 그 지세를 잘 가려야 하니, 상류에 진을 치고 적을 맞아 싸우면 반드시 보전할 수가 있을 것입니다. 또 만일 다른 나라 군사가 오거든 육로로는 탄현(백제의 요새지)을 넘게 하지 말 것이며, 수군은 기벌포(곧 장암이니 손량이라고도 하고 지화포, 또는 백강)에 적군이 들어오지 못하게 해야 할 것입니다. 그리고 험한 곳에 의지하여 적을 막아야 할 것입니다."

그러나 왕은 그 말을 깨닫지 못했다. 현경 4년 기미(659)에 백제 오회사(烏會寺; 오합사)에 크고 붉은 말 한 마리가 나타나 밤낮으로 여섯 번이나 돌아다녔다. 결국, 6년 후인 660년에 망한다는 뜻인가 보다. 2월에는 여우 여러 마리가 의자왕의 궁중으로 들어왔다. 그중 한 마리는 좌평의 책상 위에 올라앉았다. 4월에는 태자궁 안에서 암탉과 작은 참새가 교미했다. 태자비와 시위들의 음행을 풍자적으로 표현한 것은 아닌지 모르겠다. 5월에는 부여 사자수 언덕 위에 큰 물고기가 나와서 죽었다. 길이가 세 길이나 되었으며 이것을 먹은 사람은 모두 죽었다.

언덕을 무슨 산으로 생각하면 안 될 듯하다. 강 가운데 있는 둔덕 같은 것이고, 홍수 등으로 쓸려 나왔다가 물이 말라 죽었을 것이다. 썩은 고기를 잘못 먹어서 배탈 나 죽었나 보다. 하지만 사자수라면 물의 신이 나온 것인데 부여의 수호신 가운데 하나라고 말하고 싶었나 보다. 여하튼 이런 이야기가 사실이 아니라 신라 측 첩자가 퍼뜨린 소문이라면 어떨까?

9월에는 궁중에 있는 홰나무가 마치 사람이 우는 것처럼 울었다. 밤에는 귀신이 대궐 남쪽 길에서 울었다. 5년 경신(660) 2월엔 서울의 우물물이 핏빛이 되었다. 서쪽 바닷가에 작은 물고기들이 나와 죽었다. 이것을 백성들이 다 먹을 수가 없었다. 또 사자수의 물이 핏빛이 되었다. 4월에는 청개구리 수만 마리가 나무 위에 모였다. 서울 시정인(市井人)들이 까닭 없이 놀라 달아나는 것이 마치 누가 잡으러 오는 것 같았다. 이래서 놀라 자빠져 죽은 자가 100여 명이나 되었다. 재물을 잃은 자는 그 수효를 모를 만큼 많았다.

유언비어가 난무하고 수도에서 방화와 도둑질이 빈번하니 왕은 참으로 황망했을 듯하다. 100여 명이나 죽이고 죽는 살상극이 있었다면 당시 치안은 참으로 불안했나 보다.

이런 일들이 있어야, 백제가 멸망하겠다고 국민이 생각하지 않았을까? 심리전, 요즘 말하면 댓글 전에서 신라 측이 압도적인 승리를 한 듯싶다.

6월에는 왕홍사(王興寺)의 승려들이 보니 배가 큰 물결을 따라 절 문으로 들어오는 것 같았다. 또, 들사슴과 같은 큰 개가 서쪽 사자수 언덕에 와서 대궐을 바라보고 짖더니 이윽고 어디로 갔는지 알 수가 없었다. 성안에 있는 개들이 길 위에 모여 짖기도 하고 울기도 하다가 얼마 후에야 흩어졌다. 이 역시 백제를 지키던 신수(神獸)들이 하나둘씩 나라를 떠나는 모습이다. 그래도 죽지 않아서 다행이다. 대신(大神)이 떠나니 지신(地神) 급인 작은 신수들도 하나둘씩 떠나간다는 의미인 듯싶다.

왕흥사(王興寺)는 왕이 흥하는 절이다. 그런데 승려들이 탄 배가 큰 물결을 피하려고 했다는 것은, 절 안에 큰 물결이 들어온 것은 '전란이나 재해로부터 피신할 일'이 생긴다는 암시로 보인다. 그런데 사명대사의 호국불교도 후대에 나온 것을 보면, 승려들이 피신한다고 생각하는 것보다는 왕흥사에 모여 전쟁을 대비하려고 했다고 긍정적으로 생각해 보는 것도 불자된 도리일 듯하다.

귀신 하나가 궁에 들어와서 큰 소리로 "백제는 망한다. 백제는 망한다." 부르짖고는 땅속으로 들어갔다. 왕이 괴이하게 여겨 사람을 시켜 땅을 파보니 깊이가 석 자가량 내려가서야 거북이 한 마리가 나타났다. 거북이 등에 "백제는 꽉찬 만월이고 신라는 초승달과 같다."고 글이 쓰여 있어 왕이 물으니, 무당이 "만월이란 가득 찬 것이니 가득 찬 것은 곧 기울게 되고, 초승달은 가득 차지 못했으니 점점 차게 되는 것입니다."라고 답하였다. 왕이 노해서 무당을 죽이자 어떤 이가 "온달은 융성한 것이고 초승달과 같다는 것은 미약한 것입니다. 살피건대, 우리나라는 점점 더 성하여지고 신라는 점점 미약해진다는 징조일 뿐입니다."라고 말하자 왕은 기뻐하였다.

태종은 백제국에 많은 괴변이 있다는 말을 듣고 5년 경신에 김인문을 당나라에 사자로 보내어 군사를 청하였다. 당 고종은 좌호(虎; 고려 2대 임금 혜종의 이름인 武의 피휘자)위대장군형국공 소정방을 신구도행책총관으로 삼아 좌위장군 유백영 즉, 유인원과 좌호위장군 풍사귀, 좌효위장군 방효공 등과 함께 13만의 군사를 이끌고 가서 정벌하게 했다.

『향기(鄕記)』에는 "군사는 12만 2711명이며, 배는 1900척"이라고 기록되어 있으나, 『당사(唐史)』에는 그것을 상세하게 언급하지 않았다. 신라왕 김춘추를 우이도행군총관으로 삼아 신라의 군사를 이끌고 합세하게 하였다. 소정방이 군사를 이끌고 성산(城山)에서 바다를 건너 서쪽 덕물도(德勿島)에 이르니 신라왕은 장군 김유신에게 정예 병사 5만 명을 거느리고 그곳으로 나아가게 하였다.

의자왕이 혹자의 말을 믿고 신과 자연, 그리고 승려와 무당의 조언도 무시하고 있는 상황에서 나당연합군은 덕물도에 모였다. 현재 인천광역시 옹진군 덕적면에 속해 있는 덕적도(德積島)에서 백제 땅은 사실 엎어지면 코 닿을 곳이 아닌가.

의자왕이 이 소식을 듣고 여러 신하를 모아 싸우고 지킬 수 있는 계책을 물었다. 좌평 의직(義直)이 "당나라 병사는 멀리서 깊은 바다를 건너왔으나 물에 익숙하지 못하고, 신라의 군사는 큰 나라의 후원만 믿고 적을 가볍게 보는 마음이 있습니다. 만일 당나라 병사가 이롭지 못함을 안다면 필시 의구심이 생겨 감히 창끝을 내밀지 못할 것입니다. 그런고로 먼저 당나라 군사와 결전을 하는 것이 마땅할 줄로 압니다."라고 하였다. 달솔(達率) 상영(常永) 등이 말하기를 "그렇지 않습니다. 당나라 군사는 먼 길을 왔기 때문에 빨리 결전을 하려고 할 것인즉 그 예봉을 당할 수 없습니다. 신라의 군사는 우리의 군사에게 여러 번 패한 바가 있으므로 오늘날 우리의 병세를 바라보면 두려워하지 않을 수 없을 것입니다. 마땅히 당군의 길을 막아서 그들이 피로해지기를 기다릴 것이며, 먼저 일부의 군사로써 신라군을 쳐 예기를 꺾은 이후에 편의를 엿보아 합전을 하면 모든 군사를 지키면서 나라를 보존할 수 있을 것입니다."라고 하였다. 왕은 망설이며 어찌할 바를 몰랐다.

당파 탓도 있어서 첨예하게 싸우는 이들 앞에서 왕은 권세만 남은 허울뿐이었다. 임진왜란 때 선조도 그랬는데, 하물며 마마보이로 혹세무민 당하고 있는 의자왕은 설 곳이 없었다. 장고 끝에 악수를 둔다고, 그래서 미워도 다시 한 번이라고 귀양 간 옛 신하에게 묻는 바보 같은 짓을 한다. 정말 한심하다. 근데 정말 그럴까? 정말 의자왕은 바보고 대신들도 우매했을까? 『삼국유사』를 지은 일연스님 역시 승자인 신라로서, 특히 태종무열왕 입장에서만 글을 쓴 게 아닐까? 승리한 신라의 역사! 역시 정치는 모든 게 이긴 사람이 다 갖는 승자 독식의 원칙인가 보다.

이때 좌평 흥수(興首)는 죄를 입어 고마미지현(古馬旀知縣)에 유배가 있었다. 왕이 사람을 보내 "일이 급하게 되었으니 어찌하면 좋으냐?"고 묻자, 흥수는 "좌평 성충의 말대로 하면 됩니다."라고 하였다. 대신들은 이를 신뢰하지 않고 "흥수는 유배되어 있어서 임금을 원망하고 애국심도 없을 것입니다. 그러므로 그의 의견을 쓸 수 없습니다. 오히려 당군이 백강 곧 기벌포(伎伐浦)를 따라 내려오게 하면 배를 옆으로 나란히 하지 못하게 될 것입니다. 신라의 군사도 탄현을 오르게 하여 좁은 길을 따르면 말을 나란히 하고 오지 못하게 될 것입니다. 이때 군사를 풀어서 그들을 치게 되면 삼태기 속에 든 닭이며, 그물에 든 고기와 같을 것입니다."라 하니, 왕이 허락했다. 그런데 당나라와 신라의 병사가 이미 백강과 탄현을 지났다는 소식이 전해졌다.

우물쭈물하면서 우유부단했던 의자왕은 성충의 인맥이었던 흥수에게 묻는 큰 실수를 범한다. 흥수가 어떤 말을 하든 대신들의 반대는 눈에 불 보듯 뻔한 일이었다. 장고 끝에 악수를 둔 의자왕 덕에 흥수와 성충의 계획은 수포가 된다. 어쩌면 흥수 역시 왕과 대신이 자기 뜻을 제대로 받아들이지 않을 것을 충분히 알았을 것이다. 하지만, 어쩔 수 없었던 것인가? 흥수가 거꾸로 성충에 반하는 이야기를 했으면 어땠을까? 백제라는 나라의 멸망에도 의도하지 않았다고 하지만 결과적으로 이바지하게 된다.

의자왕은 장군 계백(階伯)에게 결사대 5천의 지휘권을 주어 황산(黃山)에 나아가 신라 병사와 싸우게 했다. 그는 4번 싸워서 4번 모두 이겼으나, 군사가 부족하고 힘이 다하여 패전하고 계백은 황산에서 전사하였다.

계백의 황산 전투는 결사전이다. 죽음을 각오한 것은 결국 이 싸움에 승산이 없었던 것을 안 것이다. 나·당 연합군과 비교해서 백제의 군사가 태부족인데 아무리 용장이고 하늘에서 내린 장수라 할지라도 이미 때를 잃은 것이다. 천시가 안 맞고 지리도 없는데 사람마저 외면했으니 누가 운명을 돌이킬 수 있었을까?

신라군이 진군하여 당군과 합세해 진구(津口) 강가에 군사를 주둔시켰다. 홀연히 새 한 마리가 소정방의 병영 위를 빙빙 날아다녔다. 사람을 시켜 그것을 점치게 하니 "반드시 원수가 다칠 것입니다."라고 하였다. 소정방이 두려워 군사를 물리고 싸움을 하지 않으려고 했다. 김유신이 소정방에게 "어찌 날짐승이 괴이하다고 하여 천시(天時)를 어길 수 있습니까? 하늘과 민심에 응하여 참으로 어질지 못한 자를 정벌하는데 어떻게 상서롭지 못한 일이 있을 수 있습니까?."라고 했다. 이에 신검(神劍)을 뽑아 여전히 진영을 빙빙 날던 새를 겨누니 새는 몸뚱이가 갈기갈기 찢긴 채 좌중 앞에 떨어졌다. 김유신의 발검술이 신기에 도달했나 보다. 검기만으로 동물을 해칠 수 있는 경지에 들었나 보다.

먹을 게 없던 벌판에 당군이 왔으니 얼마나 먹을 게 없었을까? 까마귀는 병영을 빙빙 돌며 구경하고 먹을 것을 탐하고 있었을 뿐이다. 이런 당연한 일을 가지고 까마귀가 그랬는데 이를 두려워해서 군대를 물렸다면 소정방은 바보다.

아니면 소정방이 일부러 겁쟁이처럼 행동하며 신라군이 나서서 먼저 싸워주기를 바랐을 것이다. 신라와 백제가 이전투구(泥田鬪狗)를 벌이다 약체가 되면 두 마리 토끼를 다 잡으려고 했던 계략이었을 것이다. 오히려 그걸 알아챈 김유신의 계책이 더 뛰어난 것이 아니었을까? 여하튼 김유신의 신검으로 소정방도 어쩔 수 없이 진격하게 되었다.

소정방은 강의 왼쪽으로 나와서 산을 등진 채 진을 치고 백제군과 싸우니 백제군이 크게 패하였다. 당나라 군사들이 조석간만의 차를 타고 배와 배가 꼬리를 물고 서로 잇달아서 북을 치고 고함지르며 나아갔다. 소정방은 보병과 기병을 데리고 곧바로 도성으로 쳐들어가 30리쯤 되는 곳에 주둔했다. 성 중에서는 모든 군사를 동원하여 이들을 막았으나 패하여 죽은 자가 만여 명이나 되었다. 이미 끝난 싸움에 북까지 치고 고함까지 지르니 백제군과 성 안의 백성들은 참으로 무서웠을 것이다. 김유신과 소정방은 그렇게 백제 왕성을 유린했다.

당나라 군사가 이긴 기세를 몰아서 성에 들어가니 왕이 어쩔 수 없음을 알고 탄식하며 "성충의 말을 듣지 않아 이 지경에 이른 것을 후회한다."라고 하였다. 태자 융(효(孝)라고 하나 오류이다)과 함께 북쪽 지역으로 달아났다. 소정방이 도성을 포위하자 왕의 둘째 아들 태(泰)가 스스로 왕이 되어 무리를 거느리고 굳게 지키니, 태자의 아들 문사(文思)가 왕이 된 태에게 "왕이 태자와 같이 성을 나가셨는데 숙부께서 마음대로 왕이 되었으니, 만일 당나라가 군사를 풀고 물러가면 우리가 어찌 안전을 보전할 수 있겠습니까?"라고 하고는 좌우를 거느리고 성을 넘어 나갔다. 백성들이 모두 뒤를 따르니, 태는 막을 수 없었다. 소정방이 군사를 시켜 성에 올라 당나라 깃발을 세우자, 태는 매우 급하게 된 것을 알고 이에 성문을 열고 항복을 청했다. 이어 왕과 태자 융, 왕자 태, 대신 정복과 여러 성이 모두 항복하였다.

왕자 태는 그 와중에도 왕을 꼭 한번 하고 싶었는지 참으로 가련한 인생이다. 이런 가족이 왕족이라니 백제가 망하는 것은 당연하다. '정말 그랬을까?'라는 의혹도 저버릴 수 없다. 굳이 그럴 필요가 없을 것인데 신라가 나중에 역사를 왜곡시킨 것은 아닐지….

소정방은 의자왕과 태자 융, 왕자 태, 왕자 연(演) 및 대신 장사 88명과 백성 1만 2807인을 당의 수도로 보냈다. 백제에는 원래 5부 37군 200성 76만호가 있었는데 이때 이르러 웅진(熊津)·마한(馬韓)·동명(東明)·금련(金漣)·덕안(德安) 등 5도독부(都督府)를 나누어 설치하고 우두머리를 뽑아 도독(都督)과 자사(刺史)로 삼아 다스리게 하였다. 낭장 유인원(郎將 劉仁願)에게 도성을 지키도록 명하고 또 좌위랑장 왕문도(左衛郎將 王文度)를 웅진도독(熊津都督)으로 삼아 백제의 남은 백성을 다스리게 하였다.

소정방이 포로들을 이끌고 알현하니 황제가 의자왕을 꾸짖기만 하고 용서했다. 의자왕이 병들어 죽자 금자광록대부위위경(金紫光祿大夫衛尉卿)을 추증하고 옛 신하들이 가서 문상하는 것을 허락하였다. 교서를 내려 손호(孫皓)와 진숙보(陳叔宝)의 무덤 옆에 장사지내도록 하고 비도 세우게 하였다.

중국 삼국시대 오(吳)의 마지막 황제로서 손권의 손자(242~284)인 손호와 중국 남조 진의 마지막 황제로 수(隋)에 멸망당한 진숙보 옆에 묻힌 것 자체가 예우를 다한 것일까? 엄청나게 불명예스러운 모욕을 당한 게 아닌가 싶다. 당 황제가 좀 너무한 것 같지만 어차피 망한 나라의 왕의 이야기이니 부끄럽기만 하다.

7년 임술년에 당나라 황제는 명을 내려 소정방을 요동도행군대총관(遼東道行軍大摠管)으로 삼았다가 바로 평양도로 고쳤다. 소정방은 패강(浿江)에서 고구려 군사를 격파하고 마읍산(馬邑山)을 탈취하여 군영으로 삼고, 이어 평양성을 포위하였으나 큰 눈이 내려 포위를 풀고 돌아갔다. 당 황제는 소정방을 양주안집대사로 삼아 토번(吐蕃)을 평정하였다. 건봉 2년인 667년에 소정방이 죽자 당 황제는 매우 애도하며 좌효기대장군유주도독을 추증하고 시호를 장(莊)이라 하였다. 이상은 당사(唐史)의 내용이다.

이렇게 당사에서 자세하고 전하고 있는 것을 보면 겁 많은 소정방이 참으로 대단하긴 대단했나 보다. 다만 김유신보다 못했다는 것을 알리고 싶었나 보다.

신라별기(新羅別記)에 문무왕 즉위 5년 을축 가을 8월 경자일에 왕은 친히 대병을 이끌고 웅진성에 가서 가왕(假王) 부여융(扶余隆)과 만나 단을 만들고 흰 말을 잡아 맹약하였다.

먼저 천신과 산천의 신령에게 제사를 지낸 이후에 말의 피를 입가에 바르고 글을 지어 옛날에 백제의 선왕이 반역과 순응에 어두워서 함부로 이웃 나라와 좋게 지내지 않고 인친과 화목하지 않으며, 고구려와 결탁하고 왜국과 교통하여 함께 잔인하고 포악한 일을 하였다. 신라를 침략하여 살상하고 읍락을 파괴하고 도성을 무너뜨려 편안할 날이 없었다. 천자는 한사람이라도 제 살 곳 잃음을 민망히 여기고 백성이 해 입는 것을 애석하게 여겼다. 누차 명하여 사신을 보내 사이좋게 지내기를 타일렀는데도 험함을 구실로 삼고 멀리 있음을 믿어 매번 하늘의 도리를 거슬렀다. 황제가 크게 노해 정벌을 행하니 깃발이 향하는 곳에서 한번 싸워 크게 평정하였다. 마땅히 궁택을 무너뜨려 연못을 만들어 후손들에게 본보기로 삼고 폐해의 근원을 뽑아 버려 후손에게 교훈을 남길 것이나, 복종하는 자는 회유하고 배반한 자를 정벌하는 것이 선왕의 법도이다. 망한 것은 흥하게 하고 끊어진 것은 잇게 함이 옛날 성인들의 일반적 규범이다. 일은 반드시 옛것을 본받아야 한다고 이전의 여러 책에 전해오니 전 백제왕 사가 정경 부여융을 웅진도독으로 삼아 나라의 제사를 받들게 하고 산천을 보전케 하니 신라에 의지하여 길이 동반국이 되어 각기 묵은 감정을 제거하고 우호를 맺어 화친하여야 한다. 삼가 황제의 명을 받들어 영원토록 번복(藩服)이 되어야 한다. 이에 사자 우위위장군 노성현공 유인원(右威衛將軍 魯城縣公 劉仁願)을 보내어 친히 와서 권유하여 황제의 결의를 자세히 선포한다.

당 태종이 처음 즉위하였을 때 머리는 하나에 몸은 둘이고 다리는 여덟 개인 돼지를 바치는 사람이 있었다. 논자가 "이것은 반드시 천하를 병합(六合)하는 좋은 징조입니다."라고 하였다. 이 왕대에 중국의 의관과 아홀(牙笏)을 사용하게 되었는데 그것은 자장법사가 당나라 황제에게 청하여 가지고 와서 전한 것이다.

돌연변이 돼지의 출현을 보고 참으로 좋게 해석했다. 중국을 경험한 태종무열왕은 중국의 의관과 아홀을 가져와 중국식 황제가 되고 싶었나 보다.

신문왕(神文王) 때에 당고종(高宗)이 사신을 보내 "나의 성고(聖考)는 어진 신하 위징(魏徵)·이순풍(李淳風) 등을 얻어 마음을 합하고 덕을 같이하여 천하를 통일하였기에 태종 황제라 하였지만, 너희 신라는 바다 밖에 있는 조그만 나라임에도 태종의 호를 사용하여 천자의 칭호를 참칭하니 그 뜻이 불충하므로 속히 그 명호를 고치도록 하라."고 하였다. 신라왕이 글을 올려 "신라는 비록 작은 나라이지만 성신(聖臣) 김유신을 얻어 삼한(三韓)을 통일하였기 때문에 태종이라고 한 것입니다."라고 답하였다. 당나라 황제가 그 글을 보고 생각하기를 그가 태자로 있을 때, 하늘에서 "33천의 한 사람이 신라에 내려가 유신이 되었다."고 한 일을 책에 기록한 바가 있는데, 이에 꺼내어 살펴보니 놀랍고 두렵기 그지없었다. 다시 사신을 보내어서 태종이라는 칭호를 고치지 아니하여도 된다고 하였다.

역시 김유신의 도술인 듯하다. 아니면 김인문 등을 훔쳐서 근시직이나 내시들에게 뇌물을 먹여서 가물가물한 기억에 근거해서 태자 때 기록 몇 글자 고쳐서 넣었을 수도 있다. 여하튼 태종이란 말을 그대로 쓴 것에는 김유신 장군이 한 역할 한 것은 맞는 것 같다.

제목은 태종무열왕이 주연으로 설정되어 있다. 그런데 내용은 조연인 김유신 장군과 원효대사가 마치 주연처럼 등장한다. 주연같은 조연인지 아니면 실제 주인공은 김유신 장군이 아닐까 싶다. 『삼국유사』의 찬자들은 33천 가운데 한 명인 김유신 장군설을 믿었던 것 같다. 실제로 사료에 적힌 김유신 장군의 활약을 보면 신이라고 해도 믿을 만하다. 김춘추의 즉위와 삼국의 통일 모두 김유신 장군의 원맨쇼가 아니었을까?

그런데도 '토사구팽'이라고 사냥이 끝난 후에 사냥개를 삶아 먹는다고 너무 강력해진 김유신의 신 김 씨를 제거하기 위한 쪼잔한 황제 문무왕의 반격이 시작된 것은 아닐까? 요즘 중화 TV에서 방영 중인 '랑야방'이나 시즌 6 방영 예정인 "house of cards'를 보면 일단 황제가 되거나 제왕적인 대통령이 되면 아무리 뛰어난 정적이라도 죄를 뒤집어씌워 제거하는 것은 정말 식은 죽 먹기인 듯싶다.

장춘랑과 파랑

처음에 백제군사와 황산에서 싸울 때에 장춘랑과 파랑(또는 비랑)이 진중에서 죽었다. 후에 백제를 토벌할 적에 태종의 꿈에 나타나 "신 등은 이전에 나라를 위하여 몸을 버리었고 지금은 백골이 되었으나 나라를 수호하고자 하여 군행(軍行)에 따라 나가서 나태하게 한 적이 없었습니다. 당나라 장수 소정방의 위엄에 눌려 남의 뒤만 쫓아다닙니다. 바라건대, 왕께서는 저희에게 조그만 힘이라도 주십시오."라고 하였다. 대왕이 놀라고 그것을 괴이하게 여겨 두 혼령을 위하여 하루 동안 모산정(牟山亭)에서 불경을 설하고 또한 한산주(漢山州)에 장의사(壯義寺)를 세워 이로서 그들의 명복을 빌게 하였다.

황산에서 죽은 장춘랑과 파랑이 꿈에 나타난 까닭은 결국 신라를 위해 순국했는데도 전쟁통에 자신들을 위한 제사도 지내주지 않아 원망한 것이다. 거참 전쟁통에 꼭 그래야 하는가? 아니면 당시에는 그게 너무나도 당연한 일이었을까? 여하튼 제사를 안 지내고 싸움만 했던 태종은 꿈에서 한 방 먹었다. 승리에만 집착했던 찌질한 왕, 태종은 귀신이 나타나면 가슴을 쓸어내려야 하는 사람이었다. 참으로 김유신 장군과 대비되는 캐릭터다. 왜 그랬을까? 왜 이런 글을 교묘하게 남겨뒀어야 했을까?

장의사는 지금의 서울 종로구 신영동 세검정초등학교 교내에 있고 현재도 당간지주(幢竿支柱)가 남아 있다. 모산정에서 불경을 설하며 49재 천도재를 지냈다.

지금 봐야할 우리 고대사
삼국유사전
-신화를 어떻게 볼 것인가

1판 1쇄 인쇄 | 2019년 3월 10일
1판 1쇄 발행 | 2019년 3월 14일

지은이 | 하도겸
펴낸이 | 김경배
펴낸곳 | 시간여행
디자인 | 디자인[연:우]
등 록 | 제313-210-125호 (2010년 4월 28일)
주 소 | 경기도 고양시 덕양구 지도로 84, 5층 506호(토당동, 영빌딩)
전 화 | 070-4350-2269
이메일 | jisubala@hanmail.net

ISBN 979-11-85346-93-9 (03910)

이 도서의 국립중앙도서관 출판예정 도서목록(CIP)은 서지정보유통지원시스템 홈페이지(http://seoji.nl.go.kr)와 국가자료 공동목록시스템(http://www.nl.go.kr/kolisnet)에서 이용하실 수 있습니다. (CIP제어번호 : CIP2019008158)